教科書ガイド

東京書籍 版

パワーオンⅡ

Power On
English Communication Ⅱ

TEXT BOOK GUIDE

あすとろ出版

はじめに

本書は，東京書籍発行の高等学校の教科書『Power On English CommunicationⅡ』に準拠した教科書自習書として編集されたものです。

本書には次のような特色があります。

1 教科書本文を的確に理解できる

教科書本文について，語義を掲載するだけでなく，意味のまとまりごとに日本語訳を付け，英文の構造が複雑であったり文法の補足説明が必要であったりするものについて「読解のポイント」を示しています。

2 二次元コードから語句・本文の音声を聞くことができる

各Lessonの冒頭に，教科書と同じコンテンツを閲覧できる二次元コードを付けています。語句・本文の音声を聞き，ネイティブスピーカーの発音にならって繰り返し音読することで，リスニング・スピーキングの力も高めることができます。

3 Lessonごとに定期テスト対策ができる

各Lesson末に定期テスト対策問題を収録し，巻末に解答・解説を掲載しています。学校などでの授業進度に沿って，定期テスト対策をしっかりと行うことで，得点アップにつなげることができます。

そのほか，教科書の設問についてのヒント，文法事項の解説も掲載しており，予習・復習に役立てることができます。教科書の内容を正しく理解することで，英語力の土台を固めることができます。

本書がみなさんの学習の手助けになれば幸いです。

あすとろ出版　編集部

本書で使われている主な記号

ヒント	各設問についての考え方や英文の意味などを掲載
語句	教科書の語句と語義を掲載 名：名詞　代：代名詞　動：動詞　形：形容詞 副：副詞　前：前置詞　接：接続詞　間：間投詞 助：助動詞　冠：冠詞
本文	教科書本文および意味のまとまりごとの日本語訳を掲載 スラッシュ（ / ）：意味上の区切れや語句のまとまりを示す 1 2 3：各文の通し番号
読解のポイント	教科書本文の文構造や文法の解説，読解上の要点を掲載 S：主語　V：動詞　O：目的語　C：補語 （従属節内にはS′のように，「′」を付す） [ ]：節を示す ⇒ Grammar：新出文法事項を示す
解説	教科書の Grammar に対応した文法の解説を掲載

※著作権等の関係により，以下の内容は掲載を省略しました。
教科書内の写真・イラスト，全訳・解答例，
「Action」以外のリスニング問題のスクリプトとヒント
※教科書のLessonとReading以外のページは掲載を省略しました。

CONTENTS

Lesson 1　Play Me, I'm Yours

Get Started!　教科書 ▶ p.11

写真を見て話し合ってみましょう。

Where is this piano?　Who painted it?　Why did he or she paint it?

ヒント「このピアノはどこにありますか。誰がそれを塗りましたか。彼または彼女はなぜそれを塗りましたか。」

Part 1　教科書 ▶ pp.12-13

イラストを見て，語の意味を推測しましょう。

1. interaction

2. chat

3. stranger

ヒント 教科書p.12では，**1.** 人々が何かを伝え合っている。**2.** 2人が親しげに話している。**3.** 男性は女性が誰だかわからないでいる。

本文を読んで，(　　) 内に適切な語（句）を入れながら，レポーターとしてテレビ中継しましょう。

I'm (①　　　　) from Kunitachi, Tokyo.　Look at these beautiful pianos.　They are (②　　　　).
You (③　　　　) touch and play them.　Let's interview that lady. Excuse me!

ヒント「私は東京の国立から（①）しています。これらの美しいピアノを見てください。それらは（②）です。」
「それらに触って弾く（③）。あの女性にインタビューしましょう。すみません！」
①は教科書p.13の1行目，②と③は5行目を参照。

Do you play any instruments?　If so, what kind of instrument do you play?　If not, are there any reasons why?

例 ・Yes, I play the piano.　I play it almost every day.
・No, I don't. I'm sorry to say, but I don't like music.

Plus One

ヒント「あなたは何か楽器を演奏しますか。もしそうなら，あなたはどんな種類の楽器を演奏しますか。もしそうでないなら，なぜなのか理由はありますか。」 例 「・はい，私はピアノを弾きます。私はそれをほぼ毎日弾きます。」「・いいえ，私は演奏しません。残念ながら，私は音楽が好きではありません。」If soに当てはまるならYesを，If notに当てはまるならNoを使って答える。

本文

1 *TV Reporter*: This is Jane Johnson / reporting from Kunitachi,
テレビレポーター：こちらはジェーン・ジョンソンだ　東京の国立からレポート
Tokyo.// 2 Look at all those people.// 3 They are playing music,
している　あの人たちみんなを見て　彼らは音楽を演奏している
singing, or dancing.//
歌っている　あるいは踊っている

4 Why are these beautiful pianos here?// 5 Because they are
これらの美しいピアノはなぜここにあるのか　それらが「ストリート
"street pianos."// 6 You can touch and play them.// 7 You can
ピアノ」だからだ　それらに触って弾くことができる　今ではそれらを
now find them / all over the world.//
見つけることができる　世界中で

8 Let's interview that lady.// 9 Uh,/ excuse me,/ but could I ask a
あの女性にインタビューしよう　あの一　すみません　いくつか質問
couple of questions?// 10 You are a great piano player.//
してもよろしいか　あなたはピアノがとても上手だ

11 *Piano Player*: Thank you.// 12 I love the audience / and interaction
ピアノ演奏者：　ありがとう　私は聴衆が大好きだ　そして多様な人々の
among various people.// 13 With a street piano,/ people start to
間のふれ合い（が大好きだ）　ストリートピアノで　人々は
chat with strangers / and make new friends.//
知らない人とおしゃべりをし始め　そして新しい友達を作る

語句

- □ Jane Johnson /dʒéɪn dʒάːnsn/ 名 ジェーン・ジョンソン
- □ lady /léɪdi/ 名 女性
- □ uh /əː, ʌ/ 間 ええ，あの一
- □ interaction /ìntərǽkʃən/ 名 言葉のやりとり，（人の）ふれ合い
- □ chat /tʃǽt/ 動 おしゃべりをする
- □ stranger(s) /stréɪndʒər(z)/ 名 知らない人

- □ a couple of ... 2つの…，いくつかの…

読解のポイント

1 *TV Reporter* : This is Jane Johnson reporting from Kunitachi, Tokyo.
S V C

reporting from Kunitachi, Tokyoが Jane Johnsonを修飾している。

3 They are playing music, singing, or dancing.
S V O V V

Theyは2の文のall those peopleを指している。〈be動詞＋動詞の-ing形〉の現在進行形の文。主語は共通してTheyなので，singing, dancingの前のareが省略されている。

4 Why are these beautiful pianos here?

Why ...?という疑問文で問いかける形で，これから主題について述べることを示している。

5 Because they are "street pianos."
S V C

4の疑問文に答える形で，street pianosという主題を提示している。

6 You can touch and play them.
S V V O

Youは総称としての「あなたたち」を表し，訳さないほうが自然。canはこの文では「…できる」という意味。動詞が2つあり，どちらも〈助動詞＋動詞の原形〉の形。主語は共通してYouなので，playの前のcanが省略されている。themは5の文のstreet pianosを指している。⇒ Grammar

7 You can now find them all over the world.
S V O

Youは6同様に訳さないほうが自然。〈助動詞＋動詞の原形〉の形だが，この文では助動詞canと動詞の原形findの間に副詞nowが置かれており，「今では」という意味でfindを修飾している。この文のcanは「…できる」という意味。themは5の文のstreet pianosを指している。all over the worldはfindを修飾している。

8 Let's interview that lady.

Let's ... は「…しよう」と提案する表現だが，この文ではこれから自分がしようとしていることを伝えている。

9 Uh, excuse me, but could I ask a couple of questions?

could I ...? は「(私が) …してもよろしいですか」とていねいに許可を求める表現。a couple of ... で「いくつかの…」という意味。⇒ Grammar

10 You are a great piano player.
S V C

ここでのYouは8のthat ladyを指すため，訳出するほうが自然。

12 I love the audience and interaction among various people.
S V O O

the audienceとinteractionがともにloveの目的語。among various peopleがinteractionを後ろから修飾している。

13 With a street piano, people start to chat with strangers and make new friends.
S V O〈to＋動詞の原形〉 V O

startの目的語は不定詞〈to＋動詞の原形〉「…すること」で，start to ... で「…し始める」という意味。With a street pianoはstartとmakeを修飾している。

Grammar

助動詞＋動詞の原形　「…できる」「…すべきだ」「…に違いない」などの意味を表します。

You **can** touch and play street pianos.
「…できる」
（ストリートピアノに触って弾くことができます。）

We **should** interview that lady.
「…すべきだ」
（私たちはあの女性にインタビューすべきです。）

She **must** be playing the piano right now.
「…に違いない」
（彼女はたった今，ピアノを弾いているに違いありません。）

解説 助動詞は，後ろに続く動詞に能力・義務・推量などの意味を付け加える。後ろに続く動詞は主語にかかわらず原形になる。上に挙げられたもののほかにwillやmayなどもよく用いられる。
また，助動詞には過去形があり，canはcould，willはwould，mayはmightとなる。couldは「…できた」，wouldは「…したものだった」と過去を表すが，mightには過去を表す意味はない。助動詞の過去形は，本文9のcould I ...? のようにていねいさを表したり，確信の度合いが低いことを表したりすることがある。

Try It!

（　　）内の語を並べかえて，ペアで対話しましょう。

1. *A*：Excuse me. I heard there's a street piano around here.
B：Yes, behind that tall building. You (can / there / walk).

2. *A*：Somebody damaged the street piano last night.
B：Really? That person (a / have / problem / must).

ヒント **1.** *A*「すみません。このあたりにストリートピアノがあると聞いたのですが。」
B「はい，あの高いビルの向こう側にあります。あなたはそこへ歩いて行けますよ。」
〈助動詞＋動詞の原形〉の語順にする。

2. *A*「昨夜，誰かがそのストリートピアノを傷つけました。」
B「本当に？　その人は問題を抱えているに違いありません。」
〈助動詞＋動詞の原形〉の語順にする。

イラストを見て，語（句）の意味を推測しましょう。

1. news anchor

2. install

3. marry

ヒント 教科書p.14では，**1.** 女性がテレビ番組の司会をしている。**2.** 2人がピアノを所定の位置に置いている。**3.** 男女が結婚式の服装で見つめ合っている。

Read

本文を読んで，（　　）内に適切な語を入れながら，ジェラムさんをクラスメートに紹介しましょう。

> This is Mr. Luke Jerram. He is a British artist, and he (①　　　　) the idea of street pianos to the world. He and his team (②　　　　) over 2,000 pianos in over 65 cities across the globe. Their project (③　　　　) in 2008.

ヒント「こちらはルーク・ジェラムさんです。彼はイギリス人芸術家で，彼が世界にストリートピアノのアイデア（①）。彼と彼のチームは世界中の65を超える都市に，2,000台を超えるピアノ（②）。彼らのプロジェクトは2008年に（③）。」
①は教科書p.15の5行目，②は6行目，③は7～8行目を参照。

Do you want to play a street piano? Why or why not?

例 ・Yes. That's because I like to stand out.

・No. I can't play in front of people.

Plus One

ヒント「あなたはストリートピアノを弾きたいですか。なぜ弾きたいですか，あるいはなぜ弾きたくないですか。」例「・はい。なぜなら私は目立つのが好きだからです。」「・いいえ。私は人前では弾けません。」

本文

1 *News Anchor*: Back to the studio.// **2** What else can you tell us, Amy?//
ニュース番組司会者：スタジオに戻す　ほかに何か私たちに伝えられることはあるか，エイミー

3 *Anchor Assistant*: Well, Peter,/ it is not clear exactly / when street pianos first appeared.// **4** But one thing is certain:/ British artist Luke Jerram spread the idea / all over the world.// **5** He and his team installed over 2,000 street pianos / in over 65 cities across
司会アシスタント：ええと，ピーター　正確には明らかでない　いつストリートピアノが初めて出現したか　しかし1つ確かなことがある　イギリス人芸術家のルーク・ジェラムがそのアイデアを広めた　世界中に　彼と彼のチームは2,000台を超えるストリートピアノを設置した　世界中の65を超える都市に

語句

- □ anchor /ǽŋkər/ 名 ニュースキャスター，番組司会者
- □ Amy /éɪmi/ 名 エイミー
- □ assistant /əsístənt/ 名 助手，アシスタント
- □ Peter /píːtər/ 名 ピーター
- □ clear /klíər/ 形 明らかな

the globe.// **6** Their project is called "Play Me, I'm Yours."// **7** It
彼らのプロジェクトは「私を弾いて，私はあなたのもの」と呼ばれている
started in 2008.// **8** According to Mr. Jerram,/ some people met at
それは2008年に始まった　ジェラムさんによると　ピアノの所で
a piano, fell in love, and married.//
出会い，恋をし，結婚した人もいた

9 *News Anchor*: Amazing!//
ニュース番組司会者：素晴らしい

- ☐ exactly /ɪgzǽktli/ 副 正確に
- ☐ certain /sə́:rtn/ 形 確かな，確実な
- ☐ Luke Jerram /lú:k dʒérəm/ 名 ルーク・ジェラム
- ☐ install(ed) /ɪnstɔ́:l(d)/ 動 …を設置する
- ☐ married /mérid/ (< marry /méri/) 動 結婚する

- ☐ fall in love 恋をする

読解のポイント

1 ***News Anchor*** **: Back to the studio.**

Back to the studio. は，レポーターの実況を受けてスタジオの司会者が話し始める合図として使われる表現。

2 **What else can you tell us, Amy?**

elseは「そのほかに」という意味の副詞で，Whatを後ろから修飾している。

3 ***Anchor Assistant*** **: Well, Peter, it is not clear exactly when street pianos first appeared.**

形式主語　真主語

〈it＋be動詞＋形容詞＋疑問詞が導く節〉では，形式主語itは「それ」とは訳さない。疑問詞が導く節以下が真主語。

4 **But one thing is certain: British artist Luke Jerram spread the idea all over the world.**

S V C　＝　S V O

コロン（:）は前述したことを具体的に説明するときなどに使う。この文ではone thingの具体的な内容をコロン以降で述べている。British artistとLuke Jerramは同格の関係。all over the worldはspreadを修飾している。

5 **He and his team installed over 2,000 street pianos in over 65 cities across the globe.**

S V O

in over 65 cities across the globeはinstalledを修飾している。

6 Their project is called "Play Me, I'm Yours."
S V C

Theirは5の文のHe (＝Luke Jerram) and his teamを指している。〈be動詞＋過去分詞〉で「…されている［された］」という受け身の文となる。この文では〈call＋O＋C〉「OをCと呼ぶ」を受け身にしている。⇒ Grammar

7 It started in 2008.
S V

Itは6の文のTheir projectを指している。

8 According to Mr. Jerram, some people met at a piano, fell in love, and married.
S V V V

According to ... は「…によると」という意味。動詞は3つあり，主語は共通してsome people。

9 *News Anchor* : Amazing!

Amazingは「(驚くほど) 素晴らしい」という意味。

Grammar

受け身 〈be動詞＋過去分詞〉で「…されている［された］」という意味を表します。

The project **is called** "Play Me, I'm Yours."
(そのプロジェクトは「私を弾いて，私はあなたのもの」と呼ばれています。)

Street pianos **are loved** by many people around the world.
(ストリートピアノは世界中の多くの人々に愛されています。)

Last week two street pianos **were installed** in my neighborhood.
(先週私の家の近所に2台のストリートピアノが設置されました。)

解説 主語が「…されている［された］」と言う場合，受け身〈be動詞＋過去分詞〉を使って表す。動作主を表す場合はby ...「…によって」を用いるが，動作主が明らかであったり，不特定多数であったり，そもそも不明な場合には省略される。

1番目の例文は，〈S＋V＋O＋C［名詞］〉の文型である〈call＋O＋C〉「OをCと呼ぶ」を受け身にしており，動作主を表すbyは不特定多数のため省略されている。なお，〈S＋V＋O＋C［名詞］〉の文に書きかえると以下のようになる。ここでのTheyは総称としての「人々（は）」を表し，受け身の文として訳出（上記参照）すると日本語として自然である。

They call the project "Play Me, I'm Yours."
S V O C

2番目の例文は，〈S＋V＋O〉の文型を受け身にしている。〈S＋V＋O〉の文に書きかえると以下のようになる。

Many people around the world love street pianos.
S V O

3番目の例文は動作主が不明であり，主語(S)にあたる語が明示されていないため，ふつう書きかえはしない。
受け身の疑問文・否定文は，be動詞の疑問文・否定文と同じように作る（例1・例2）。疑問文ではbe動詞を主語の前に置き，否定文ではbe動詞の後ろに否定語notを置く。

例1 **Is** the project **called** “Play Me, I’m Yours”?
（そのプロジェクトは「私を弾いて，私はあなたのもの」と呼ばれていますか。）

例2 Street pianos **were *not* installed** in my neighborhood.
（私の家の近所にストリートピアノが設置されませんでした。）

Try It!

（　）内の語（句）を並べかえて，ペアで対話しましょう。

1. *A*：What a beautiful street piano!
B：Yes. It (by / painted / was) a local artist.

2. *A*：Do you know Mr. Jerram and his project?
B：Of course, I do. This (installed / street piano / was) as part of his project. Everyone loves it!

ヒント **1.** *A*「なんて美しいストリートピアノでしょう！」
B「はい。それは地元の芸術家によって塗られました。」
be動詞の過去形があるのでpaintedを過去分詞と考え，受け身の文〈be動詞＋過去分詞＋by＋動作主〉の語順にする。

2. *A*「あなたはジェラムさんと彼のプロジェクトを知っていますか。」
B「もちろん，私は知っています。このストリートピアノは彼のプロジェクトの一部として設置されました。みんなそれが大好きです！」
文脈より，This street pianoが主語と考える。受け身の文〈主語＋be動詞＋過去分詞〉の語順にする。

Part 3 教科書 ▶ pp.16-17

イラストを見て，語の意味を推測しましょう。

1. laundromat

2. silence

3. connected

ヒント 教科書p.16では，**1.** 男性が複数の洗濯機を背にして飲み物を持って座っている。**2.** 人指し指を口に当てるジェスチャーを示している。**3.** 人物の顔が線でつながっている。

Read 本文を読んで，(　　) 内に適切な語（句）を入れながら，ジェラムさんになったつもりで発言しましょう。

> The idea for the (① 　　　) was born when I visited a local laundromat. Customers were spending time (② 　　　). I thought, " (③ 　　　) may lead to a conversation among them."

ヒント「(①) のアイデアは私が地元のコインランドリーを訪れたときに生まれました。客は (②) 時間を過ごしていました。私は『(③) が彼らの間の会話につながるだろう』と思いました。」
①は教科書p.17の3〜4行目，②は4〜5行目，③は5〜6行目を参照。

Speak / Write Do you want to feel connected to other people? Why or why not?

例 ・Yes, I do. I'm afraid of being alone. ...

・Not really. I enjoy being alone. ...

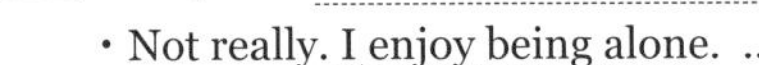

Plus One

ヒント「あなたは他者とつながっていると感じたいですか。なぜ感じたいですか，またはなぜ感じたくないですか。」 例 「・はい，私は感じたいです。私は1人でいることが怖いです。」「・そうでもありません。私は1人でいることを楽しみます。」

本文

1 *Anchor Assistant*: Why did Mr. Jerram start the project?// **2** Let's listen to his recorded comments.//
司会アシスタント：ジェラムさんはなぜそのプロジェクトを始めたか　彼の録音されたコメントを聞こう

3 *Luke Jerram*: The idea for it was born / when I visited a local laundromat.// **4** Customers were spending time / in silence.//
ルーク・ジェラム：それのアイデアは生まれた　私が地元のコインランドリーを訪れたときに　客は時間を過ごしていた　沈黙して

5 "Placing a piano here / may break the silence / and lead to a conversation among them.// **6** And that / in turn / may change our
「ここにピアノを置くことが　その沈黙を破るだろう　そして彼らの間の会話につながるだろう　そしてそれが　今度は　私たちの地域社会の

語句

□ laundromat /lɔ́:ndrəmæ̀t/ 名 コインランドリー

□ silence /sáɪləns/ 名 沈黙

community,"/ I thought.// **7** We all want to feel connected, after
人々を変えるだろう」と私は思った　だって私たちはみなつながっていると感じたいから
all.//

8 *Anchor Assistant*: There's more to the project,/ according to Mr.
司会アシスタント：プロジェクトにはそれ以上のものがある　ジェラムさんに
Jerram.// **9** It is not only a performance project / but also a form
よると　それは演奏プロジェクトであるだけではなく　パブリックアート
of public art.// **10** That's why / we can see so many beautiful pianos
の形態でもある　だから　私たちはそれほど多くの美しいピアノを彼の
in his project.//
プロジェクトの中で見ることができるのだ

- □ connected /kənéktɪd/ 形 関連した，つながって
- □ public /pʌ́blɪk/ 形 公共の

- □ after all だって…だから
- □ There's more to ... …にはそれ以上のものがある
- □ That's why ... だから…なのだ

読解のポイント

1 ***Anchor Assistant*** **: Why did Mr. Jerram start the project?**

the project は，Part 2で述べられた"Play Me, I'm Yours"のことである。

2 Let's listen to his recorded comments.

ニュースの視聴者に向けて「…を聞こう」と語りかけている。recorded は record「…を録音する」の過去分詞で「録音された」という意味になり，名詞 comments を前から修飾している。

3 ***Luke Jerram*****: The idea for it was born when I visited a local laundromat.**

S (The idea ← for it)　V (was born)　S' (I)　V' (visited)　O' (a local laundromat)

for it は The idea を修飾する前置詞句で，it は**1**の the project を指している。*be* born は「生まれる」という意味。

4 Customers were spending time in silence.

S (Customers)　V (were spending)　O (time)

〈be 動詞＋動詞の -ing 形〉の過去進行形の文。in silence は「沈黙して，黙って」という意味。

5 "Placing a piano here may break the silence and lead to a conversation among them.

S（動名詞）(Placing a piano here)　V (may break)　O (the silence)　V (lead) (a conversation ← among them)

Placing a piano here は動名詞句で，文の主語である。place は「…を置く」という意味の動詞なので，「…を置くこと」という意味になる。助動詞 may は「(たぶん) …だろう」を表し，動詞 break と lead にかかっている。break the silence は「沈黙を破る」，lead to ... は「…へつながる」という意味。文末の them は**4**の Customers を指す。

6 And that in turn may change our community," I thought.
S V O

主語thatは**5**の文全体を指している。in turnは「今度は」という意味。

7 We all want to feel connected, after all.
S ＝ V O

allは「みな」という意味の代名詞で，主語のWeと同格の関係である。to不定詞の〈feel＋C［形容詞］〉は「…の感じがする」という意味。⇒ Grammar

8 *Anchor Assistant* : There's more to the project, according to Mr. Jerram.

There's more to ... は「…にはそれ以上のものがある」という意味。according to ... は「…によると」という意味。

9 It is not only a performance project but also a form of public art.
S V C C

主語のItは**8**のthe projectを指している。not only ... but also ～は「…だけでなく～も」という意味。a form of ... は「…の形態」という意味。

10 That's [why we can see so many beautiful pianos in his project].
S＋V C S' V' O'

That's why ... は「だから…なのだ」という意味。soは形容詞・副詞の前では「程度」を表し，so manyで「それほど多くの」という意味。

Grammar

S＋V[be動詞以外]＋C　look，feelなどが「…に見える」「…の感じがする」などの意味を表し，S＋V＋CのVとして働きます。

S	V［be動詞以外］	C
The news anchor	looks	young.
（そのニュース番組司会者は若そうに見えます。）		
We	felt	connected.
（私たちはつながっている感じがしました。）		
His project	sounds	interesting.
（彼のプロジェクトはおもしろそうに聞こえます。）		

解説 〈S + V + C〉の文は，主語がどのような状態であるかを表す。be動詞以外では例文のlookやsoundのような①外見・様子を表す動詞（例1），例文のfeelのような②感覚を表す動詞（例2），③状態を表す動詞（例3），④状態の変化を表す動詞（例4）が用いられる。

例1 外見・様子を表す動詞（look, sound, seem, appear など）

She **seems** young.（彼女は若く思えます。）

He **appeared** tired.（彼は疲れているように見えました。）

例2 感覚を表す動詞（feel, smell, taste など）

This *ramen* **smells** really good.（このラーメンは本当においしいにおいがします。）

This coffee **tastes** a bit bitter.（このコーヒーは少し苦い味がします。）

例3 状態を表す動詞（keep, remain, stay など）

All the children **kept** quiet.（すべての子どもたちは静かにしていました。）

They **remained** silent during lunch.（彼らは昼食の間黙ったままでした。）

例4 状態の変化を表す動詞（get, become, grow, turn など）

The girls **got** nervous.（その女の子たちは緊張しました。）

The leaves **turn** red in autumn.（その葉は秋に赤くなり［紅葉し］ます。）

Try It!

（　）内の語を並べかえて，ペアで対話しましょう。

1 *A*：Have you heard of Luke Jerram?

B：Hmm, the (familiar / name / sounds).

2. *A*：Why don't you play that street piano? You're a great piano player.

B：Maybe next time. I (comfortable / don't / feel) in front of people.

ヒント **1.** *A*「あなたはルーク・ジェラムのことを聞いたことがありますか。」

B「うーん，その名前はなじみがあるように聞こえます。」

familiarは「なじみの（ある）」という意味の形容詞。the nameを主語と考え，〈S + V + C〉の語順にする。

2. *A*「あのストリートピアノを弾いたらどうですか。あなたはピアノがとても上手です。」

B「おそらく今度に。私は人前で心地よい感じがしません。」

don'tがあるので否定文であると考え，〈S + V + C〉の語順にする。

Summary1 本文の内容に合うように，空所を埋めましょう。

- 東京国立市のある会場に，美しい①＿＿が設置されています。これらは誰でも自由に弾くことができます。
- 世界中でストリートピアノを見ることができます。
- ストリートピアノをきっかけに，②＿＿の間でも会話が始まります。

- いつストリートピアノが現れたのか，はっきりしません。
- ルーク・ジェラムさんがストリートピアノのアイデアを世界に広めましたが，それは③＿＿年に始まりました。
- ジェラムさんと仲間たちは世界中で65以上の都市に④＿＿台以上のストリートピアノを設置しました。

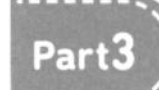

- ジェラムさんは地元の⑤＿＿でストリートピアノを思いつきました。
- ピアノをきっかけとして，⑤＿＿の利用客たちは沈黙を破り会話を始めるだろう，とジェラムさんは考えました。
- また，結果的に⑥＿＿が変わることにもつながる，と考えました。

ヒント それぞれの教科書参照ページを示す。①p.13の1～4行目　②p.13の10～12行目　③p.15の5～8行目　④p.15の6～7行目　⑤p.17の3～4行目　⑥p.17の6～7行目

Summary2 空所に入る語を＿＿の中から選び，要約を完成しましょう。

People are playing music, singing, or dancing / somewhere in Kunitachi, Tokyo.// They are here / for street pianos.// People can touch and play them.//
人々が音楽を演奏している，歌っている，あるいは踊っている　東京の国立のどこかで　彼らは ここにいる　ストリートピアノのために　人々はそれらに触れて弾くことができる

We cannot say exactly / when street pianos appeared,/ but we can say / that British artist Luke Jerram (①　) the idea of street pianos / to the world.// He and his team (②　) a lot of street pianos / across the globe.// This project is (③　) "Play Me, I'm Yours."//
正確には言えない　ストリートピアノがいつ現れたのか　しかし言える　イギリス人芸術家のルーク・ジェラムがストリートピアノのアイデア（①）　世界へ　彼と彼のチームはたくさんのストリートピアノ（②）　世界中に　このプロジェクトは「私を弾いて，私はあなたのもの」（③）

Mr. Jerram got the idea for the project / when he was in a (④　) laundromat.// He thought,/ "With a street piano here, / (⑤　) may start to chat / with each other.// And that may change our community."// According to Mr. Jerram,/ the project is a performance project / and a
ジェラムさんはそのプロジェクトのアイデアを得た　彼が（④）コインランドリーにいたとき　彼は…と思った「ここのストリートピアノで　（⑤）がおしゃべりを始めるだろう　お互いに　そしてそれが私たちの地域社会の人々を変えるだろう」　ジェラムさんによると　そのプロジェクトは演奏プロジェクトである

form of (⑥　　) art at the same time.//
そして同時に（⑥）アートの形態である

called / customers / installed / local / public / spread

ヒント それぞれの教科書参照ページを示す。①p.15の5～6行目　②p.15の6～7行目　③p.15の7～8行目　④p.17の3～4行目　⑤p.17の4～6行目　⑥p.17の10～11行目

Vocabulary イラストをヒントに，本文に出てきた単語を書きましょう。

1. a□□□□□ce　　**2.** g□□□□　　**3.** a□□□ing

ヒント 教科書p.19では，**1.** 演説者の話を聞いている人たちが赤丸で囲まれている。　**2.** 地球のまわりにさまざまな国の人が描かれている。　**3.** 手を広げ，驚きを表している人が描かれている。

Key Expressions 日本語と同じ意味になるように，(　　) 内に適切な語を入れて文を言いましょう。

1. The news anchor met a man at a street piano (　　) (　　) (　　) weeks after the TV program.
その番組司会者は，テレビ番組の数週間後，ストリートピアノの所で1人の男性と出会いました。

2. She (　　) (　　) (　　) with him at first sight.
彼女はひと目で彼に恋をしました。

3. This is not surprising. The man is tall, handsome, and kind, (　　) (　　).
それは驚くことではありません。だって，その男性は背が高く，ハンサムで，優しいので。

4. There's (　　) (　　) the two of them. They got married soon after that.
それ以上のことが彼ら2人にはあります。彼らはその後すぐに結婚したのです。

ヒント **1.**「数週間後」という意味を表すように，「いくつかの…」に相当する語句を入れる。
2.「恋をした」に相当する語句を入れる。　**3.**「だって…ので」に相当する語句を入れる。
4.「それ以上のこと」という意味を表すように，「…には～以上」に相当する語句を入れる。

Grammar for Communication 例を参考に，放課後や週末の過ごし方について，ペアで話しましょう。

A : Do you know about ❶ the new street piano in Sakura Station? ❷ It was installed a couple of weeks ago.
B : I don't know anything about it, but that sounds great. Shall we go to ❸ the station and play the piano together after school?
A : Why not?

Tool Box

❶ the new library on Central Street / the new campsite near Sakura River
中央通りの新しい図書館　　　　　　サクラ川の近くの新しいキャンプ場

❷ It was designed by a local artist / It has been open since last Sunday
それは地元の芸術家によってデザインされた　それは先週の日曜日から開いている

❸ the library and study together this weekend /
図書館，そして今週末一緒に勉強をする

the campsite and do something fun together next Saturday
キャンプ場，そして次の土曜日に一緒に何か楽しいことをする

ヒント *A*「あなたはサクラ駅の新しいストリートピアノについて知っていますか。それは数週間前に設置されました。」
B「私はそれについて何も知りませんが，素晴らしく聞こえます。放課後に駅に行って一緒にピアノを弾きましょうか。」
A「いいですね。」

教科書 ▶ pp.20-21, 205

Scene 1　賢とエマの会話を聞きましょう。

Ken: Where did this street piano come from?// It must cost a lot / to buy and install one.//
賢：このストリートピアノはどこから来たのか　かなり費用がかかるに違いない　1台を買って設置するのに

Emma: Yes,/ if it's a new piano / and if you ask a professional artist / to paint it.// But for street pianos, / you don't have to pay any money.//
エマ：そうだ　もしそれが新しいピアノなら　そしてもしプロの芸術家に頼んだら　それを塗るよう　しかし　ストリートピアノに対しては　まったくお金を払う必要はない

Ken: What do you mean?//
賢：どういう意味か

Emma: OK.// People donate their unused pianos / to their local communities, / and local artists decorate them / free of charge.//
エマ：わかった　人々は使われていないピアノを寄付する　彼らの地元の地域社会の人々に　そして地元の　芸術家がそれらを装飾する　無料で

Ken: That's another way of recycling and reusing things.// Wonderful!//
賢：それはものをリサイクルして再利用する別の方法だ　素晴らしい！

語句 □ reusing /rìːjúːzɪŋ/(< reuse /rìːjúːz/) 動 …を再利用する

Listen and Answer　問いの答えを選びましょう。

1. Who thinks street pianos cost a lot?

a. Ken　**b.** Emma　**c.** a professional artist

2. What do people donate, according to the conversation?

a. pianos　**b.** money　**c.** communities

3. Who paints street pianos?

a. professional artists　**b.** local artists　**c.** local communities

ヒント **1.**「誰がストリートピアノにかなり費用がかかると思っていますか。**a.** 賢　**b.** エマ　**c.** プロの芸術家」賢の最初の発言を参照。

2.「会話によると，人々は何を寄付しますか。**a.** ピアノ　**b.** お金　**c.** 地域社会の人々」エマの2番目の発言を参照。

3.「誰がストリートピアノを塗りますか。**a.** プロの芸術家　**b.** 地元の芸術家　**c.** 地元の地域社会の人々」エマの2番目の発言を参照。

ストリートピアノについて紹介する文章を掲示します。紹介文を完成させましょう。

1. 本文を参考に，①と②の空所に，適切な語(句)を入れましょう。③の空所には，このストリートピアノがどのように役立つか考え，自分の意見を書きましょう。

2. 作成した文章の体裁（文字サイズや全体のレイアウト）を手書き，またはパソコンなどを使って整え，紹介のための文章を完成させましょう。

About the Sakura City Street Piano

サクラ市のストリートピアノについて

In the spring of 2021,/ Sakura City [①　　] this street piano here on Central Street / to
2021年の春に　サクラ市はここ，中央通りにこのストリートピアノ [①]

support the city's growing music and art scene.// The piano was donated / by Sakura City
市の成長しつつある音楽やアートシーンを支援するために　そのピアノは寄付された　サクラ市の住民で

resident Yamada Taro,/ and made into a work of art / by [②　　] artist, Tanaka Yoko.//
あるヤマダタロウによって　そして芸術作品に仕立てられた　[②] 芸術家であるタナカヨウコによって

Every piano player is encouraged to come to play,/ and every music lover is welcomed to
すべてのピアノ演奏者は弾きにくることが勧められる　そしてすべての音楽愛好家は立ち寄ることが

stop by.//
歓迎される

The street piano is [③　　].//
そのストリートピアノは [③] である

ヒント ①は教科書p.15の6行目，②はp.17の4行目を参照。

定期テスト対策❶ (Lesson 1)

解答⇒p.239

1 日本語の意味を表すように，____に適切な語を入れなさい。

(1) 彼らは高校生のときに恋をしました。

They ____________ in ____________ when they were in high school.

(2) 彼がこれの代金を払うべきです。だって彼がそれをほしがったのですから。

He should pay for this. He wanted it, ____________ ____________.

(3) その話にはそれ以上のものがあります。

There's ____________ ____________ the story.

(4) 私の弟は自転車に乗ることができます。

My younger brother ____________ ride a bike.

(5) あなたは今週末までにこのレポートを終えなければなりません。

You ____________ finish this report by the end of this week.

(6) 私たちはこの建物に防犯カメラを設置すべきです。

We ____________ install security cameras in this building.

2 日本語に合うように，(　　)内の語を並べかえなさい。

(1) 彼は友達にケンと呼ばれています。

(friends / Ken / by / he / called / his / is).

____.

(2) 彼女の声は電話ではっきりと聞こえませんでした。

(voice / clear / didn't / sound / her) on the phone.

____ on the phone.

(3) この森ではたくさんの種類の鳥が発見されました。

Many (of / were / found / birds / kinds) in this forest.

Many ____ in this forest.

3 次の英語を日本語にしなさい。

(1) I was asked the way to the library by a stranger yesterday.

____

(2) When do you feel happy with your friends?

____

(3) I think we should take a bus to the park.

____

4 次の英文を読んで，質問に答えなさい。

TV Reporter: This is Jane Johnson ①report from Kunitachi, Tokyo. Look at all those people. They are playing music, singing, or dancing.

Why are these beautiful pianos here? Because they are "street pianos." You can touch and play them. ②You can now find them all over the world.

Let's interview that lady. Uh, excuse me, but (③) I ask a couple of questions? You are a great piano player.

(1) 下線部①の語を適切な形にしなさい。

____

(2) 下線部②を日本語にしなさい。

____

(3) ③に入るのにふさわしい語を次の中から選び，記号で答えなさい。

a. will　　b. am　　c. must　　d. could　　(　　)

5 次の英文を読んで，質問に答えなさい。

Anchor Assistant: Why did Mr. Jerram start the project? Let's listen to his ①record comments.

Luke Jerram: The idea for it was born when I visited a local laundromat. Customers were spending time in silence. "Placing a piano here may break the silence and lead to a conversation among them. And ②that in turn may change our community," I thought. We all ③(to / feel / want / connected), after all.

Anchor Assistant: There's more to the project, according to Mr. Jerram. It is not only a performance project but also a form of public art. ④That's why we can see so many beautiful pianos in his project.

(1) 下線部①の語を適切な形にしなさい。

____

(2) 下線部②が指している内容を日本語で書きなさい。

____

(3) 下線部③の(　　)内の語を意味が通る英文になるように並べかえなさい。

____

(4) 下線部④を日本語にしなさい。

____

Lesson 2 Ethical Fashion

Get Started!
教科書 ▶ p.25

写真を見て話し合ってみましょう。

What is your favorite fashion brand?
Why do you like that brand?

ヒント「あなたのいちばん好きなファッションブランドは何ですか。あなたはなぜそのブランドが好きですか。」

語句
- ☐ ethical /éθɪkl/ 形 エシカルな，倫理的な
- ☐ fashion /fǽʃən/ 名 ファッション

Part 1
教科書 ▶ pp.26-27

イラストを見て，語の意味を推測しましょう。

1. fashionable
2. inexpensive
3. landfill

ヒント 教科書p.26では，**1.** 女性がおしゃれな洋服を着ている。**2.**「5ドル」と書かれた洋服の値札の横に矢印が付いている。**3.** 地面を覆いつくすほどのごみが廃棄されている。

本文を読んで，(　　) 内に適切な語を入れましょう。

Good points of fast fashion	・It makes the production of clothes (①　　　　) and (②　　　　). ・Its products are based on the latest fashion (③　　　　).
Bad point of fast fashion	・The low prices of clothes are creating a huge amount of (④　　　　).

ヒント ファストファッションのよい点 「・それは服の生産を（①）そして（②）にします。」「・その製品は最新のファッション（③）に基づいています。」
ファストファッションの悪い点 「・服の低価格は大量の（④）を生んでいます。」
①と②は教科書p.27の3〜4行目，③は4〜5行目，④は8〜9行目を参照。

What is most important when you buy clothes? Why?

例 Design is most important when I buy clothes. This is because I always try to follow the latest fashion. ...

Plus One

ヒント「あなたが服を買うとき，何が最も重要ですか。なぜですか。」例「私が服を買うとき，デザインが最も重要です。これは私がいつも最新の流行を追うようにしているからです。」

本文

1 What is most important / when you buy clothes?// **2** Price,/
何が最も重要か　あなたが服を買うとき　価格
design,/ or color?// **3** Recently,/ fast fashion has become very popular /
デザイン　あるいは色　最近　ファストファッションはとても人気になっている
all over the world.// **4** It makes the production of clothes quick and
世界中で　それは服の生産を速くそして安くする
cheap.// **5** Its products are also based on the latest fashion trends.//
その製品はまた最新のファッションの流行に基づいている
6 Many of us like / buying fashionable but inexpensive products.//
私たちの多くは…を好む　ファッショナブルだが低価格の製品を買うこと
7 However,/ some people say / fast fashion products can cause
しかしながら　…と言う人もいる　ファストファッションの製品は問題を引き
problems.//
起こす可能性がある

8 A company in the U.K. reports / the low prices of clothes are
イギリスのある企業が…と報告している　服の低価格は
creating a huge amount of waste.// **9** According to one report,/ more
大量のごみを生んでいる　ある報告によると
than half of all fast fashion products are thrown away / within a year.//
すべてのファストファッション製品の半分以上が捨てられる　1年以内に
10 And one garbage truck of clothes is burned / or sent to landfills /
そしてごみ収集車1台分の服が燃やされる　または埋め立て地へ送られる
every second!//
1秒ごとに

語句

- □ fast fashion /fǽst fǽʃən/ 名 ファストファッション
- □ base(d) /béɪs(t)/ 動 (*be* basedで) 基づく
- □ trend(s) /trénd(z)/ 名 流行
- □ fashionable /fǽʃənəbl/ 形 ファッショナブルな，流行の
- □ inexpensive /ìnɪkspénsɪv/ 形 (品質の割に) 低価格の
- □ cause /kɔ́ːz/ 動 …を引き起こす
- □ within /wɪðín/ 前 …以内に
- □ landfill(s) /lǽndfìl(z)/ 名 埋め立て地

- □ *be* based on ... …に基づく
- □ a huge amount of ... 大量の…

読解のポイント

2 **Price, design, or color?**

1の文に情報を付け加えている。Price「価格」，design「デザイン」，color「色」はどれも服を選ぶ際に判断基準となる要素。

3 **Recently, fast fashion has become very popular all over the world.**
(fast fashion = S, has become = V, popular = C; very → popular, all over the world → popular)

Recentlyはここでは文全体を修飾しており，ふつう現在完了形や過去時制で用いる。

4 It makes the production of clothes quick and cheap.

S V O C

It は**3**の文の fast fashion を指している。〈make＋O＋C［形容詞］〉は「O を C にする」という意味。

⇒ Grammar

5 Its products are also based on the latest fashion trends.

S V

Its は引き続き**3**の文の fast fashion を指し，Its products で「ファストファッションの製品」を表す。*be* based on ... は「…に基づく」という意味。

6 Many of us like buying fashionable but inexpensive products.

S V O

〈like＋動詞の -ing 形〉は「…することを好む」という意味。buying fashionable but inexpensive products「ファッショナブルだが低価格の製品を買うこと」が動詞 like の目的語となっている。

7 However, some people say [fast fashion products can cause problems].

S V O S' V' O'

some people say ... は一般論を紹介するときに用いる表現で「…と言う人もいる」などと訳す。say の後ろには that が省略されており，fast から problems までが say の目的語。ここでの can は「…する可能性がある」という意味。

8 A company in the U.K. reports [the low prices of clothes are creating a huge amount of waste].

S V O S' V' O'

動詞 reports の後ろには that が省略されており，the low ... waste までが reports の目的語。are creating と現在進行形を用いることで，「(今まさに) 生んでいる」というニュアンスを与えている。

9 According to one report, more than half of all fast fashion products are thrown away within a year.

S V

According to ... は「…によると」という意味で，引用元を示す。throw away は「…を捨てる」という意味で，ここでは受け身で用いられている。

10 And one garbage truck of clothes is burned or sent to landfills every second!

S V

one garbage truck of clothes は「ごみ収集車1台分の服」という意味。

Grammar

S + V + O + C［形容詞］「SはOをCにする」や「SはOがCとわかる」などの意味を表します。

S	V	O	C［形容詞］
Fast fashion	makes	the production of clothes	quick and cheap.
（ファストファッションは服の生産を速くそして安くします。）			
I	found	this fashion magazine	very interesting.
（私はこのファッション誌がとてもおもしろいとわかりました。）			

解説「SはOをCにする」という意味を表す動詞は，makeのほかにkeep，leave，get，letなどがある（例1）。
「SはOがCとわかる」という意味を表す動詞は，findのほかにthink，believe，considerなどがある（例2）。

例1 I left the door of my room open last night.
（私は昨夜，私の部屋のドアを開けたままにしました。）
Don't let the dog loose.
（そのイヌを放しておいてはいけません。）

例2 We believed Elena honest.
（私たちはエレナが正直であると信じました。）

Try It!

(　　) 内の語（句）を並べかえて，ペアで対話しましょう。

1. *A*：Why do you like fast fashion companies?
B：Because they try to (cheap / make / their clothes) but fashionable.

2. *A*：How's that book about fashion?
B：(found / I / it / very interesting).

ヒント **1.** *A*「あなたはなぜファストファッションの会社を好むのですか。」
B「なぜなら彼らは服を安いもののファッショナブルに作ろうとしているからです。」
動詞makeを使って〈S + V + O + C［形容詞］〉の文を作る。

2. *A*「ファッションについてのあの本はどうでしたか。」
B「私はそれがとてもおもしろいとわかりました。」
動詞foundを使って〈S + V + O + C［形容詞］〉の文を作る。

Part 2　教科書 ▶ pp.28-29

イラストを見て，語（句）の意味を推測しましょう。

1. developing country　**2.** advanced country　**3.** pesticide

ヒント 教科書p.28では，**1.** 人が牛を使って農作業をしている。**2.** 高いビルや自動車，道路が描かれている。**3.** 防護服を着た人が草むらに何かを散布している。

本文を読んで，（　　）内に適切な語を入れましょう。

Problems with fast fashion	・Factory workers in developing countries have to work at (①　　　) (②　　　). ・Chemical (③　　　) and (④　　　) damage the environment and farmers' health.

ヒント ファストファッションの問題点 「・発展途上国の工場労働者は（①）（②）で働かなければならない。」「・化学（③）と（④）は環境と農場主の健康に損害を与える。」①と②は教科書p.29の9〜10行目，③と④は12〜14行目を参照。

What do you think about the problems factory workers and farmers have? Why do you think so?

例 I think there is almost nothing we can do. This is because it is really difficult to help people in different countries. ...

Plus One

ヒント「あなたは工場労働者や農場主が抱えている問題についてどう思いますか。なぜそう思いますか。」例「私は私たちができることはほとんど何もないと思います。これは他の国の人々を助けることは実に難しいからです。」

本文

1 A factory manager in Bangladesh talks about a problem.//
バングラデシュの工場経営者がある問題について話している

2 He says / factory workers in developing countries suffer / due to the low prices of clothes.// **3** Clothing companies in advanced countries are competing in price.// **4** For example,/ one company wants to sell a T-shirt / at a cheaper price than other companies.// **5** Therefore,/ it forces a factory in a developing country / to produce the shirt cheaply.// **6** If the factory doesn't accept the order,/ the company places the order with a different factory.// **7** This deal makes the

彼は…と言う　発展途上国の工場労働者は苦しむ　服の低価格のために　先進国の衣料品の企業は　価格で競争している　たとえば　ある企業はTシャツを売りたい　他の企業よりも安い価格で　したがって　それは発展途上国の工場に…を強制する　そのシャツを安く生産すること　もし工場がその指示を受け入れないなら　その企業は　別の工場にその注文を出す　この取引は工場労働者を

語句

- □ factory /fǽktəri/ 名 工場
- □ manager /mǽnɪdʒər/ 名 経営者
- □ Bangladesh /bæ̀ŋglədéʃ/ 名 バングラデシュ
- □ developing /dɪvéləpɪŋ/ 形 発展途上の
- □ due /dúː/ 形 (due to ... で) …のために
- □ clothing /klóuðɪŋ/ 名 衣料品

factory workers work at low pay.//
低い賃金で働かせる

8 An environmental activist in India / complains about mass
インドのある環境保護活動家は　綿花の大量生産について不満を言う

production of cotton.// **9** In order to produce cotton for fast fashion
ファストファッション製品用に綿花を生産するために

products,/ farmers use chemical fertilizers and pesticides.// **10** These
農場主は化学肥料と殺虫剤を使う　これらは

damage the environment / and farmers' health.//
環境に損害を与える　そして農場主の健康に

- ☐ advanced /ədvǽnst/ 形 先進的な
- ☐ force(s) /fɔ́:rs(ɪz)/ 動 …に強制する
- ☐ cheaply /tʃí:pli/ 副 安く
- ☐ deal /dí:l/ 名 取引
- ☐ environmental /ɪnvàɪərnméntl/ 形 環境保護の
- ☐ activist /ǽktɪvɪst/ 名 活動家
- ☐ complain(s) /kəmpléɪn(z)/ 動 不満を言う
- ☐ mass production /mǽs prədʌ́kʃn/ 名 大量生産
- ☐ fertilizer(s) /fɔ́:rtəlàɪzər(z)/ 名 化学肥料
- ☐ pesticide(s) /péstəsàɪd(z)/ 名 殺虫剤

- ☐ due to ... …のために，…が原因で
- ☐ complain about ... …について不満を言う

読解のポイント

1 A factory manager [in Bangladesh] talks [about a problem].
(S: A factory manager / V: talks)

A factory manager は「工場経営者」という意味。

2 He says [factory workers in developing countries suffer due to the low prices of clothes].
(S: He / V: says / O: [factory workers ... clothes] / S′: factory workers / V′: suffer)

動詞saysの後ろにthatが省略されており，factory workers ... clothesまでがsaysの目的語。sufferは「(病気や困難などで) 苦しむ」，due to ... は「(理由) …のために」という意味。

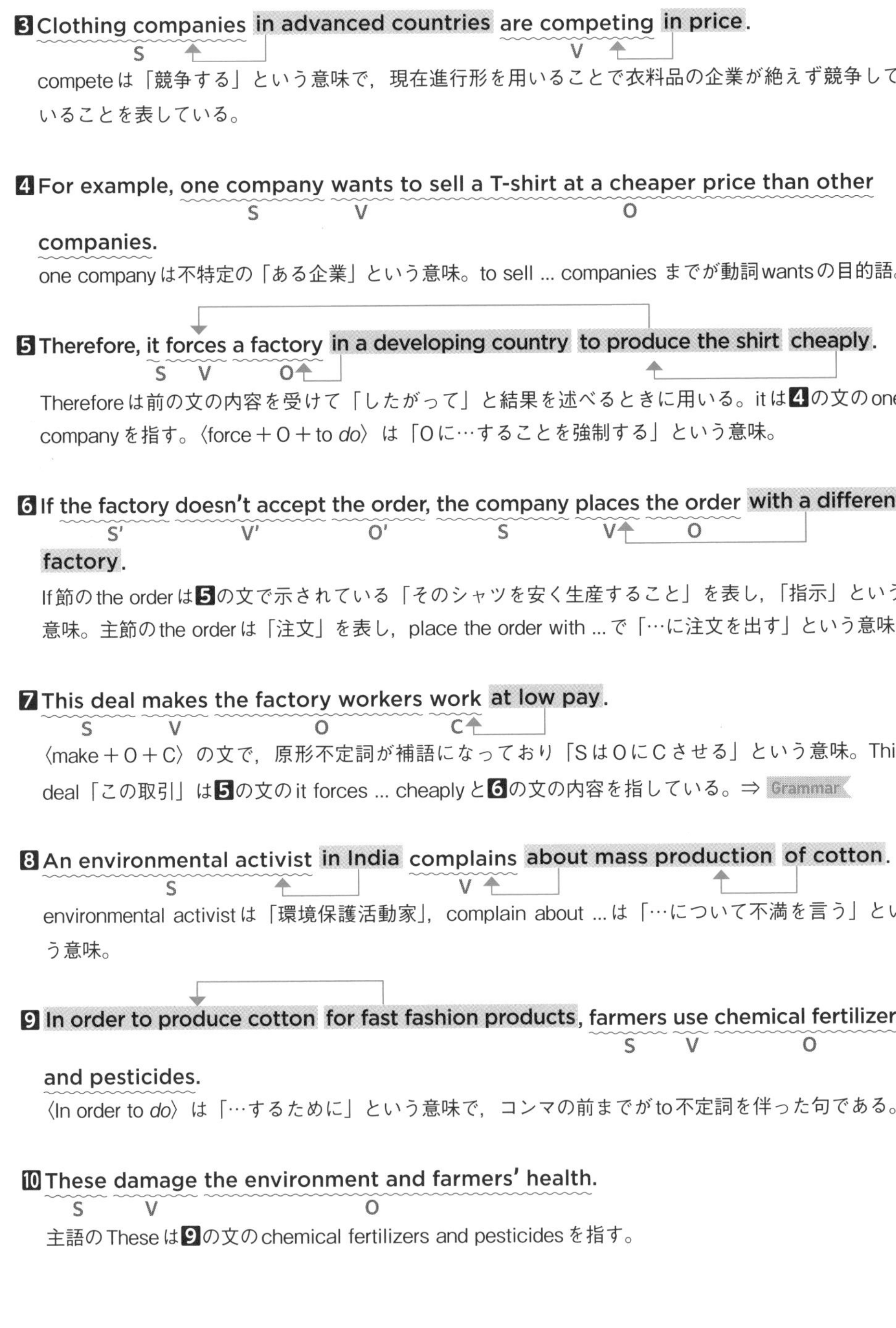

3 Clothing companies in advanced countries are competing in price.
S V

compete は「競争する」という意味で，現在進行形を用いることで衣料品の企業が絶えず競争していることを表している。

4 For example, one company wants to sell a T-shirt at a cheaper price than other companies.
S V O

one company は不特定の「ある企業」という意味。to sell ... companies までが動詞 wants の目的語。

5 Therefore, it forces a factory in a developing country to produce the shirt cheaply.
S V O

Therefore は前の文の内容を受けて「したがって」と結果を述べるときに用いる。it は4の文の one company を指す。〈force＋O＋to *do*〉は「Oに…することを強制する」という意味。

6 If the factory doesn't accept the order, the company places the order with a different factory.
S' V' O' S V O

If 節の the order は5の文で示されている「そのシャツを安く生産すること」を表し，「指示」という意味。主節の the order は「注文」を表し，place the order with ... で「…に注文を出す」という意味。

7 This deal makes the factory workers work at low pay.
S V O C

〈make＋O＋C〉の文で，原形不定詞が補語になっており「SはOにCさせる」という意味。This deal「この取引」は5の文の it forces ... cheaply と6の文の内容を指している。⇒ Grammar

8 An environmental activist in India complains about mass production of cotton.
S V

environmental activist は「環境保護活動家」，complain about ... は「…について不満を言う」という意味。

9 In order to produce cotton for fast fashion products, farmers use chemical fertilizers and pesticides.
S V O

〈In order to *do*〉は「…するために」という意味で，コンマの前までが to 不定詞を伴った句である。

10 These damage the environment and farmers' health.
S V O

主語の These は9の文の chemical fertilizers and pesticides を指す。

Grammar

S＋V［使役動詞］＋O＋C［原形不定詞］ 「SはOにCさせる」や「SはOにCしてもらう」などの意味を表します。

S	V［使役動詞］	O	C［原形不定詞］
This deal	makes	the factory workers	work at low pay.
（この取引は工場労働者を低賃金で働かせます。）			
The worker	had	her child	cook dinner.
（その労働者は彼女の子どもに夕食を作ってもらいました。）			

解説〈make＋O＋原形不定詞〉は「Oに（強制的に）…させる」，〈have＋O＋原形不定詞〉は「Oに（頼んだり話をしたりして）…させる，…してもらう」という意味。そのほか，〈let＋O＋原形不定詞〉「Oに（許可して）…させる」も覚えておきたい。

Try It!

（　）内の語（句）を並べかえて，ペアで対話しましょう。

1. *A*：I hear India has environmental problems because of fast fashion products.
B：Let (how to grow / show / me / you) cotton there.

2. *A*：What is a problem for factory workers in developing countries?
B：The low prices of clothes (them / suffer / make).

ヒント **1.** *A*「私は，インドにはファストファッション製品が原因の環境問題があると聞いています。」
B「私に，そこでの綿花の育て方をあなたへ説明させてください。」
〈Let me＋原形不定詞〉は「私に…させてください」という意味。showは目的語を2つとる。

2. *A*「発展途上国の工場労働者にとっての問題は何ですか。」
B「服の低価格が彼らを苦しませています。」
カッコの前までを主語と考え，〈S＋V＋O＋C〉の文を作る。

イラストを見て，語（句）の意味を推測しましょう。

1. morally wrong
2. wage
3. cooperate

ヒント 教科書p.30では，**1.** 看板の注意書きに反する行為をしている人が描かれている。**2.** お金が描かれている。**3.** 複数人が同時に車を押している様子が描かれている。

本文を読んで，（　　）内に適切な語を入れましょう。

Ethical fashion companies	make (① 　　　　) -friendly products.
	pay a (② 　　　　) (③ 　　　　) to workers.

ヒント エシカルファッションの企業は「(①) に優しい製品を作る。」「労働者に (②) (③) を支払う。」①〜③とも教科書p.31の4〜5行目を参照。

Speak Write

Do you want to be ethical? Why or why not?

例 ・Yes, I do. I want to use my clothes for as long as possible. ...

・No, I don't. I like fashionable but cheap clothes. ...

Plus One

ヒント「あなたはエシカルでありたいですか。なぜですか，あるいはなぜそうではないのですか。」例「・はい，私はそうありたいです。私は自分の服をできるだけ長く使いたいです。」「・いいえ，私はそうありたくないです。私はファッショナブルであるものの安い服が好きです。」

本文

1 Today / more and more people pay attention to ethical fashion.// **2** "Ethical" means morally right.// **3** Ethical fashion companies often see / the whole fast fashion industry causing problems.// **4** They make environment-friendly products / and pay workers a living wage.// **5** However,/ ethical fashion companies alone cannot solve all the problems.// **6** Each of us needs to cooperate.// **7** Just look at / what you have now,/ and then decide / what to buy next.// **8** Most importantly,/ keep in mind / that there are always

今日では　ますます多くの人々がエシカルファッションに注意を払っている　「エシカル」とは道徳的に正しいという意味だ　エシカルファッションの企業はしばしば…を見る　ファストファッション業界全体が問題を引き起こしている　それらは環境に優しい製品を作る　そして労働者に生活賃金を支払う　しかし　ただエシカルファッションの企業だけではすべての問題を解決することはできない　私たち一人一人が協力する必要がある　ただ…を確かめなさい　あなたが今持っているもの　そしてそれから…を決めなさい　次に何を買うべきか　最も重要なことには　…を心に留めておきなさい　常に労働者が

語句

- ☐ morally /mɔ́:rəli/ 副 道徳的に
- ☐ living wage /líviŋ wéidʒ/ 名 生活賃金
- ☐ cooperate /kouá:pərèit/ 動 協力する

workers / behind each product / and the product is always linked to
いるということ　ひとつひとつの製品の背後には　そしてその製品は常に環境と
the environment.//
つながっている

- □ link(ed) /líŋk(t)/ 動 …をつなぐ

- □ more and more ますます多くの
- □ pay attention to ... …に注意を払う
- □ keep ... in mind / keep in mind ... …を心に留めておく

読解のポイント

1 Today more and more people pay attention to ethical fashion.
(S: more and more people / V: pay / O: attention ← to ethical fashion)

Today は「今日(こんにち)では」という意味の副詞で，文全体を修飾している。

2 "Ethical" means morally right.
(S: "Ethical" / V: means / C: right ← morally)

"Ethical" と引用符で囲まれているのは，筆者がEthicalという単語を説明するためである。

3 Ethical fashion companies often see the whole fast fashion industry causing problems.
(S: Ethical fashion companies / V: see ← often / O: the whole fast fashion industry / C: causing problems)

知覚動詞seeを用いた〈S＋V＋O＋C〉の文。the whole fast fashion industry「ファストファッション業界全体」が「(今まさに) 問題を引き起こしている (最中)」なので，causing problemsと現在分詞を補語にとっている。⇒ Grammar

4 They make environment-friendly products and pay workers a living wage.
(S: They / V: make / O: environment-friendly products / V: pay / O_1: workers / O_2: a living wage)

Theyは3の文のEthical fashion companiesを指す。〈pay＋O_1＋O_2〉は「O_1にO_2を支払う」という意味。

5 However, ethical fashion companies alone cannot solve all the problems.
(S: ethical fashion companies ← alone / V: cannot solve / O: all the problems)

Howeverの後ろは，しばしば文章の核となる筆者の考えなどが述べられる。aloneは主語のあとで「ただ…だけ」を表し，ethical fashion companiesを修飾している。

6 Each of us needs to cooperate.
S V O

Each of usは「私たち（の中の）一人一人」という意味。代名詞Eachを受ける動詞はふつう単数扱い。

7 Just look at what you have now, and then decide what to buy next.

〈look at＋関係詞節〉で「…を確かめる，調べる」という意味。what you have nowは〈what＋S＋V〉「SがVするもの」の節で，「あなたが今持っているもの」という意味。後半のwhat to buy nextは〈what＋to不定詞〉「何を…すべきか」の節で，「次に何を買うべきか」という意味。

8 Most importantly, keep in mind [that there are always workers behind each product and the product is always linked to the environment].

Most importantlyは「最も重要なことには」という意味で，筆者の言いたいことが強く表れている。keep in mind ...は「…を心に留めておく」という意味で，thatからenvironmentまでがkeepの目的語。that節の中ではthere areの文とthe product isの文がandで結ばれている。link ... to ～は「～に…をつなぐ」という意味で，ここでは受け身で用いられている。

Grammar

S＋V［知覚動詞］＋O＋C［現在分詞，原形不定詞］「SはOがCしているのをVする」や「SはOがCするのをVする」という意味を表します。

S	V［知覚動詞］	O	C［現在分詞／原形不定詞］
Ethical fashion companies	see	the whole fast fashion industry	causing problems.
（エシカルファッションの企業はファストファッション業界全体が問題を引き起こしているのを見ます。）			
We	listened to	the activist	talk about the environment.
（私たちはその活動家が環境について話すのを聴きました。）			

解説 知覚動詞はsee, hear, feel, watch, look at, listen toなどの「見たり聞いたり」を表す動詞で，Cには現在分詞や原形不定詞がくる。現在分詞がくる場合，その動作の一部を見たり聞いたりすることを表し，原形不定詞がくる場合はその動作の始めから終わりまで全部を見たり聞いたりすることを表す。OはCの意味上の主語となり，例文の1文目のようにOには少し長い語句を置くことがある。

Try It!

(　　) 内の語（句）を並べかえて，ペアで対話しましょう。

1. *A*：Why are we going to this store?

B：Because I (ethical fashion clothes / saw / selling / them).

2. *A*：Why do you look worried?

B：Because I (a lot of pesticides / farmers / saw / use) on TV.

ヒント **1.** *A*「私たちはなぜ，この店に向かっているのですか。」

B「なぜなら私は，彼らがエシカルファッションの服を売っているのを見たからです。」

動詞sawに注目し，〈知覚動詞＋O＋現在分詞〉の語順にする。

2. *A*「あなたはなぜ，心配そうに見えるのですか。」

B「なぜなら私は，テレビで農場主がたくさんの殺虫剤を使うのを見たからです。」

動詞sawに注目し，〈知覚動詞＋O＋原形不定詞〉の語順にする。

Summary1 本文の内容に合うように，空所を埋めましょう。

Part1

- ファストファッションは服を①____，またファッショナブルに作ります。
- 一方で，ファストファッションは大量の②____を生んでいます。

Part2

- ファストファッションの工場労働者は③____賃金で働かなければなりません。
- 綿花栽培のための④____と⑤____の使用が環境と農場主の健康に損害を与えています。

Part3

- エシカルファッションは⑥____製品を作り，労働者に⑦____を支払います。
- ひとつひとつの製品の背後には⑧____がいて，その製品は⑨____とつながっていることを私たちは心に留めておくべきです。

ヒント それぞれの教科書参照ページを示す。①p.27の3～4行目　②p.27の8～9行目　③p.29の9～10行目　④⑤p.29の12～15行目　⑥⑦p.31の4～5行目　⑧⑨p.31の9～11行目

Summary2 空所に入る語を____の中から選び，要約を完成しましょう。

Fast fashion products can be made quickly and cheaply / and they are based on the latest fashion trends.// However,/ fast fashion products can cause problems.//
ファストファッション製品は速くそして安く作られることができる　そしてそれらは最新のファッションの流行に基づいている　しかし　ファストファッション製品は問題を引き起こす可能性がある

First,/ the low prices of clothes are creating a huge amount of (①　).// More than half of fast fashion products are thrown away / within a year.//
第一に　服の低価格が大量の（①）を生んでいる　ファストファッション製品の半分以上が捨てられる　1年以内に

Second,/ factory workers in developing countries / have to work at low (②　) / due to the low prices of clothes.//
第二に　発展途上国の工場労働者は　低い（②）で働かなければならない　服の低価格のために

Finally,/ an environmental (③　) in India / complains about mass production of cotton.// In order to produce cotton,/ farmers use chemical fertilizers and (④　).// These damage the environment and farmers' health.//
最後に　インドのある環境保護（③）は　綿花の大量生産について不満を言う　綿花を生産するために　農場主は化学肥料と（④）を使う　これらは環境と農場主の健康に損害を与える

Ethical fashion companies make environment-friendly products / and pay workers a
エシカルファッションの企業は環境に優しい製品を作る　そして労働者に

(⑤　) wage.// However,/ ethical fashion companies alone cannot solve all the problems.//
（⑤）賃金を支払う　しかし　ただエシカルファッションの企業だけではすべての問題を解決できない

Each of us should keep in mind / that there are (⑥　) behind each product / and the product
私たち一人一人が…心に留めておくべきだ　ひとつひとつの製品の背後には（⑥）がいるということを　そしてその製品は常に

is always linked to the environment.//
環境とつながっている

activist / living / pay / pesticides / waste / workers

ヒント それぞれの教科書参照ページを示す。①p.27の8～9行目　②p.29の9～10行目　③p.29の11～12行目　④p.29の12～14行目　⑤p.31の4～5行目　⑥p.31の9～11行目

Vocabulary イラストをヒントに，本文に出てきた単語を書きましょう。

1. w□□□□　**2.** ill h□□□□□　**3.** low p□□

ヒント 教科書p.33では，**1.** 服ががらくたのように積まれている。　**2.** 女性が具合悪そうに寝ている。　**3.** 男性が封筒の中の紙を見て悲しそうな顔をしている。

Key Expressions 日本語と同じ意味になるように，（　）内に適切な語を入れて文を言いましょう。

1. This movie (　)(　)(　) a true story.
この映画は実話に基づいています。

2. The company earns a (　)(　)(　) money every year.
その会社は毎年巨額のお金を稼いでいます。

3. (　)(　)(　) ethical fashion products are produced.
ますます多くのエシカルファッション製品が作られています。

4. We should (　)(　)(　) the workers behind each product.
私たちはひとつひとつの製品の背後にいる労働者に注意を払うべきです。

ヒント **1.**「…に基づいている」に相当する語句を入れる。　**2.**「巨額の」を「大量の…」に読みかえて，相当する語句を入れる。　**3.**「ますます多くの」に相当する語句を入れる。　**4.**「…に注意を払う」に相当する語句を入れる。

Grammar for Communication 例を参考に，自分が見たものについて，ペアで話しましょう。

例1

A: I saw ❶ factory workers in Bangladesh crying on TV.

B: What ❷ made them so sad?

A: ❸ The factory manager makes them work hard for low pay.

例2

A: I saw ❶ some people laughing in front of a department store.

B: What made ❷ them so happy?

A: ❸ A clown made them laugh.

ヒント 例1 *A*「私はテレビでバングラデシュの工場労働者が泣いているのを見ました。」
B「何が彼らをそんなに悲しませたのですか。」
A「工場経営者が彼らを低い賃金で熱心に働かせます。」

例2 *A*「私は百貨店の前で何人かの人が笑っているのを見ました。」
B「何が彼らをそんなに楽しませたのですか。」
A「ピエロが彼らを笑わせました。」

教科書 ▶ pp.34-35, 205

Scene 1 華とジョンの会話を聞きましょう。

Hana: I'm interested in ethical fashion.//
華：　私はエシカルファッションに興味がある

John: I think / fast fashion clothes are better.//
ジョン：私は…と思う　ファストファッションの服のほうがよりよい

Hana: Why?// Fast fashion companies are causing trouble.//
華：　なぜか？　ファストファッションの企業は問題を起こしている

John: But ethical fashion clothes are expensive.// And I don't want to wear the same clothes for many years.//
ジョン：　しかしエシカルファッションの服は高価だ　そして私は同じ服を何年も着たくない

Hana: Think of workers in developing countries.//
華：　発展途上国の労働者のことを考えなさい

John: But if we stop buying fast fashion clothes,/ they might lose their jobs.//
ジョン：しかしもし私たちがファストファッションの服を買うことをやめたら　彼らは職を失うかもしれない

Hana: You may be right.//
華：　あなたは正しいかもしれない

Listen and Answer　問いの答えを選びましょう。

1. Which does John like better, fast fashion clothes or ethical fashion clothes?
　a. Fast fashion clothes　**b.** Ethical fashion clothes　**c.** Both

2. Why does John think so?
　a. Because buying ethical fashion clothes can help the workers in developing countries.
　b. Because ethical fashion clothes are good for the environment.
　c. Because ethical fashion clothes are expensive.

3. According to John, what might happen if we stop buying fast fashion clothes?
　a. Fast fashion companies might disappear.
　b. Ethical fashion clothes might sell well.
　c. Workers in developing countries might lose their jobs.

ヒント **1.**「ジョンはどちらのほうをより好んでいますか，ファストファッションの服ですか，それともエシカルファッションの服ですか。**a.** ファストファッションの服　**b.** エシカルファッションの服　**c.** 両方」ジョンの最初の発言を参照。

2.「ジョンはなぜそのように考えるのですか。**a.** エシカルファッションの服を買うことは発展途上国の労働者を助けることができるから。　**b.** エシカルファッションの服は環境によいから。　**c.** エシカルファッションの服は高価だから。」ジョンの2番目の発言を参照。

3.「ジョンによると，もし私たちがファストファッションの服を買うことをやめたら何が起こるかもしれませんか。**a.** ファストファッションの企業が消えるかもしれない。　**b.** エシカルファッションの服がよく売れるかもしれない。　**c.** 発展途上国の労働者が職を失うかもしれない。」ジョンの3番目の発言を参照。

自分の好きなファッションブランドのエシカルな活動について，発表用の原稿を作りましょう。

①の空所に，自分の好きなファッションブランドを入れましょう。
②～⑤の空所に，好きなファッションブランドの特徴やエシカルな活動を考えて書きましょう。

My favorite brand is ① ______.// Their clothes are ② ______.// They try to sell ③ ______ products.// The farmers ④ ______.// In addition,/ ⑤ ______.// For these reasons,/ I like ① ______.//

私のいちばん好きなブランドは①だ　その服は②だ　彼らは③製品を売ろうとしている　農場主は④　加えて　⑤　これらの理由から　私は①が好きだ

ヒント ①はブランド名，②はそのブランドの服の特徴を入れる。③はそのブランドがどのようにエシカルなのかを書く。④はそのブランドに関わる農場主の情報を書く。⑤はそのブランドのエシカルな面を説明する情報を追加する。

定期テスト対策 ② (Lesson 2)

解答 ⇒ p.240

1 日本語の意味を表すように，＿＿に適切な語を入れなさい。

(1) その情報は最新の研究に基づいていました。

The information ________ ________ ________ the latest research.

(2) 客たちはその品質について不満を言います。

Customers ________ ________ the quality.

(3) 彼の新しい仕事は彼に生活賃金を支払います。

His new job pays him a ________ ________.

2 (　　) 内から適切な語を選び，○で囲みなさい。

(1) The child's joke made everyone (laugh / laughed).

(2) His mother had him (clean / cleaning) his room yesterday.

(3) I saw some ducks (crosses / crossing) the road.

3 日本語に合うように，(　　) 内の語（句）を並べかえなさい。

(1) その小学生たちは大量の宿題をしなければなりません。

The elementary school children have to (amount / do / a / homework / huge / of).

The elementary school children have to ________________________.

(2) その男の子はロボットプログラミングをとてもおもしろいと思いました。

(found / interesting / robot programming / the boy / very).

____.

(3) 私に，この道具の使い方をあなたへ説明させてください。

(show / how / me / let / you / use / to) this tool.

____________________________________ this tool.

(4) 私はその野球選手が教育について話すのを聞きたいです。

I want to (talk / to / education / the baseball player / listen / about).

I want to __________________________________.

4 次の英語を日本語にしなさい。

(1) The injury forced her to quit dancing.

____

(2) More and more schools are reducing class sizes.

____

5 次の英文を読んで，質問に答えなさい。

A factory manager in Bangladesh talks about a problem. He says factory workers in developing countries suffer due (①) the low prices of clothes. Clothing companies in advanced countries are competing in price. For example, one company wants to sell a T-shirt at a cheaper price (②) other companies. Therefore, it forces a factory in a developing country to produce the shirt cheaply. If the factory doesn't accept ③the order, the company places the order (④) a different factory. ⑤This deal makes the factory workers work at low pay.

(1) ①，②，④に入る語を右からそれぞれ選んで書きなさい。 [than / with / to]

①__________ ②__________ ④__________

(2) 下線部③の内容を本文に即して日本語で書きなさい。

____

(3) 下線部⑤を日本語にしなさい。

____

6 次の英文を読んで，質問に答えなさい。

Today more and more people pay (①) to ethical fashion. "Ethical" means morally right. ②Ethical fashion companies often see the whole fast fashion industry causing problems. They make environment-friendly products and pay (③) a living wage. However, ethical fashion companies (④) cannot solve all the problems. Each of us needs to cooperate. ⑤Just look at what you have now, and then decide what to buy next. Most importantly, ⑥(in / that / mind / keep) there are always workers behind each product and the product is always (⑦) to the environment.

(1) ①，③，④，⑦に入る語を下からそれぞれ選んで書きなさい。

[alone / workers / linked / attention]

①__________ ③__________ ④__________ ⑦__________

(2) 下線部②を日本語にしなさい。

____

(3) 下線部⑤を日本語にしなさい。

____

(4) 下線部⑥の( )内の語を意味が通る英文になるように並びかえなさい。

____

Lesson 3 One for All, All for One

Get Started! 教科書 ▶ p.39

写真を見て話し合ってみましょう。

What do you know about rugby?

ヒント「あなたはラグビーについて何を知っていますか。」

Part 1 教科書 ▶ pp.40-41

イラストを見て，語（句）の意味を推測しましょう。

1. leadership

2. New Zealand

3. recommend

ヒント 教科書p.40では，**1.** 人物が先頭に立って人々を導いている。**2.** ユニオンジャックと4つの星が描かれた国旗が示されている。**3.** 親指を立てた手が描かれている。

本文を読んで，時を表す表現とリーチ選手に関する出来事を表すイラストを線で結びましょう。

in 2019　when he was five　for 26 years

ヒント「2019年に」「彼が5歳のとき」「26年間」

教科書p.40のイラストでは，左「小さな子どもが大人の女性からラグビーボールを渡されている。」真ん中「ユニフォームを着た男性がラグビーボールを持ち，『年表』と書かれた紙の上を進んでいる。」右「ラグビー日本代表のユニフォームを着た男性がタックルされている。」「2019年に」は教科書p.41の2～5行目，「彼が5歳のとき」は10～11行目，「26年間」は11～12行目を参照。

Have you ever watched a rugby match? If so, where did you watch it?

例 ・Yes, I have. I watched it many times on TV during the 2019 Rugby World Cup. …

・No, I haven't. I want to watch it in stadiums. …

Plus One

ヒント「あなたはこれまでにラグビーの試合を見たことがありますか。もしそうなら，あなたはどこでそれを見ましたか。」例「・はい，私は見たことがあります。私は，2019年のラグビーワールドカップの間，テレビで何度もそれを見ました。」「・いいえ，私は見たことがありません。私は競技場でそれを見たいです。」

本文

1 *Radio Personality*: Hello / and welcome to *Power On Radio*.//
ラジオのパーソナリティ：こんにちは　そして「パワーオンラジオ」へようこそ

2 Today's guest is Mr. Michael Leitch.// **3** Under his leadership,/
本日のゲストはマイケル・リーチ選手だ　彼の指揮のもとで

the Japan national rugby team advanced to the quarterfinals / in
ラグビー日本代表は準々決勝まで進んだ

the 2019 Rugby World Cup / for the first time.//
2019年のラグビーワールドカップで　初めて

4 Mr. Leitch,/ thank you for joining us today.//
リーチ選手　本日は私たちの番組に出演してくれてありがとう

5 *Leitch* : It's my pleasure.//
リーチ選手：どういたしまして

6 *Radio Personality*: You started playing rugby in New Zealand,
ラジオのパーソナリティ：あなたはニュージーランドでラグビーをプレーし始めたの

right?// **7** How long have you played it?//
ですよね　あなたはどのくらいの間それをプレーしているか

8 *Leitch*: Let's see.// **9** When I was five,/ my mother recommended
リーチ選手：ええと　私が5歳のときに　私の母がそれを勧めた

it.// **10** That was the beginning of my rugby career.// **11** So,/ I've
それが私のラグビーのキャリアの始まりだ　そのため　私は

played it for 26 years.//
26年間それをプレーしてきた

語句

- radio /réɪdiou/
  名 ラジオ
- personality /pə̀ːrsənǽləti/
  名 パーソナリティ
- Michael Leitch /máɪkl líːtʃ/
  名 マイケル・リーチ
- leadership /líːdərʃìp/
  名 指揮，リーダーシップ
- advance(d) /ədvǽns(t)/
  動 進む
- quarterfinal(s) /kwɔ̀ːrtərfáɪnl(z)/
  名 準々決勝
- Rugby World Cup /rʌ́gbi wɔ́ːrld kʌ́p/
  名 ラグビーワールドカップ

- It's my pleasure.
  どういたしまして。

読解のポイント

1 ***Radio Personality*: Hello and welcome to *Power On Radio*.**

あいさつの文。welcome to ... は「…へようこそ」という意味。*Power On Radio* はラジオ番組の名前。

2 **Today's guest is Mr. Michael Leitch.**

S = Today's guest　V = is　C = Mr. Michael Leitch

Today's は名詞 today に所有を表す「's」を付けた形。

3 **Under his leadership, the Japan national rugby team advanced to the quarterfinals in the 2019 Rugby World Cup for the first time.**

S = the Japan national rugby team　V = advanced（for the first time → advanced）

advance to ... は「…に進む」という意味。for the first time は「初めて」という意味。

4 Mr. Leitch, thank you for joining us today.

thank you for *doing* は「…してくれてありがとう」という意味。us はラジオ番組のスタッフを集合的に表す。直訳は「私たちに加わってくれてありがとうございます」。

5 *Leitch*: It's my pleasure.

S+V　C

It's my pleasure. は「どういたしまして。」という意味。

6 *Radio Personality*: You started playing rugby in New Zealand, right?

S　V　O

start *doing* は「…し始める」という意味。文末の right は間投詞で「(自分の発言を確認するために) そうですよね」という意味。

7 How long have you played it?

How long は「どのくらいの間」という意味。現在完了形〈have [has] ＋過去分詞〉の疑問文。現在までの継続を表す。it は6の文の rugby を指す。⇒ Grammar

8 *Leitch*: Let's see.

Let's see. は「ええと。」という意味で，答えがすぐに出てこないときに用いる。

9 When I was five, my mother recommended it.

S' V' C'　S　V　O

it は6の文の (playing) rugby を指す。

10 That was the beginning of my rugby career.

S　V　C

That は9の文全体を指す。beginning は「始まり」という意味。

11 So, I've played it for 26 years.

S+V　O

現在完了形〈have [has] ＋過去分詞〉の肯定文。現在までの継続を表す。it は6の文の rugby を指す。⇒ Grammar

Grammar

現在完了形〈have [has] ＋過去分詞〉で，過去にあったことが現在までかかわりを持っているという意味を表します。

He has just finished playing rugby.

「…したところだ」(完了)

(彼はちょうどラグビーをプレーし終わったところです。)

I have been to New Zealand before.
「…したことがある」(経験)
(私は以前にニュージーランドに行ったことがあります。)

I have played rugby since I was five years old.
「…してきた」(継続)
(私は5歳のときからラグビーをプレーしてきました。)

解説 現在完了形を使うと，過去にあったことが現在につながっていることを表すことができる。その用法は「完了」「経験」「継続」に分類される。
「完了」は，行為や出来事が完了していること，そして今（その結果）どういう状況にあるかを表す。just「ちょうど」や already「（肯定文で）すでに」，yet「（疑問文で）すでに，（否定文で）まだ」（例）などの語を一緒に使うことが多い。
「経験」は現在に至るまでの経験の有無や回数を表す。before「以前に」や，times「…回」，once「一度」，twice「二度」，never「一度も…ない」などの語がよく一緒に使われる。例文のhave [has] been to ...は「…に行ったことがある」という意味。
「継続」は過去のある時点から現在まで状態が継続していることを表す。期間を表すfor ...「…の間」やsince ...「…以来」がよく一緒に使われる。
疑問文ではhave [has] を主語の前に出し，否定文ではhave [has] の後ろに否定語を置く。

例 Have you finished lunch yet?
(あなたはすでに昼食を終えましたか。)
— Yes, I have already finished it.
(はい，私はすでに終えました。)
— No, I haven't finished it yet.
(いいえ，私はまだ終えていません。)

Try It!

(　　) 内の語を適切な形にかえて，ペアで対話しましょう。

1. *A*：Have you ever (be) to New Zealand?
B：No, but I want to go there someday.

2. *A*：Have you (finish) rugby practice?
B：Yes, so I'm tired and hungry.
A：Then, let's go to a ramen restaurant.

ヒント **1.** *A*「あなたはこれまでにニュージーランドに行ったことがありますか。」
B「いいえ，でも，私はいつかそこに行きたいです。」
have been to ...で「…に行ったことがある」という意味。

2. *A*「あなたはラグビーの練習を終えたところですか。」
B「はい，それで私は疲れていてお腹がすいています。」
A「それでは，ラーメン店に行きましょう。」
Haveから始まる疑問文に注目し，現在完了形の文と考え，finishを過去分詞にかえる。

Part 2 教科書 ▶ pp.42-43

イラストを見て，語（句）の意味を推測しましょう。

1. exchange program
2. task
3. do the laundry

ヒント **1.** 教科書p.42では，**1.** さまざまな人種の人々が教室で一緒に授業を受けている。**2.** チェックリストに何かを書いている。**3.** 洗濯機の前で洗濯物を持っている人が描かれている。

本文を読んで，(　　) 内に適切な語（句）を入れましょう。

Leitch's high school life in Hokkaido	Leitch had a (①　　　　) learning written Japanese.
	Leitch read (②　　　　) books and elementary school textbooks.
	It was difficult to get used to the (③　　　　).

ヒント リーチ選手の北海道での学校生活「リーチ選手は日本語の書き言葉を学習するのに（①）があった。」「リーチ選手は（②）本や小学校の教科書を読んだ。」「（③）に慣れることは難しかった。」①は教科書p.43の5～6行目，②は8～9行目，③は10行目を参照。

Have you ever studied abroad? If so, where did you go, and what did you study? If not, where do you want to go?

例 ・Yes, I have. I have studied English and music in the U.S. ...
・No, I haven't. I would like to go to New Zealand and improve my English. ...

Plus One

ヒント「あなたはこれまでに留学したことがありますか。もしそうなら，あなたはどこへ行き，何を勉強しましたか。」例「・はい，あります。私はアメリカで英語と音楽を勉強したことがあります。」「・いいえ，ありません。私はニュージーランドに行き，英語を上達させたいです。」

本文

1 *Radio Personality*: You applied for an exchange program at your
ラジオのパーソナリティー：あなたはニュージーランドのあなたの学校で交換留学
school in New Zealand / at the age of 15,/ and you entered a high
プログラムに申し込んだ　15歳のときに　そしてあなたは
school in Hokkaido,/ Japan.// **2** How did you like the school life
北海道の高校に入学した　日本の　そこでの学校生活はどうだったか
there?//

3 *Leitch*: Well,/ I liked it, / but I had a problem learning written
リーチ選手：ええと　私はそれを気に入った　しかし私には書き言葉の日本語を学習する

語句

□ exchange program /ɪkstʃéɪndʒ pròʊgræm/
名 交換留学プログラム

Japanese.// **4** I had taken Japanese classes in New New Zealand,/
のに問題があった　私はニュージーランドで日本語の授業を受けたことがあった
but I couldn't read or write well.// **5** To overcome my weakness,/
しかし私は上手に読んだり書いたりできなかった　私の弱点を克服するために
I read picture books and elementary school textbooks.//
私は絵本や小学校の教科書を読んだ
6 The team culture was also difficult to get used to.// **7** There
チーム文化もまた慣れることが難しかった
was a rigid hierarchy within the rugby team.// **8** The first-year
ラグビーチームの中には厳しい階層制があった　1年生は上級生の
students had to do tasks for the older students.// **9** I even did the
ために仕事をしなければならなかった　私は彼らのために
laundry for them.// **10** I couldn't understand their way,/ but I
洗濯さえした　私は彼らのやり方が理解できなかった　しかし
followed it.//
私はそれに従った

- □ weakness /wíːknəs/ 名 弱点
- □ used /júːst/ 形 慣れている
- □ rigid /rídʒɪd/ 形 厳しい
- □ hierarchy /háɪərɑ̀ːrki/ 名 階層制
- □ laundry /lɔ́ːndri/ 名 洗濯

- □ get used to ... …に慣れる

読解のポイント

1 *Radio Personality*: You applied for an exchange program at your school in New Zealand at the age of 15, and you entered a high school in Hokkaido, Japan.

(You: S, applied for: V, an exchange program: O; you: S, entered: V, a high school: O)

apply for ... は「…に申し込む」という意味。at the age of ... は「…歳のときに」という意味。コンマの後ろのandで2つの節が結ばれている。

2 How did you like the school life there?

How did you like ...? は「（感想を尋ねて）…はどうでしたか。」という意味。there は**1**の文の in Hokkaido, Japan を指す。

3 *Leitch*: Well, I liked it, but I had a problem learning written Japanese.

(I: S, liked: V, it: O; I: S, had: V, a problem: O)

ここでのlikeは「…を気に入る」という意味で，itは**2**の文のthe school lifeを指す。have a problem *doing* は「…するのに問題がある」という意味。writtenは「（文字で）書かれた」という意味で，written Japaneseは「書き言葉の日本語」を表す。

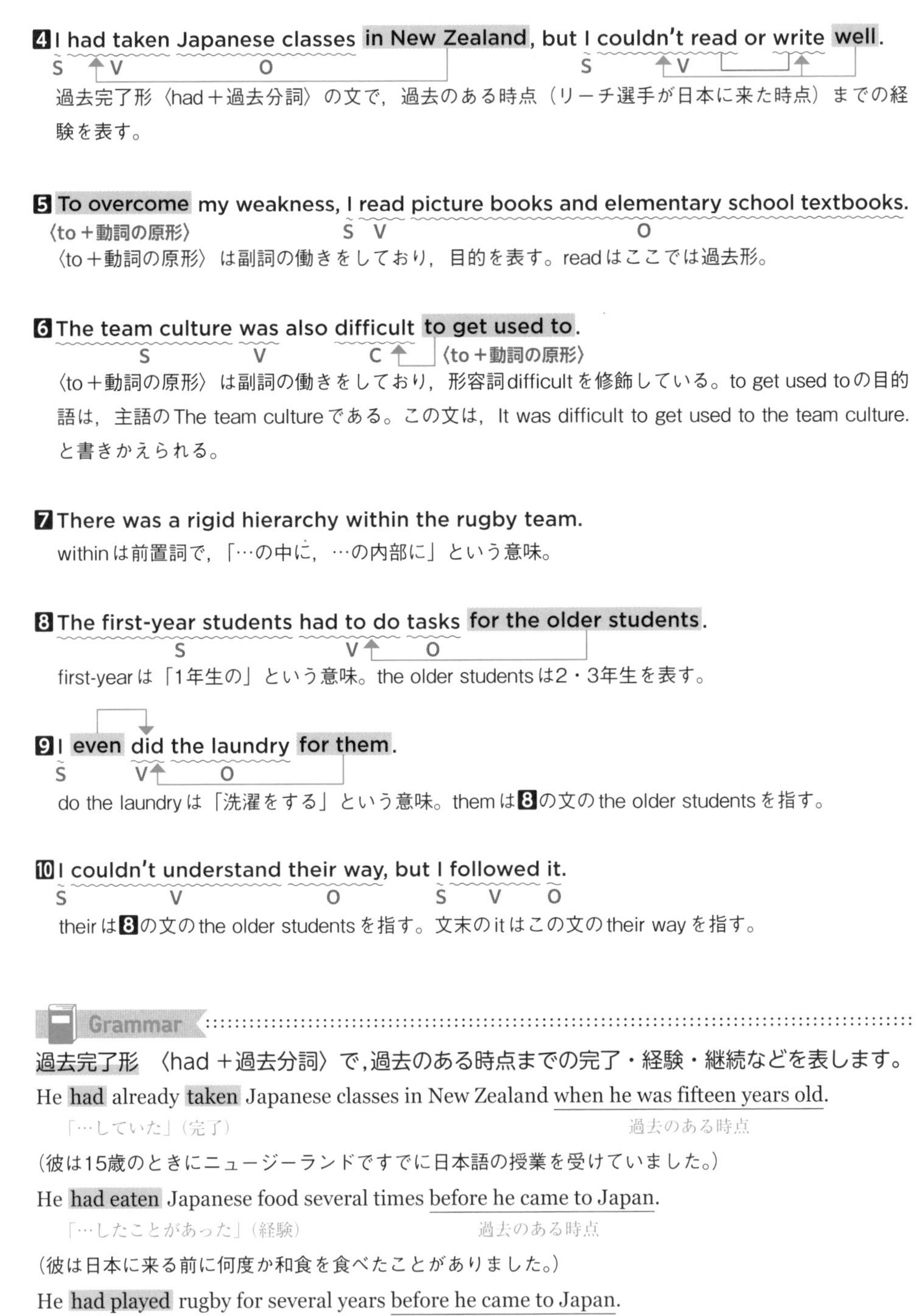

4 I had taken Japanese classes in New Zealand, but I couldn't read or write well.

S V O　S V

過去完了形〈had＋過去分詞〉の文で，過去のある時点（リーチ選手が日本に来た時点）までの経験を表す。

5 To overcome my weakness, I read picture books and elementary school textbooks.

〈to＋動詞の原形〉 S V O

〈to＋動詞の原形〉は副詞の働きをしており，目的を表す。readはここでは過去形。

6 The team culture was also difficult to get used to.

S V C 〈to＋動詞の原形〉

〈to＋動詞の原形〉は副詞の働きをしており，形容詞difficultを修飾している。to get used toの目的語は，主語のThe team cultureである。この文は，It was difficult to get used to the team culture. と書きかえられる。

7 There was a rigid hierarchy within the rugby team.

withinは前置詞で，「…の中に，…の内部に」という意味。

8 The first-year students had to do tasks for the older students.

S V O

first-yearは「1年生の」という意味。the older studentsは2・3年生を表す。

9 I even did the laundry for them.

S V O

do the laundryは「洗濯をする」という意味。themは**8**の文のthe older studentsを指す。

10 I couldn't understand their way, but I followed it.

S V O S V O

theirは**8**の文のthe older studentsを指す。文末のitはこの文のtheir wayを指す。

Grammar

過去完了形　〈had＋過去分詞〉で，過去のある時点までの完了・経験・継続などを表します。

He **had** already **taken** Japanese classes in New Zealand when he was fifteen years old.

「…していた」（完了）　過去のある時点

（彼は15歳のときにニュージーランドですでに日本語の授業を受けていました。）

He **had eaten** Japanese food several times before he came to Japan.

「…したことがあった」（経験）　過去のある時点

（彼は日本に来る前に何度か和食を食べたことがありました。）

He **had played** rugby for several years before he came to Japan.

「…してきた」（継続）　過去のある時点

（彼は日本に来る前にラグビーを数年間プレーしてきました。）

解説 現在完了形〈have [has] + 過去分詞〉が現在の「時」を基準にして，今までに完了したこと，経験したこと，継続していることを述べるのに対し，過去完了形〈had + 過去分詞〉は基準とする「時」が「過去のある時点」となる。「過去のある時点」は，whenやbeforeなどの節で表されることが多い。

Try It!

(　　) 内の語を適切な形にかえて，ペアで対話しましょう。

1. *A*：I saw you talking with a new exchange student. How did you meet him?
B：I had (communicate) with him by e-mail before he came to Japan.

2. *A*：I don't understand our team culture. I want to change it.
B：I agree, but it's hard because no one had (change) it before we joined this team.

ヒント **1.** *A*「私はあなたが新入の交換留学生と話しているのを見ました。あなたはどうやって彼と知り合ったのですか。」
B「私は，彼が日本に来る前にEメールで連絡を取り合ってきました。」
過去完了形の文と考え，communicateを過去分詞にかえる。

2. *A*「私は私たちのチーム文化がわかりません。私はそれを変えたいです。」
B「私は賛成ですが，私たちがこのチームに加わる前に誰もそれを変えなかったので，難しいです。」
過去完了形の文と考え，changeを過去分詞にかえる。

Part 3　教科書 ▶ pp.44-45

イラストを見て，語句の意味を推測しましょう。

1. burn down

2. gather around

3. *be* moved to tears

ヒント 教科書p.44では，**1.** 骨組みだけになった家と煙が描かれている。**2.** 赤い服を着た人をまわりの人々が取り囲んでいる。**3.** 感動した様子で泣いている人が描かれている。

本文を読んで，（　　）内に適切な語（句）を入れましょう。

Leitch's unforgettable experience	
	In 2005, Leitch's house in New Zealand (①　　　　).
	One of his teammates handed him a (②　　　　). Inside it, there was a lot of money.
	The rugby coach had secretly (③　　　　) the money.

ヒント リーチ選手の忘れられない経験「2005年に，ニュージーランドのリーチ選手の家が（①）。」
「彼のチームメートの1人が彼に（②）を手渡した。その中には，たくさんのお金が入っていた。」
「ラグビーのコーチがひそかにお金を（③）。」
①は教科書p.45の4〜6行目，②は6〜8行目，③は9〜10行目を参照。

Speak / Write

What is one unforgettable experience from your school life? Can you tell me about it?

例 Our rugby team won in the first round for the first time. ...

ヒント「あなたの学校生活からの忘れられない1つの経験は何ですか。あなたはそれについて私に教えてくれませんか。」例「私たちのラグビーチームが初めて第1ラウンドで勝ちました。」

本文

1 *Radio Personality*: What made you decide to become a member of the Japanese national team?//

ラジオのパーソナリティー：あなたはなぜ日本代表チームの一員になることを決めたのか

2 *Leitch*: While I was studying at the high school in Hokkaido,/ I had an unforgettable experience.// **3** In 2005,/ one year after I came to Japan,/ my house in New Zealand burned down.// **4** I was

リーチ選手：私が北海道の高校で勉強している間に　私は忘れられない経験をした　2005年に　私が日本に来て1年後に　ニュージーランドの私の家が全焼した　私はすっかり

語句

□ unforgettable /ʌ̀nfərgétəbl/ 形 忘れられない

totally at a loss.// **5** A few days later,/ all my teammates gathered
途方にくれていた　数日後　私のチームメート全員が私の
around me,/ and one of them handed me a thick envelope.//
まわりに集まった　そして彼らのうちの1人が私に分厚い封筒を手渡した
6 Inside it,/ there was a lot of money.// **7** It had been secretly
その中には　たくさんのお金が入っていた　それはひそかに
collected by the coach.// **8** I was moved to tears.// **9** I promised
コーチによって集められていた　私は感動して泣いた　私は自分自身に
myself / I would repay their kindness / by playing for the team,/
…を誓った　私は彼らの親切さに恩返しをすること　チームのためにプレーすることによって
and later for Japan.//
そして後には日本のために

10 *Radio Personality*: What is special about rugby for you?//
ラジオのパーソナリティー：あなたにとってラグビーについて何が特別か

11 *Leitch*: If I didn't play it,/ I wouldn't know the true meaning of
リーチ選手：もし私がそれをプレーしなかったら　私はチームワークの本当の意味を
teamwork:/ "One for all,/ all for one."//
知らないだろう　「1人はみんなのために　みんなは1人のために」

□ teammate(s) /tí:mmèɪt(s)/
名 チームメート
□ secretly /sí:krətli/
副 ひそかに，秘密に
□ promise(d) /prá:məs(t)/
動 …を誓う，約束する
□ repay /rɪpéɪ/
動 …に恩返しをする，報いる

□ burn down
全焼する
□ at a loss
途方にくれて
□ *be* moved to tears
感動して泣く

読解のポイント

1 *Radio Personality*: What made you decide to become a member of the Japanese national team?
〈to＋動詞の原形〉

〈make＋O＋原形不定詞〉で「Oに…させる」という意味だが，What made you ...?で「あなたはなぜ…したのですか」と理由を尋ねる表現となる。〈decide＋to＋動詞の原形〉で「…することを決心する」という意味。

2 *Leitch*: While I was studying at the high school in Hokkaido, I had an unforgettable experience.
(I = S', was studying = V', I = S, had = V, an unforgettable experience = O)

接続詞Whileで2つの節が結ばれている。Whileは「…している間に」という意味。

3 In 2005, one year after I came to Japan, my house in New Zealand burned down.
(In 2005 = one year after I came to Japan; I = S', came = V', my house = S, burned down = V)

In 2005とone year after I came to Japanは同格の関係。2005年がどのような年であったかをone year以下で説明している。〈時を表す語（句）＋after＋S＋V ...〉で，「…してから～後」という意味。

4 I was totally at a loss.
(I = S, was = V, at a loss = C)

at a lossは「途方にくれて」という意味。

5 A few days later, all my teammates gathered around me, and one of them handed me a thick envelope.

S V S V O_1 O_2

gather around ... は「…のまわりに集まる」という意味。them はこの文の all my teammates を指す。〈hand＋O（人）＋O（物）〉で「（人）に（物）を手渡す」という意味。

6 Inside it, there was a lot of money.

Inside は前置詞で，「…の中に」という意味。it は**5**の文の a thick envelope を指す。

7 It had been secretly collected by the coach.

S V

〈had been＋過去分詞〉で過去完了の受け身の文を表す。**5**の文の one of them handed me a thick envelope という動作よりも前のことを明確にするため，過去完了形が用いられている。

8 I was moved to tears.

S V

be moved to tears で「感動して泣く」という意味。move は「…を感動させる」という意味の他動詞であるため，人が主語であるときは受け身の文になる。

9 I promised myself [I would repay their kindness by playing for the team, and later for Japan].

S V O S' V' O'

myself の後ろに接続詞 that が省略されており，that 節の would は時制の一致を受けている。〈by＋動名詞〉で「…することによって」という意味。for から始まる句が and で結ばれており，and later のあとには by playing が省略されている。

10 *Radio Personality*: What is special about rugby for you?

疑問詞を主語とする疑問文。

11 *Leitch*: If I didn't play it, I wouldn't know the true meaning of teamwork: "One for all, all for one."

S' V' O' S V O ＝

〈If＋S'＋動詞の過去形，S＋助動詞の過去形＋動詞の原形〉の仮定法過去の文。ここでは「私がそれをプレーしなかったら，…だろう」という事実に反する事柄を表す。it は**10**の文の rugby を指す。the true meaning of teamwork とコロン以下は同格の関係。⇒ Grammar

Grammar

仮定法過去のif節〈if + S +動詞の過去形 ...〉,〈if + S + were ...〉で,「もし…だったら」のように事実に反する事柄や実現の可能性が低い事柄を表します。

If I didn't play rugby, I wouldn't know the true meaning of teamwork. (事実に反する事柄)
〈if + S + 動詞の過去形…〉 〈S + 助動詞の過去形 + 動詞の原形〜〉
(もし私がラグビーをプレーしなかったら,私はチームワークの本当の意味を知らないだろう。)

If we played rugby with Leitch, we could win all the games. (実現の可能性が低い事柄)
〈if + S + 動詞の過去形…〉 〈S + 助動詞の過去形 + 動詞の原形〜〉
(もし私たちがリーチ選手とラグビーをプレーしたら,私たちはすべての試合に勝てるのだが。)

解説 if節を含む仮定法過去の文では,「もし…ならば,〜だろうに」という意味を表すことができる。if節では,動詞は一般動詞の過去形,またはbe動詞の過去形wereを用いる。主節には主語のあとに助動詞の過去形が使われ,〈would + 動詞の原形〉「…だろうに」,〈could + 動詞の原形〉「…することができるだろうに」という意味になる。また,主節に助動詞の過去形mightを用いることもある(例)。

例 If I were rich, I might establish a new company.
(もし私が金持ちだったら,私は新しい会社を設立するかもしれない。)

Try It!

(　) 内の語を適切な形にかえて,ペアで対話しましょう。

1. *A*: If you weren't a high school student, what (will) you do?
B: I would travel around the world.

2. *A*: If you (have) the chance to live in a different country, which one would you choose?
B: I would live in New Zealand.

ヒント **1.** *A*「もしあなたが高校生ではなかったら,あなたは何をしますか。」
B「私は世界中を旅行するでしょう。」
if節のyou weren'tより仮定法過去の文と考え,助動詞を過去形にかえる。

2. *A*「もしあなたに別の国に住む機会があったら,あなたはどの国を選びますか。」
B「私はニュージーランドに住むでしょう。」
主節のwould you chooseより仮定法過去の文と考え,一般動詞を過去形にかえる。

Review 教科書▶pp.46-47

Summary1 本文の内容に合うように，空所を埋めましょう。

Part1
- 2019年のラグビーワールドカップで日本代表は初めて，①＿＿に進みました。
- リーチ選手は，②＿＿歳のときに母親から勧められてラグビーを始めました。

Part2
- リーチ選手は，③＿＿歳のときに北海道の高校に交換留学生として来日しました。
- ニュージーランドで日本語を学んでいましたが，④＿＿が苦手でした。
- ラグビー部の⑤＿＿に慣れることに苦労しました。

Part3
- ⑥＿＿年にリーチ選手のニュージーランドの家が火事で全焼しました。
- ラグビー部のコーチがひそかに⑦＿＿を集めていました。それを渡されたことで，リーチ選手はチームと日本に恩返しをしようと心に決めました。

ヒント それぞれの教科書参照ページを示す。①p.41の2～5行目 ②p.41の10～11行目 ③p.43の1～3行目 ④p.43の6～7行目 ⑤p.43の10行目 ⑥p.45の4～6行目 ⑦p.45の6～10行目

Summary2 空所に入る語を＿＿の中から選び，要約を完成しましょう。

Michael Leitch was a member of the Japan national rugby team / in the 2019 Rugby World Cup.// Under his (①　),/ the team advanced to the quarterfinals.//
マイケル・リーチ選手はラグビー日本代表の一員だった　2019年のラグビーワールドカップで　彼の（①）のもとで　チームは準々決勝に進んだ

Leitch started rugby / when he was (②　) years old.// It was recommended by his mother.// That was the beginning of his rugby (③　).//
リーチ選手はラグビーを始めた　彼が（②）歳のとき　それは彼の母親によって勧められた　それが彼のラグビーの（③）の始まりだった

When he was (④　) years old,/ he entered a high school in Japan / as an exchange student.// He had a (⑤　) learning written Japanese.// However,/ he improved his reading and writing skills in Japanese / by reading picture books and (⑥　) school textbooks.//
彼が（④）歳のとき　彼は日本の高校に入学した　交換留学生として　彼は書き言葉の日本語を学習するのに（⑤）があった　しかしながら　彼は日本語の読み書きのスキルを上達させた　絵本や（⑥）の教科書を読むことによって

He also had difficulty in getting used to the team (⑦　).// He could not understand it,/ but he followed it.//
彼はチームの（⑦）に慣れるのにも苦労した　彼はそれを理解できなかった　しかし彼はそれに従った

During his high school life in Japan,/ he had an unforgettable experience.// It made him decide to play rugby for the high school team,/ and later for (⑧　).//
彼の日本での学校生活の間に　彼は忘れられない経験をした　それは彼に高校のチームのためにラグビーをプレーすることを決心させた　そして後には（⑧）のために

career / culture / elementary / fifteen / five / Japan / leadership / problem

ヒント それぞれの教科書参照ページを示す。①p.41の2～5行目 ②・③p.41の10～11行目 ④p.43の1～3行目 ⑤p.43の5～6行目 ⑥p.43の7～9行目 ⑦p.43の10行目 ⑧p.45の11～12行目

Vocabulary

イラストをヒントに，本文に出てきた単語を書きましょう。

1. r□□□□□□□d **2.** t□□□ **3.** p□□□□□e

ヒント 教科書p.47では，**1.** 親指を立てた手が描かれている。 **2.** チェックリストに何かを書いている。 **3.** 互いに小指をからめた2つの手が描かれている。

Key Expressions

日本語と同じ意味になるように，(　　) 内に適切な語を入れて文を言いましょう。

1. It was difficult for Leitch to (　　) (　　) (　　) the team culture.
リーチ選手にとってチーム文化に慣れることは大変でした。

2. His house in New Zealand (　　) (　　) when he was a high school student.
高校生のときに，ニュージーランドにある彼の家は全焼しました。

3. He was completely (　　) (　　) (　　) when he heard about the incident.
彼はその出来事を聞いて，完全に途方にくれました。

4. When I heard Leitch's story, I was (　　) (　　) (　　).
リーチ選手の話を聞いて，感動して泣きました。

ヒント **1.**「…に慣れる」に相当する語句を入れる。 **2.**「全焼した」に相当する語句を入れる。 **3.**「途方にくれて」に相当する語句を入れる。 **4.**「感動して泣く」に相当する語句を入れる。

Grammar for Communication

例を参考に，自分のことについてクラスメートに紹介するつもりで，自分が経験したことやこれから始めたいことについて書きましょう。

❶ I had played baseball for five years before I turned twelve.
❷ I have studied English since I was a third-grade student in elementary school.
❸ If I had more time, I would start playing the guitar.

Tool Box

❶ had lived in Kobe for five years before I came to Tokyo
私が東京に来る前に5年間神戸に住んだことがあった

❷ have never been abroad
一度も外国に行ったことがない

❸ If I had the chance, I would go to New Zealand.
もし私に機会があったら，私はニュージーランドに行くのに。

ヒント ❶「私は12歳になる前に5年間野球をしたことがありました。」
❷「私は小学3年生のとき以来，英語を勉強してきました。」
❸「もし私にもっと時間があったら，私はギターを弾き始めるのに。」

教科書 ▶ pp.48-49, 205

Scene 1 賢とエマの会話を聞きましょう。

Ken: Who is your favorite athlete,/ Emma?//
賢： あなたのいちばん好きなスポーツ選手は誰か エマ

Emma: My favorite athlete is Ito Mima.//
エマ： 私のいちばん好きなスポーツ選手は伊藤美誠選手だ

Ken: Ah,/ she is a famous table tennis player.// When did she start playing the sport?//
賢： ああ 彼女は有名な卓球選手だ 彼女はいつその競技をプレーし始めたか

Emma: She started when she was two.//
エマ： 彼女は2歳のときに始めた

Ken: Two!// Why?//
賢： 2歳！ なぜ？

Emma: She wanted to spend a lot of time with her mother.// Mima's mother was her instructor.//
エマ： 彼女は彼女の母親と多くの時間を過ごしたかった 美誠選手の母親は彼女の指導者だった

Ken: What impressed you most about her?//
賢： 何があなたに彼女について最も感銘を与えたか

Emma: She entered *The 2011 Guinness Book of Records* / because she and her partner hit a ball 180 times in one minute.//
エマ： 彼女は2011年のギネスブックにのった 彼女と彼女のパートナーが1分間に180回ボールを打ったから

語句
☐ instructor /ɪnstrʌ́ktər/ 名 指導者 ☐ partner /pɑ́ːrtnər/ 名 パートナー
☐ The Guinness Book of Records /ðə gínəs búk əv rékərdz/ 名 ギネスブック

Listen and Answer 問いの答えを選びましょう。

1. Who is Emma's favorite athlete?
a. Michael Leitch. **b.** Ito Mima. **c.** Hirano Miu.

2. When did the athlete start playing his/her sport?
a. When he / she was two years old. **b.** When he / she was six years old.
c. When he / she was twelve years old.

3. What did Emma say about the athlete?

a. The athlete entered *The 2011 Guinness Book of Records*.

b. The athlete became a professional player when she was an elementary school student.

c. The athlete wanted to spend a lot of time with his/her father.

ヒント **1.**「エマのいちばん好きなスポーツ選手は誰ですか。　**a.** マイケル・リーチ選手。　**b.** 伊藤美誠選手。　**c.** 平野美宇選手。」エマの最初の発言を参照。

2.「そのスポーツ選手はいつ彼／彼女の競技をプレーし始めたのですか。　**a.** 彼／彼女が2歳だったとき。　**b.** 彼／彼女が6歳だったとき。　**c.** 彼／彼女が12歳だったとき。」エマの2番目の発言を参照。

3.「エマはそのスポーツ選手について何を言いましたか。　**a.** そのスポーツ選手は2011年のギネスブックにのりました。　**b.** そのスポーツ選手は彼女が小学生のときにプロの選手になりました。　**c.** そのスポーツ選手は彼／彼女の父親と多くの時間を過ごしたいと思っていました。」エマの4番目の発言を参照。

Scene 2　有名人にインタビューをするラジオ番組のための台本を作りましょう。

1. ①の空所に，スポーツ選手の名前を含んだ語句を入れましょう。
2. ②の空所に，本文を参考に適切な語句や文を入れましょう。
3. ③の空所に,スポーツの名前を入れましょう。
4. ④と⑤の空所には，本文を参考に適切な文を入れましょう。
5. ⑥の空所に，適切な文を考えて書きましょう。

Radio Personality (RP): Hello / and welcome to our interview show.//
ラジオのパーソナリティー（RP）：こんにちは　そして私たちのインタビュー番組へようこそ

Today's guest is Mr. / Ms. ① ______.// Thank you for joining us today.//
本日のゲストは（①）さんだ　本日は出演してくれてありがとう

Guest (G) : ② ______.//
ゲスト（G）：（②）

RP : When did you start ③ ______?//
RP：あなたはいつ（③）を始めたか

G : I started ③ ______ / when I ④ ______.//
G：私は（③）を始めた　（④）のときに

RP : ⑤ ______?//
RP：（⑤）

G : ⑥ ______.//
G：（⑥）

ヒント ②は教科書 p.41の7行目，④はp.41の10〜11行目，⑤はp.45の13行目を参照。

定期テスト対策 ③ (Lesson 3)

解答⇒p.241

1 日本語の意味を表すように，____に適切な語を入れなさい。

(1) そのビルは昨夜，火災で全焼しました。

The building ____________ ____________ in the fire last night.

(2) 荷物がなくなっていたので，私は途方にくれていました。

I was ____________ ____________ ____________ because my baggage was gone.

(3) 彼らは式典でその歌を聞いたとき，感動して泣きました。

When they heard the song in the ceremony, they ____________ ____________ ____________ ____________.

(4) 彼女は沿岸の町へ引っ越した後，地元の食べ物に慣れなければなりませんでした。

She had to ____________ ____________ ____________ the local food after she moved to a town on the coast.

2 (　　) 内から適切な語を選び，○で囲みなさい。

(1) He is a good pianist. He (have / has / had) played piano in several bands.

(2) The train (have / has / had) already left when I arrived at the station.

(3) If he (study / studies / studied) harder, he would pass the exam.

3 日本語に合うように，(　　) 内の語（句）を並べかえなさい。

(1) もし私がその国の大統領だったら，その法律を変えようとするだろうに。

(the president / were / of / if / the country / I), I would try to change that law.

________________________________, I would try to change that law.

(2) 彼女は私が貸した本をもう読み終えています。

She (finished / already / has / the book / reading) I lent her.

She ________________________________ I lent her.

(3) 彼はそこを訪れる前にその教会の何枚かの写真を見たことがありました。

He (of / seen / some pictures / the church / had) before he visited it.

He ________________________________ before he visited it.

(4) タケシはこれまでにオーストラリアに行ったことがありますか。

(to / has / Australia / ever / Takeshi / been)?

________________________________?

4 次の英文を読んで，質問に答えなさい。

Radio Personality: How did you like the school life in Hokkaido?

Leitch: Well, I liked it, but ①(a problem / written / learning / I / Japanese / had). I had taken Japanese classes in New Zealand, but I couldn't read or write well. To overcome my weakness, I read picture books and elementary school textbooks. ②The team culture was also difficult to get used to. There was ③a rigid hierarchy within the rugby team. The first-year students had to do tasks for the older students. I even did the laundry for them. I couldn't understand their way, but I followed it.

(1) 下線部①の（　　）内の語（句）を意味が通る英文になるように並べかえなさい。

____

(2) 下線部②の主語をItにしたとき，同じ意味の英文になるように書きかえなさい。

It ____.

(3) 下線部③はどのような内容を指すか，本文に即して日本語で書きなさい。

____

5 次の英文を読んで，質問に答えなさい。

Leitch: While I was studying at the high school in Hokkaido, I had an unforgettable experience. In 2005, one ①(after / I / to / came /Japan / year), my house in New Zealand burned down. I was totally at a loss. A few days later, all my teammates gathered around me, and one of them handed me a thick envelope. Inside it, there was a lot of money. ②It had been secretly collected by the coach. I was moved to tears. ③I promised myself I would repay their kindness by playing for the team, and later for Japan.

Radio Personality: What is special about rugby for you?

Leitch: ④If I didn't play it, I wouldn't know the true meaning of teamwork: "One for all, all for one."

(1) 下線部①の（　　）内の語を意味が通る英文になるように並べかえなさい。

____

(2) 下線部②の主語をthe coachにして同じ意味の英文になるように書きかえなさい。

____

(3) 下線部③を日本語にしなさい。

____

(4) 下線部④を日本語にしなさい。

____

Lesson 4 Vending Machines

Get Started! 教科書 ▶ p.53

写真を見て話し合ってみましょう。

What can you buy from vending machines? List as many things as you can.

ヒント「あなたは自動販売機から何を買うことができますか。できるだけ多くのものをリストにしなさい。」

語句

□ vending machine(s) /véndɪŋ məʃìːn(z)/ 名 自動販売機

Part 1 教科書 ▶ pp.54-55

外国から来た人は自動販売機のどの部分に驚くのでしょうか。下から1つ選びましょう。

ヒント 教科書 p.54では，それぞれ次の部分が描かれている。**1.** 商品見本の部分。**2.** COLD と HOT のボタンが付いている部分。**3.** お札と小銭を入れる部分。

本文を読んで，（　　）内に適切な語を入れましょう。

Country	Places of vending machines
Japan	(①) places Examples : (②) and parks
Foreign countries	(③) shops and stations

ヒント「国　自動販売機の場所」
「日本　(①) 場所　例：(②) や公園」
「外国　店や駅 (③)」。
①と②は教科書 p.55の1～2行目，③は2～5行目を参照。

Do you often buy drinks from vending machines? What is your favorite drink?

例 ・Yes, I buy drinks once a week. My favorite drink is black tea. ...
・No, I don't. I often buy drinks at convenience stores. ...

ヒント「あなたはよく自動販売機から飲み物を買いますか。あなたのいちばん好きな飲み物は何ですか。」 例 「・はい，私は週に一度飲み物を買います。私のいちばん好きな飲み物は紅茶です。」「・いいえ，私は買いません。私はよくコンビニエンスストアで飲み物を買います。」

本文

1 In Japan,/ a lot of vending machines are placed in public places /
日本では　たくさんの自動販売機が公共の場所に置かれている

such as roadsides and parks.// **2** Foreign tourists who travel in Japan
たとえば道端や公園などのような　日本を旅行する外国からの観光客は

語句

□ place(d) /pléɪs(t)/ 動 …を置く

are surprised / because such machines are usually set / inside shops and
驚いている　なぜならそのような機械はふつう置かれるから　彼らの国々では
stations in their countries / for fear of being destroyed.// **3** They are
店や駅の中に　壊されるのを恐れて　彼らは
also surprised / to see that some vending machines sell both hot and
また驚いている　温かい飲み物と冷たい飲み物の両方を売っている自動販売機も
cold drinks.//
あることを知って

4 You may think / that the number of vending machines in Japan
あなたは…と思うかもしれない　日本の自動販売機の台数は増えている
is increasing,/ but actually,/ it has been decreasing / since it reached a
しかし実際は　それは減り続けている　それが2000年に
peak in 2000.// **5** People often buy drinks at convenience stores /
ピークを迎えて以来　人々はよく飲み物をコンビニエンスストアで買う
because more varieties are available there.//
なぜならそこでより多くの種類を購入できるから

□ roadside(s) /róʊdsàɪd(z)/ 名 道端
□ machine(s) /məʃíːn(z)/ 名 機械
□ fear /fíər/ 名 恐れ
□ peak /píːk/ 名 最高点，ピーク

□ for fear of ... …を恐れて，…しないように

読解のポイント

1 In Japan, a lot of vending machines (S) are placed (V) in public places such as roadsides and parks.

受け身の文。such as ... は「たとえば…のような」という意味。

2 Foreign tourists (S) who travel in Japan (関係代名詞) are (V) surprised (C) because such machines (S′) are (V′) usually set inside shops and stations in their countries for fear of being destroyed.

関係代名詞whoを含む文で，who travel in Japanが先行詞のForeign touristsを修飾している。because節の動詞はare setで，受け身の文。for fear of ... は「…を恐れて」という意味で，後ろには（動）名詞がくるため，ここでは受け身の*be* destroyed「壊される」のbe動詞が-ing形になっている。⇒ Grammar

3 They (S) are (V) also surprised (C) to see 〈to＋動詞の原形〉 [that some vending machines (S′) sell (V′) both hot and cold drinks (O′)].

Theyは**2**の文のForeign touristsを指す。感情を表すsurprisedのあとの〈to＋動詞の原形〉は感情の原因を表し，「…して」という意味。〈see＋that節〉は「…を知る，…に気づく」，both A and Bは「AとBの両方」という意味。

4 You may think [that the number of vending machines in Japan is increasing], but actually, it has been decreasing since it reached a peak in 2000.

S V O S' V' S V S' V' O'

You may think ... は「あなたは…と思うかもしれない」という意味で，しばしば文の後半にbutなど逆接の表現を伴う。actuallyの後ろの2つのitはthe number of vending machines in Japanを指す。has been decreasingは現在完了進行形で，動作の継続を表す。

5 People often buy drinks at convenience stores because more varieties are available there.

S V O S' V' C'

4の文で自動販売機の台数が減っていると述べられた，その理由を説明する一文。ここでのvarietyは「種類」，availableは「購入できる，入手できる」という意味。コンビニエンスストアに行けばより多くの種類の飲み物を購入できるため，人々がそちらへ流れているということ。

Grammar

関係代名詞（主格） who / that / whichが後続の部分とともに先行詞を修飾します。

In Japan, there are a lot of vending machines that sell both hot and cold drinks.

先行詞

（日本では，温かい飲み物と冷たい飲み物の両方を売っている自動販売機がたくさんあります。）

This book is a perfect guide for people who love Japanese culture.

先行詞

（この本は日本の文化を愛する人にとってぴったりの案内書です。）

解説 主語と動詞を含む「節」が，「先行詞」（直前にある名詞や代名詞）を修飾するとき，関係代名詞who［which, that］を用いる。導く節の中で関係代名詞が主語の働きをするとき，「主格」の用法という。先行詞が「人」の場合はwhoまたはthatを使うが，whoのほうがよく使われる。先行詞が「物・動物」のときはwhichまたはthatを使う。

who［which, that］の後続の動詞の人称と数は先行詞に合わせ，時制は後続の部分でいつのことを言っているかによって決まる（例）。

例 I know a woman who lives in Kobe.

（私は神戸に住んでいる女性を知っています。）

I know a woman who has been to Kobe.

（私は神戸に行ったことがある女性を知っています。）

Try It!

(　　) 内の語を並べかえて，ペアで対話しましょう。

1. *A*：Excuse me, is there a (coffee / machine / vending / sells / that) around here?
B：Yes. There's one at the corner over there.

2. *A*：I'm looking for a drink (for / good / losing / is / weight / that).
B：Well, this is my favorite drink for losing weight.

ヒント **1.** *A*「すみません，この辺りにコーヒーを売っている自動販売機はありますか。」
B「はい。あそこの角に1つありますよ。」
カッコの前にaがあるため，vending machineを先行詞と考え，主格の関係代名詞thatの文を作る。

2. *A*「私は体重を落とすのによい飲み物を探しています。」
B「ええと，これが体重を落とすための私のいちばん好きな飲み物です。」
a drinkを先行詞と考え，主格の関係代名詞thatの文を作る。lose weightで「体重を落とす」。

イラストを見て，語の意味を推測しましょう。

1. radius
2. step
3. disaster

ヒント 教科書p.56では，1. 円の中心から円周までの長さにrの印が付いている。2. 足跡が描かれている。3. 雷や竜巻，津波によって建物が浸水・発火・損壊している様子が描かれている。

Read 本文を読んで，（　　）内に適切な語や数字を入れましょう。

Anybody can use the Internet. → **Where?** Within a (①　　　　) -meter radius around the vending machine. → **How long?** For about (②　　　　) minutes.
Customers can get a drink (③　　　　) of charge if they achieve their goal (④　　　　) times. → It helps keep their lifestyle (⑤　　　　).

ヒント「誰でもインターネットを使うことができます。」→「どこで。自動販売機を中心として半径（①）メートル以内に。」→「どのくらいの時間。およそ（②）分間。」「客は，もし（④）回目標を達成できたら（③）の料金で飲み物を得ることができます。」→「そのことは彼らの生活様式を（⑤）に保つのを助けます。」
①は教科書p.57の2〜3行目，②は3〜4行目，③・④は10〜12行目，⑤は13行目を参照。

Speak / Write

Where do you use free Wi-Fi? How often do you use it?

例 ・I use it at fast food restaurants. ...

・I don't use free Wi-Fi. I use it at home every day. ...

Plus One

ヒント「あなたはどこで無料のWi-Fiを使いますか。あなたはどのくらいの頻度でそれを使いますか。」例「・私はファストフード店でそれを使います。」「・私は無料のWi-Fiを使いません。私は毎日家でそれを使います。」

本文

1 One beverage company installed vending machines in 2012.//
ある飲料会社が2012年に自動販売機を導入した

2 These machines send out free Wi-Fi signals / within a 50-meter radius.//
これらの機械は無料のWi-Fi信号を発する　半径50メートル以内に

3 Anybody can use the Internet for about 30 minutes,/ so the machines could serve as a lifeline / in the event of a disaster.//
誰でもおよそ30分間インターネットを使うことができる　だからその機械はライフラインの役割を果たしうる　災害の場合には

語句

- □ beverage /bévərɪdʒ/ 名 飲料
- □ Wi-Fi /wáɪfàɪ/ 名 ワイファイ
- □ signal(s) /sígnl(z)/ 名 信号
- □ radius /réɪdiəs/ 名 半径

4 For example,/ they could help people send messages / to one
たとえば　それらは人々がメッセージを送るのを助けうる
another.//
お互いに

5 In 2018,/ another company launched a unique service,/ which
2018年に　別の会社がユニークなサービスを開始した
has been popular among young people / since then.// **6** With a
そしてそれは若い人々の間でずっと人気である　そのとき以来
smartphone app,/ a customer can set the number of steps / he or she
スマートフォンのアプリで　客は歩数を設定できる　彼または彼女が
intends to take / as a weekly goal.// **7** Then,/ by achieving the goal
歩くつもりである　毎週の目標として　それから　その目標を15回達成
fifteen times,/ a person can get a drink / free of charge / from one of
することによって　人は飲み物を得られる　無料で　その会社の
the company's vending machines.// **8** This service contributes to the
自動販売機の1つから　このサービスは客の
healthy lifestyle of customers.//
健康的な生活様式の一助となる

9 Vending machine companies keep trying out creative functions /
自動販売機の会社は独創的な機能を試し続けている
and using new technology.//
そして新しい技術を使い続けている

- ☐ anybody /énibɑ̀:di/
  代 誰でも
- ☐ serve /sə́:rv/
  動 役立つ
- ☐ lifeline /láɪflàɪn/
  名 ライフライン
- ☐ launch(ed) /lɔ́:ntʃ(t)/
  動 …を開始する
- ☐ app /ǽp/
  名 アプリ
- ☐ step(s) /stép(s)/
  名 歩み
- ☐ weekly /wí:kli/
  形 毎週の
- ☐ achieving /ətʃí:vɪŋ/
  (< achieve /ətʃí:v/)
  動 …を達成する
- ☐ contribute(s)
  /kəntríbju:t(s)/
  動 一助となる
- ☐ healthy /hélθi/
  形 健康的な
- ☐ lifestyle /láɪfstàɪl/
  名 生活様式
- ☐ function(s)
  /fʌ́ŋkʃən(z)/
  名 機能

- ☐ send out ...
  …を発する
- ☐ serve as ...
  …の役割を果たす
- ☐ one another
  お互い（に）

読解のポイント

1 One beverage company installed vending machines in 2012.
S　V　O

install は「（設備・装置など）を設置する，導入する」という意味。

❷ These machines send out free Wi-Fi signals within a 50-meter radius.

S V O

These machinesは❶の文のvending machinesを指す。send out ... は「…（信号など）を発する」，within a 50-meter radiusは「半径50メートル以内に」という意味。

❸ Anybody can use the Internet for about 30 minutes, so the machines could serve as a lifeline in the event of a disaster.

S V O S V

肯定文で用いるAnybodyは「誰でも，どんな人でも」という意味。文の後半のcouldは（確信の度合いの低い）可能性を表しており，過去時制ではない。serve as ... は「…の役割を果たす」，in the event of ... は「…の場合には」という意味。

❹ For example, they could help people send messages to one another.

S V O C

自動販売機が災害時にどのように役立つかについて具体例を述べている文。theyは❸の文のthe machinesを指す。couldは❸同様に可能性を表す。〈help＋O＋動詞の原形〉は「Oが…するのを助ける」という意味。one anotherは「お互い（に）」という意味で，each other同様に代名詞扱いで用いる。sendは〈send＋O_2(物)＋to＋O_1(人)〉の形をとるため，one anotherの前にtoがついている。

❺ In 2018, another company launched a unique service, which has been popular among young people since then.

S V O 先行詞

〈関係代名詞の非制限用法〉

コンマがついたwhichと後続部分が先行詞a unique serviceに情報を加えている。since thenは「そのとき以来」という意味。⇒ Grammar

❻ With a smartphone app, a customer can set the number of steps [he or she intends to take] as a weekly goal.

S V O S′ V′ O′

文の後半のhe or she intends ... は主語と動詞を含む「節」で，直前のthe number of stepsを修飾している。intendはto不定詞のto takeを目的語にとっている。

❼ Then, by achieving the goal fifteen times, a person can get a drink free of charge from one of the company's vending machines.

S V O

〈by＋動名詞〉は「…することによって」，free of chargeは「無料で」という意味。

❽ This service contributes to the healthy lifestyle of customers.

S V

contribute to ... は「…の一助となる，一因となる」という意味。

9 Vending machine companies keep trying out creative functions and using new technology.
S: Vending machine companies / V: keep / C: trying out creative functions and using new technology

keep *doing*は「…し続ける」，try out ... は「…を試す，…を試験的に使ってみる」という意味。補語は2つの現在分詞句がandで結ばれており，keep trying out ... は「…を試し続ける」，keep using ... は「…を使い続ける」を表す。

Grammar

関係代名詞の非制限用法　コンマがついた関係代名詞と後続部分が，先行詞にさまざまな情報を加えます。

A company launched a unique service, which became popular among young people.
（先行詞：a unique service　関係代名詞：which）

（ある会社がユニークなサービスを開始しました，そしてそれは若い人々の間で人気になりました。）

解説 関係代名詞の非制限用法は，先行詞のあとにコンマを置き，先行詞にさまざまな情報を加える。関係代名詞の非制限用法は〈接続詞（and / but / because）＋代名詞〉で書きかえることができる（例）。非制限用法で用いられる先行詞は，①文脈から特定できるもの，②1人［つ］しかないもの（例文のa unique service），③固有名詞が主に用いられる。関係代名詞の使い分けは，先行詞のあとにコンマがない（制限用法という）場合と同じである（ただし，thatは非制限用法には使われない）。

例 A company launched a unique service, which became popular among young people.
⇒A company launched a unique service, and it became popular among young people.

Try It!

(　　) 内に適切な語を入れて，声に出して文を読みましょう。

1. Emma has never used this social media app, (　　　　) is one of the most popular apps in the world.
2. Some smartphone apps collect private information, (　　　　) can be dangerous for us.

ヒント 1.「エマは一度もこのソーシャルメディアアプリを使ったことがありません，それは世界で最も人気のあるアプリの1つなのですが。」
コンマ以下の節が先行詞this social media appに情報を加える，関係代名詞の非制限用法を用いた文を作る。

2.「スマートフォンのアプリの中には個人情報を集めるものもあります，そしてそれは私たちにとって危険でありえます。」
コンマ以下の節が前半の部分に情報を加える，関係代名詞の非制限用法を用いた文を作る。

イラストを見て，語句の意味を推測しましょう。

1. a live crab
2. an empty bottle
3. stray animals

ヒント 教科書p.58では，1. 砂浜を歩くカニが描かれている。2. 中に何も入っていないペットボトルが描かれている。3. 悲しそうな表情で，毛に汚れの付いた犬と猫が描かれている。

本文を読んで，（　　）内に適切な語（句）や数字を入れましょう。

Where	When	What
Shanghai	(①　　　)	A machine that sells (②　　　)
(③　　　)	2019	A machine that provides (④　　　) for homeless animals

ヒント「どこで」「いつ」　「何を」
「上海」　「(①)」　「(②) を売る機械」
「(③)」　「2019年」「家のない動物に (④) を提供する機械」
①と②は教科書p.59の2〜4行目，③は7行目，④は7〜10行目を参照。

Have you ever bought any food from a vending machine? If so, what did you buy? If not, what do you want to buy?

例 ・Yes. I bought some chocolate. ...
・No. I want to buy some snacks. ...

Plus One

ヒント「あなたはこれまでに自動販売機から何か食べ物を買ったことがありますか。もしそうなら，あなたは何を買いましたか。もしそうでないなら，あなたは何を買いたいですか。」 例 「・はい。私はいくつかチョコレートを買いました。」「・いいえ。私はいくつかおやつを買いたいです。」

本文

1 You can find different vending machines in different countries.// 2 One example is a machine / that a Chinese e-commerce company developed in 2017.// 3 It sells live crabs at a low price in Shanghai.// 4 It can keep the crabs in a deep sleep / at a temperature

（あなたは）さまざまな国でさまざまな自動販売機を見つけることができる / 1つの例は機械だ / 中国の電子商取引の会社が / 2017年に開発した / それは上海で生きたカニを低価格で売る / それはカニを熟睡したままにすることができる / 摂氏3度から6度の

語句

- ☐ e-commerce /íːkὰːmərs/ 名 電子商取引
- ☐ crab(s) /krǽb(z)/ 名 カニ
- ☐ Shanghai /ʃæ̀ŋhái/ 名 上海

of three to six degrees Celsius.// **5** Therefore,/ it provides fresh crabs
温度で　したがって　それは消費者に新鮮な
for consumers. //
カニを提供する

6 Another example is seen in Istanbul,/ Turkey.// **7** When you
別の例はイスタンブールで見られる　トルコの　（あなたが）
put an empty bottle into a solar-powered vending machine,/ it provides
空のボトルを太陽光発電の自動販売機の中に入れると　それは
food and water for homeless cats and dogs.// **8** The number of such
家のない猫や犬にえさと水を提供する　市中にいるそのような
animals in the city / was estimated to be over 250,000 in 2019.//
動物の数は　2019年に25万を超えると推定された
9 The machine draws public attention to the need / to help stray
その機械は必要性への大衆の注意を引く　迷子の動物を助ける
animals.// **10** Also,/ it encourages more people to recycle plastic
ことの　また　それはより多くの人々にペットボトルをリサイクルする気に
bottles.//
させる

11 Have you ever come across something interesting / about
あなたはこれまでに何かおもしろいものを偶然見つけたことがあるか
vending machines in other countries?//
他の国々の自動販売機について

- □ temperature /témpərtʃər/ 名 温度
- □ degree(s) /dɪgríː(z)/ 名 度
- □ Celsius /sélsiəs/ 名 摂氏度
- □ Istanbul /ìstɑːnbúːl/ 名 イスタンブール
- □ solar-powered /sóulərpáuərd/ 形 太陽光発電の
- □ homeless /hóumləs/ 形 家のない，飼い主のいない
- □ estimate(d) /éstəmèɪt(ɪd)/ 動 …だと推定する，見積もる
- □ stray /stréɪ/ 形 迷子の

- □ in a deep sleep 熟睡して
- □ come across ... …を（偶然）見つける

読解のポイント

1 You can find different vending machines in different countries.
S　V　O
主語のYouは「（一般に）人は」という意味。

2 One example is a machine that a Chinese e-commerce company developed in 2017.
S　V　C　関係代名詞
1の文の自動販売機の具体例を述べている。thatは目的格の関係代名詞で，thatからin 2017までが先行詞のa machineを修飾している。⇒ Grammar

3 It sells live crabs at a low price in Shanghai.
S　V　O
Itは**2**の文のa machineを指す。at a low priceは「低価格で，安く」という意味。

4 It can keep the crabs in a deep sleep at a temperature of three to six degrees Celsius.
S V O

It は**2**の文の a machine を指す。〈keep + O ...〉は「O を…の状態に保つ」という意味。ここでは「カニを熟睡したままにする」を表す。

5 Therefore, it provides fresh crabs for consumers.
S V O

Therefore「したがって」は結果や結論を述べる際に用いる。it は引き続き**2**の文の a machine を指す。provide ... for ～は「～に…を提供する」という意味。

6 Another example is seen in Istanbul, Turkey.
S V

Another example は「別の例」という意味で，**2**の文の One example に具体例を追加している。is seen は受け身で「見られる」という意味。

7 When you put an empty bottle into a solar-powered vending machine, it provides food and water for homeless cats and dogs.
S' V' O' S V O

when 節の you は「(一般に) 人は」という意味。〈put + O + into ...〉は「O を…の中に入れる」という意味。主節の it は直前の a solar-powered vending machine を指す。food はここでは「(動物の) えさ」という意味。

8 The number of such animals in the city was estimated to be over 250,000 in 2019.
S V C

such animals は**7**の文の homeless cats and dogs を指す。〈estimate + O + to be + C〉は「O を C だと推定する」という意味で，ここでは受け身で用いられている。

9 The machine draws public attention to the need to help stray animals.
S V O

draw attention to ... は「…への注意を引く」という意味。to help stray animals は the need を修飾する不定詞句。

10 Also, it encourages more people to recycle plastic bottles.
S V O

it は**9**の文の The machine を指す。〈encourage + O + to *do*〉は「O を…する気にさせる」という意味。

11 Have you ever come across something interesting about vending machines in other countries?

経験を表す現在完了の疑問文。interesting は something を後ろから修飾している。

Grammar

関係代名詞（目的格） who / which / that が後続部分とともに先行詞を修飾します。

One example is a machine **that** an e-commerce company developed in 2017.
（先行詞：a machine）

（1つの例は電子商取引の会社が2017年に開発した機械です。）

These stray cats often drink the water **which** this vending machine provides.
（先行詞：the water）

（これらの迷い猫はこの自動販売機が提供する水をよく飲みます。）

解説 導く節の中で関係代名詞が目的語の働きをするとき，これを「目的格」の用法という。
先行詞が「物・動物」のとき，関係代名詞はthatまたはwhichを用いる。whichは書きことばなどのかたい文で用いられることが多い。
先行詞が「人」のときはthatまたはwho，もしくはwhomを用いる。whomは書きことばなどのかたい文で用いられることが多い（例）。

例 The lady **who(m)** I met the other day flew to Hawaii.
（私が先日会ったその女性は，飛行機でハワイに行きました。）

Try It!

（　）内の語（句）を並べかえて，ペアで対話しましょう。

1. *A*：This crab is really delicious.
B：I'm glad to hear that. It is (in / bought / I / the crab / that) Shanghai.

2. *A*：What are you going to buy at the pet shop?
B：I'm going to (get / loves / my dog / that / the food) to eat every day.

ヒント **1.** *A*「このカニは本当にとてもおいしいです。」
B「私はそれを聞いてうれしいです。それは私が上海で買ったカニです。」
the crabを先行詞と考え，目的格の関係代名詞thatの文を作る。

2. *A*「あなたはペットショップで何を買うつもりですか。」
B「私は，私の犬が毎日食べるのが大好きであるえさを買うつもりです。」
be going toのあとは動詞の原形getとその目的語the foodを置く。the foodを先行詞と考え，目的格の関係代名詞thatの文を作る。

Summary1　本文の内容に合うように，空所を埋めましょう。

- 日本では，自動販売機は公園など公共の場所に置かれていますが，海外では ①______ 恐れがあるので，店の中などに置かれています。
- 日本の自動販売機台数は ②______ 年にピークを迎え，その後は減り続けています。

- 無料でWi-Fiに接続できる自動販売機が登場しました。③______ のときにライフラインとして役に立ちます。
- 2018年に登場した自動販売機は，目標として設定した ④______ を15回達成すると，無料で飲み物をもらうことができます。

Part3

- 上海では，⑤______ が自動販売機で売られています。
- イスタンブールには，⑥______ を入れると猫や犬用のえさと水が出る自動販売機があります。

ヒント それぞれの教科書参照ページを示す。①p.55の2～5行目　②p.55の8～10行目　③p.57の3～5行目　④p.57の9～12行目　⑤p.59の3～4行目　⑥p.59の7～10行目

Summary2　空所に入る語（句）を ______ の中から選び，要約を完成しましょう。

In Japan,/ vending machines are placed in (①　) places / such as roadsides and parks.// This is not usual in foreign countries.// Also,/ there are few vending machines / that sell both (②　) drinks / in foreign countries.// The number of vending machines reached a (③　) in 2000.//

日本では　自動販売機は（①）場所に置かれている　たとえば道端や公園などのような　これは外国ではふつうではない　また　自動販売機はほとんどない　（②）飲み物の両方を売る　外国で　自動販売機の数は2000年に（③）を迎えた

Japanese companies add new functions to vending machines.// One service started in 2012.// It allows customers to use the (④　) for free.// Another service tries to make customers healthy.// People can set a weekly (⑤　) of exercise.// If people achieve it fifteen times,/ they can get a drink / free of charge.//

日本の会社は自動販売機に新しい機能を付け加える　あるサービスが2012年に始まった　それは客に（④）を無料で使うのを可能にする　別のサービスは客を健康にしようとする　人々はエクササイズの毎週の（⑤）を設定できる　もし人々がそれを15回達成したら　彼らは飲み物を得られる　無料で

In foreign countries,/ you can find different vending machines.// In Shanghai,/ people can

外国では　（あなたは）さまざまな自動販売機を見つけることができる　上海では　人々は生きた

buy live (⑥　) / at a low price.// In Istanbul,/ people can get food and water / for homeless
(⑥) を買うことができる　低価格で　イスタンブールでは　人々はえさや水を得られる　家のない

cats and dogs / by putting an (⑦　) bottle into a vending machine.//
猫や犬のために　自動販売機の中に (⑦) ボトルを入れることによって

crabs / empty / goal / hot and cold / Internet / peak / public

ヒント それぞれの教科書参照ページを示す。①p.55の1〜2行目　②p.55の5〜7行目　③p.55の8〜10行目　④p.57の3〜5行目　⑤p.57の9〜10行目　⑥p.59の3〜4行目　⑦p.59の7〜10行目

Vocabulary　イラストをヒントに，本文に出てきた単語を書きましょう。

1. d□□□□□□　**2.** t□□□□□□□□re　**3.** d□□□□□□□

ヒント 教科書p.61では，**1.** 貯金箱を壊している様子が描かれている。　**2.** 温度計が描かれている。**3.** 雷や竜巻，津波によって建物が浸水・発火・損壊している様子が描かれている。

Key Expressions　日本語と同じ意味になるように，(　) 内に適切な語を入れて文を言いましょう。

1. They couldn't do anything (　) (　) (　) being injured.
彼らはけがをすることを恐れて，何もできませんでした。

2. We are surrounded by machines that (　) (　) electric waves.
私たちは電波を発する機械に囲まれています。

3. When traveling in China, I (　) (　) a unique vending machine.
中国を旅行しているときに，ユニークな自動販売機を偶然見つけました。

ヒント **1.**「…を恐れて」に相当する語句を入れる。　**2.**「…を発する」に相当する語句を入れる。先行詞は複数形である点に注目する。　**3.**「…を偶然見つけた」に相当する語句を入れる。

Grammar for Communication　例を参考に，あなたが見たことのある自動販売機の珍しい機能や商品をブログで紹介する文を書きましょう。

I went to ❶ Asakusa, which is popular among foreign visitors. In the city, I found a vending machine that ❷ sends out free Wi-Fi signals. I think it is ❸ a useful function that foreign visitors can use.

Tool Box

❶ Akihabara, which is famous for its electronics stores
秋葉原，そしてそれは電器店で有名だ

❷ sells canned *oden*
缶詰めのおでんを売っている

❸ a unique machine, more people should use
ユニークな機械，より多くの人々が使うべき

ヒント「私は浅草に行きました，そしてそれは外国からの観光客の間で有名です。その町で，私は無料のWi-Fi信号を発する自動販売機を見つけました。私は，それは外国からの観光客が使うことができる有用な機能だと思います。」

教科書 ▶ pp.62-63, 206

Scene 1　華が発表の練習をしています。

Hana: Let me tell you about a unique vending machine in Istanbul.// A Turkish company
華：私に，イスタンブールのユニークな自動販売機についてあなたへ説明させて　トルコのある会社が

installed a machine / that accepts plastic bottles for recycling / and provides food and water
機械を導入した　リサイクルのためにペットボトルを受け入れる　そして迷子の猫や犬にえさと

for stray cats and dogs / in return.// The machine can operate at zero-cost / because the
水を提供する　代わりに　その機械はゼロコストで動くことができる　なぜなら

recycled bottles cover the expense of the food.// Some people welcome the machine / since
リサイクルされたボトルがえさの費用をまかなうから　その機械を歓迎する人もいる　それが迷子の

it helps protect stray animals.// However,/ not everyone is an animal lover.// Other people
動物を保護するのを助けるから　しかしながら　すべての人が動物愛好家ではない　…を恐れる

are afraid / that the machine might increase the number of stray animals / in the city.//
人もいる　その機械が迷子の動物の数を増やすかもしれないということ　その都市において

語句
☐ expense /ɪkspéns/ 名 費用　☐ lover /lʌ́vər/ 名 愛好家
☐ operate /ɑ́ːpərèɪt/ 動 動く　☐ recycled /riːsáɪkld/ 形 リサイクルされた

Listen and Answer　発表を聞きながら，下記に要点をメモしましょう。

Presenter	Hana
Main Points	・City: (①) ・Vending machine: People can get food and water for (②) animals.
Details	・Some people like it. Why? It can help (③) animals. ・Other people don't like it. Why not? It might (④) the number of (②) animals.

ヒント「発表者」「華」
「要点」「・都市：(①)」華の1番目の発言を参照。
「・自動販売機：人々は（②）動物のためのえさと水を得ることができます。」華の2番目の発言を参照。
「詳細」「・それを好む人々もいます。なぜか。それは動物を（③）助けることができます。」華の4番目の発言を参照。
「・それを好まない人もいます。なぜ好まないのか。それが（②）動物の数を（④）かもしれません。」華の最後の発言を参照。

Scene 2　上海の自動販売機を紹介する発表用の原稿を作りましょう。

本文を参考に，①と②の空所に，適切な語（句）を入れましょう。③の空所には，自分の意見を書きましょう。

A Vending Machine in Shanghai
上海の自動販売機

Let me tell you about a vending machine in Shanghai,/ China.// In this picture,/ people
私に，上海の自動販売機についてあなたへ説明させて　中国の　この写真では　人々は
are lining up / to buy crabs from the machine.// Inside the machine,/ live crabs keep ① ____ in
並んでいる　その機械からカニを買うために　機械の中では　生きたカニがカプセルの中で
a capsule.//
（①）したままである

Thanks to this machine,/ customers can ② ____ easily / at a low price.// It is really
この機械のおかげで　客は簡単に（②）できる　低価格で　それは本当に
convenient,/ but some people insist / that we should not sell living things in a vending
便利だ　しかし…を主張する人もいる　私たちは自動販売機で生き物を売るべきでないということ
machine.// In my opinion,/ ③ ____.// What do you think?// Do you want to have a vending
私の考えでは　（③）　あなたはどう思うか　あなたは自動販売機を持ちたいか
machine / that sells live crabs in your town?// Thank you for listening.//
あなたの町で生きたカニを売る　聞いてくれてありがとう

ヒント①は教科書p.59の4～5行目，②はp.59の6行目を参照。②はcustomersが主語のため，〈be動詞＋過去分詞〉の受け身の文にする。

定期テスト対策④ (Lesson 4)

解答⇒p.242

1 日本語の意味を表すように，____に適切な語を入れなさい。

(1) あなたは無料でその音楽を聞くことができます。
You can listen to the music ________ ________ ________.

(2) その機械はライフラインの役割を果たすことができます。
The machine can ________ ________ a lifeline.

(3) その赤ちゃんはベッドで熟睡しています。
The baby is in ________ deep ________ in bed.

(4) その子どもたちは失くした鍵を偶然見つけました。
The children ________ ________ the lost key.

2 (　　) 内から適切な語を選び，○で囲みなさい。

(1) The person (who / which) drew these pictures lives in Sweden.

(2) Mary found the purse (who / which) Sam lost yesterday.

(3) He gave me a sweater, (which / that) made me look nice.

3 日本語に合うように，(　　) 内の語(句)を並べかえなさい。

(1) その無料Wi-Fiは災害の場合には使われうるでしょう。
The free Wi-Fi (a disaster / of / could / the / be / in / used / event).
The free Wi-Fi ________________________________.

(2) これらの装置はお互いに信号を発します。
These devices (one / out / signals / send / to / another).
These devices ________________________________.

(3) その本は人々が日本の文化を理解するのを助けます。
(understand / culture / helps / Japanese / people / the book).
________________________________.

(4) 音楽家たちが慈善事業への大衆の注意を引くためにコンサートを開きました。
Musicians held a concert (public / draw / to / to / attention / the charity).
Musicians held a concert ________________________________.

4 次の英語を日本語にしなさい。

(1) The machine provides fresh crabs for customers.
____

(2) The tree is estimated to be over one thousand years old.
____

5 次の英文を読んで，質問に答えなさい。

In Japan, a lot of vending machines are placed in public places such as roadsides and parks. ①Foreign tourists who travel in Japan are surprised because such machines are usually set inside shops and stations in their countries ②(destroyed / fear / for / being / of). ③They are also surprised to see that some vending machines sell both hot and cold drinks.

You may think that the number of vending machines in Japan is increasing, but actually, it has been decreasing since it reached a peak in 2000. People often buy drinks at convenience stores because more varieties are available there.

(1) 下線部①を日本語にしなさい。

(2) 下線部②の（　　）内の語を意味が通る英文になるように並べかえなさい。

(3) 下線部③を日本語にしなさい。

(4) 日本の自動販売機の台数が減っている理由を本文に即して日本語で書きなさい。

6 次の英文を読んで，質問に答えなさい。

① In 2018, another company launched a unique service, which has been popular among young people since then. With a smartphone app, a customer can set the number of steps he or she intends to take as a weekly goal. Then, by achieving ②the goal fifteen times, a person can get a drink free of charge from one of the company's vending machines. This service contributes to the healthy lifestyle of customers.

③ Vending machine companies keep trying out creative functions and using new technology.

(1) 下線部①を日本語にしなさい。

(2) 下線部②の内容を本文に即して日本語で書きなさい。

(3) 下線部③を日本語にしなさい。

Summer Reading　Going Home

教科書 ▶ pp.65-66

本文

1 Three young men and three young women were going to Florida.// **2** They got on a bus / with sandwiches and wine.// **3** They were dreaming of golden beaches / as the gray, cold spring of New York vanished behind them.// **4** Vingo was already on the bus.//

3人の若い男たちと3人の若い女たちがフロリダへ行こうとしていた　彼らはバスに乗った　サンドイッチとワインを持って　彼らは金色の砂浜を夢見ていた　どんより曇って寒いニューヨークの春が彼らの背後に消え去るにつれて　ビンゴはすでにバスに乗っていた

5 They began to notice / that Vingo never moved.// **6** He sat in front of the young people,/ dressed in a plain brown suit / that did not fit him.// **7** He sat silently.//

彼らは…に気づき始めた　ビンゴがまったく動かないということ　彼は若者たちの前に座っていた　質素な茶色のスーツを着て　彼に合っていない　彼は黙って座っていた

語句

- □ Florida /flɔ́:rədə/ 名 フロリダ
- □ wine /wáɪn/ 名 ワイン
- □ gray /gréɪ/ 形 どんより曇った
- □ New York /nù: jɔ́:rk/ 名 ニューヨーク
- □ vanish(ed) /vǽnɪʃ(t)/ 動 消え去る
- □ Vingo /víŋgoʊ/ 名 ビンゴ
- □ plain /pléɪn/ 形（衣服などが）質素な
- □ silently /sáɪləntli/ 副 黙って

- □ dream of ... …を夢見る

読解のポイント

1 Three young men and three young women were going to Florida.
（S = Three young men and three young women, V = were going）

過去進行形の文。「…していた」という意味。

2 They got on a bus with sandwiches and wine.
（S = They, V = got）

They は**1**の Three young men and three young women を指す。get on ... は「…（乗り物）に乗る」という意味。ここでの前置詞 with は「…を持って，携えて」という意味。

3 They were dreaming of golden beaches as the gray, cold spring of New York vanished behind them.

S V S' V'

過去進行形の文。Theyと文末のthemは**1**のThree young men and three young womenを指す。asは接続詞で「…するにつれて」という意味。vanished behind themは，若い男女たちがニューヨークから遠ざかっていることを表している。

4 Vingo was already on the bus.

S V

alreadyは「すでに」という意味。

5 They began to notice [that Vingo never moved].

S V O S' V'

Theyは**1**のThree young men and three young womenを指す。〈begin＋to＋動詞の原形〉は「…し始める」という意味。noticeは「…に気づく」という意味で，that節が目的語となっている。

6 He sat in front of the young people, dressed in a plain brown suit that did not fit him.

S V 分詞構文 関係代名詞

Heと文末のhimは**4**のVingoを指す。dressed in ...は「…を着て」という意味で，過去分詞で始まる分詞構文が情報を付け足している（詳しくはLesson 9 Part 4で学習する）。thatは主格の関係代名詞で，後続の部分とともにa plain brown suitを修飾している。fitは「…に（大きさ・型が）合う」という意味。

7 He sat silently.

S V

動詞のsitは「座る，着席する」という動作を表すこともあれば，「座っている」という状態を表すこともある。この文では「黙って座っていた」という意味。

教科書 ▶ p.67

本文

1 Later that night,/ the bus pulled into a restaurant.//
その夜遅くに　バスはレストランに入って止まった

2 Everybody got off the bus / except Vingo.// **3** The young people began to wonder about him.// **4** Was he a sea captain / who had run away from his wife?// **5** Could he be an old soldier going home?// **6** When they went back to the bus,/ one of the women sat beside him / and introduced herself.//
みんなはバスから降りた　ビンゴを除いて　若い人たちは　彼についてあれこれ考え始めた　彼は船長だろうか　妻から逃げてきた　彼は家に帰る途中の年老いた兵士かもしれないか　彼らがバスに戻ったとき　女性の1人が彼のそばに座った　そして自己紹介をした

7 "We're going to Florida,"/ the woman said brightly.// **8** "How about you?"//
「私たちはフロリダへ行こうとしている」　その女性は明るく言った　「あなたはどうか」

9 Vingo just nodded.//
ビンゴはただうなずいた

10 "I've never been there,"/ she said.// **11** "I hear it's beautiful."//
「私はそこへ一度も行ったことがない」　彼女は言った　「それは美しいそうだ」

12 "It is,"/ he said quietly.//
「そうだ」　彼は静かに言った

13 "You live there?"//
「あなたはそこに住んでいるか」

14 "I was in Jacksonville, in the Navy."//
「私はジャクソンビルの海軍にいた」

15 "Want some wine?"/ she said.// **16** He smiled / and took a drink from the bottle.// **17** He thanked her / and became silent again.// **18** Shortly after that,/ Vingo fell asleep.//
「ワインはいかが」　彼女は言った　彼は微笑んだ　そして　ボトルから1杯飲んだ　彼は彼女に礼を言った　そして再び無言になった　その後すぐ　ビンゴは寝入った

語句

- □ everybody /évribɑ̀:di/ 代 みんな
- □ sea captain /sí: kǽptən/ 名 船長
- □ soldier /sóuldʒər/ 名 兵士
- □ brightly /bráɪtli/ 副 明るく
- □ Jacksonville /dʒǽksənvɪ̀l/ 名 ジャクソンビル（フロリダ州の都市）
- □ navy /néɪvi/ 名 海軍
- □ silent /sáɪlənt/ 形 無言の
- □ shortly /ʃɔ́:rtli/ 副 少し，ちょっと
- □ asleep /əslí:p/ 形 眠って

- □ pull into ... …に入って止まる
- □ get off ... …から降りる
- □ run away 逃げる

読解のポイント

1 Later that night, the bus pulled into a restaurant.
S V O

pull into ... は「…に入って止まる」という意味。

2 Everybody got off the bus except Vingo.
S V O

get off ... は「…から降りる」という意味。except は前置詞で「…を除いて，…以外は」という意味。

3 The young people began to wonder about him.
S V O

wonder about ... は「…についてあれこれ考える」という意味。him は2のVingoを指す。

4 Was he a sea captain who had run away from his wife?
関係代名詞

疑問文だが，3を受けて若者たちがビンゴについて自問している内容を表している。who は主格の関係代名詞で，後続の部分とともに先行詞のa sea captainを修飾している。had run away は過去完了形で，run away は「逃げる」という意味。

5 Could he be an old soldier going home?

4と同様に自問を表す文。ここでの助動詞Could は「…かもしれない」という意味。going home は現在分詞を含む句で，an old soldierを後ろから修飾しており，「家に帰っている（家に帰る途中の）年老いた兵士」という意味。

6 When they went back to the bus, one of the women sat beside him and introduced herself.
S' V' S V V O

they は3のThe young peopleを指す。beside は「…のそばに，となりに」という意味。introduce *one*self は「自己紹介をする」という意味。

7 "We're going to Florida," the woman said brightly.
S' + V' S V

物語は過去形を使って語られているが，登場人物の発言を表す引用符の部分は現在形が用いられている。

8 "How about you?"

How about you? は，直前に述べたことについて「あなたはどうですか。」と尋ねる表現。

9 Vingo just nodded.
S V

just は「ただ…だけ」，nod は「うなずく」という意味。

⑩ "I've never been there," she said.
S' + V' S V

there は❼の Florida を指す。

⑪ "I hear [it's beautiful]."
S V O S'+V' C'

I hear that ... は「(うわさでは) …だそうだ」という意味で，ここでは that が省略されている。it は❼の Florida を指す。

⑫ "It is," he said quietly.
S' V' S V

It は❼の Florida を指す。is の後ろには beautiful が省略されている。

⑬ "You live there?"
S V

You の前に Do が省略されており，この省略は会話文でよく見られる。there は❼の Florida を指す。

⑭ "I was in Jacksonville, in the Navy."
S V

ビンゴが「(かつて) いた」と語っている文なので，引用符の部分は過去形が用いられている。Navy は「海軍」という意味で，大文字で書き始めることが多い。

⑮ "Want some wine?" she said.
S V

Want の前に Do you が省略されている。wine は不可算名詞。

⑯ He smiled and took a drink from the bottle.
S V V O

a drink は「1杯の飲み物」という意味。

⑰ He thanked her and became silent again.
S V O V C

〈thank＋O〉は「O に感謝する」という意味。become は「…（の状態）になる」という意味。

⑱ Shortly after that, Vingo fell asleep.
S V C

Shortly は after や before などの前で用いて「少し，ちょっと」という意味。that は⑰の文を指す。fall asleep は「寝入る」という意味。

教科書 ▶ p.68

本文

1 In the morning,/ they stopped at another restaurant.// **2** The
朝に　彼らは別のレストランに立ち寄った　その女性が
woman asked Vingo to join them.// **3** He did,/ drinking black coffee /
ビンゴに彼女たちに加わることを頼んだ　彼は彼女たちに加わった　ブラックコーヒーを飲んで
and smoking nervously / as the young people talked.// **4** When they
そして神経質そうにたばこを吸って　若い人たちが話している間
returned to the bus,/ the woman sat with Vingo again.// **5** After a
彼らがバスに戻ったとき　その女性が再びビンゴと一緒に座った　しばらくして
while,/ slowly and painfully,/ he talked about himself.// **6** He had
ゆっくりと苦しそうに　彼は彼自身について話した　彼は
been in jail in New York / for the last four years,/ and now / he was
ニューヨークの刑務所にいた　この4年間　そして今　彼は
going home.//
家に帰る途中だった

7 "Are you married?"//
「あなたは結婚しているか」

8 "Maybe."//
「どうだろう」

9 "You don't know?"/ she said.//
「あなたは知らないのか」　彼女は言った

10 "Well,/ when I was in jail,/ I wrote to my wife.// **11** I said,/
「いや　私が刑務所にいるときに　私は妻へ手紙を書いた　私は言った
'Martha,/ I understand / if you can't stay married to me.'// **12** I said /
『マーサ　私は理解する　もしあなたが私と結婚していられなくても』　私は言った
I was going to be away for a long time,/ and that if she couldn't stand
私は長い間留守にするつもりだ　そしてもし彼女がそれを我慢できなかったら
it,/ if the kids kept asking questions,/ if it hurt her too much,/ well,/
もし子どもたちが質問し続けたら　もしそれが彼女をあまりにも傷つけたら　ええと
she could just forget me.// **13** Get a new guy / —she's a wonderful
彼女はただ私を忘れられる　新しい男を得よ　彼女は素晴らしい
woman— / and forget about me.// **14** I told her not to write to me or
女性だ　そして私のことは忘れろ　私は彼女に，私へ手紙を書いたり訪ねてきたりしないよう
visit.// **15** And she didn't.// **16** Not for four years."//
言った　そして彼女はしなかった　4年間しなかった」

語句

- painfully /péɪnfəli/
  副 苦しそうに
- married /mérid/
  形 結婚している
- Martha /mɑ́ːrθə/
  名 マーサ

- after a while
  しばらくして

読解のポイント

1 In the morning, they stopped at another restaurant.

S V

they は前文までの「若い人たちとビンゴ」を指す。stop at ... は「…に立ち寄る」という意味。

2 The woman asked Vingo to join them.

S V O

〈ask＋O＋to *do*〉は「Oに…することを頼む」という意味。them は「若い人たち」を指す。

3 He did, drinking black coffee and smoking nervously as the young people talked.

S V 分詞構文 分詞構文 S' V'

He は**2**の Vingo を指し，did は join them の代わりに用いられている。ビンゴが若い人たちに加わったということ。drinking black coffee と smoking nervously は分詞構文で，ここでは「…して」という意味を表す。as は接続詞で，ここでは「…する間」という意味。

4 When they returned to the bus, the woman sat with Vingo again.

S' V' S V

they は「若い人たちとビンゴ」を指す。

5 After a while, slowly and painfully, he talked about himself.

S V

After a while「しばらくして」，slowly「ゆっくりと」，painfully「苦しそうに」という描写から，ビンゴがためらいながら話し始めたことがわかる。

6 He had been in jail in New York for the last four years, and now he was going home.

S V S V

前半は過去完了形，and 以降は過去進行形が用いられている。これは in jail「刑務所にいた」のが going home「家に帰っている」ことよりも前の出来事であったことを表しているためである。for the last ... years は「この…年間」という意味。

7 "Are you married?"

married は「結婚している」という意味の形容詞。

8 "Maybe."

ここでの Maybe. は「どうだろう。」という意味で，質問に対しての答えを明確にしたくないときに用いる。

9 "You don't know?" she said.

S' V' S V

疑問文の語順ではないが，女性がビンゴに「あなたは知らないのですか。」と尋ねている。

10 "Well, when I was in jail, I wrote to my wife.

S' V' S V

write to ... は「…に手紙を書く」という意味。

11 I said, 'Martha, I understand [if you can't stay married to me].'

S V S' V' O' S'' V'' C''

saidとあるが，**10**の文より，ビンゴが手紙の中で伝えた内容を表す。understandの目的語がif節となっている。〈stay＋C〉は「…（の状態）のままでいる」という意味。

12 I said [I was going to be away for a long time], and [that if she couldn't stand it, if the kids kept asking questions, if it hurt her too much, well, she could just forget me].

S V OS' V' C' O S'' V'' O'' S'' V'' C'' S'' V'' O'' S' V' O'

I said (that) ..., and that ～. という構造を持つ文。2つ目のthat節は「もし～なら」と条件を表すif節を3つ含んでいる。stand itのitとif it hurt herのitは前半で述べられたI was going to be away for a long timeを指す。questionsは「なぜビンゴが長い間留守なのか」を表す。

13 Get a new guy—she's a wonderful woman—and forget about me.

S＋V C

12の文ではforget meが用いられ，ここではforget about meと書かれている。forget about ...には「…を（意識的に）忘れる」というニュアンスがある。

14 I told her not to write to me or visit.

S V O

〈tell＋O＋to *do*〉は「Oに…するように言う」という意味。ここではto不定詞の前にnotがあるので「Oに…しないように言う」という意味になる。to不定詞の否定形はvisitにもかかっており，visitの前のnot toが省略されている。

15 And she didn't.

S V

didn'tの後ろにはwrite to me or visitが省略されている。妻はビンゴが伝えた通りにしたということ。

16 Not for four years."

省略部分を補うと，She didn't write to me or visit for four years. となる。

本文

1 "And you haven't heard anything?"//
「そしてあなたは何も聞いていないのか」

2 "Nothing,"/ he answered.// **3** "Last week,/ I wrote to her.//
「何も」 彼は答えた 「先週 私は彼女に手紙を書いた

4 I told her / that if she didn't have a new guy,/ if she'd take me back,/
私は彼女に言った もし彼女に新しい男がいないなら もし彼女が私を再び迎え入れるつもりなら

she should let me know.// **5** We lived in Brunswick at that time,/ and
彼女は私に知らせるべきだと 私たちは当時ブランズウィックに住んでいた

there's a great big oak tree / just as you come into town.// **6** I told
そして立派で大きなオークの木がある (あなたが) ちょうどその町に入ると 私は彼女に

her / if she'd take me back,/ she should tie a yellow handkerchief on
言った もし彼女が私を再び迎え入れるつもりなら 彼女はその木に黄色いハンカチを

the tree.// **7** I'd get off and come home.// **8** If she didn't want me,/
結ぶべきだと 私は (バスから) 降りて家に帰る もし彼女が私を必要としないなら

forget it;/ no handkerchief / and I'd keep going."//
それを忘れろ ハンカチがなければ 私は進み続けるだろう」

9 "Wow,"/ the woman said.// **10** "Wow!"//
「わあ」 その女性は言った 「すごい」

語句

- ☐ Brunswick /brʌ́nzwɪk/ 名 ブランズウィック (ジョージア州の都市)
- ☐ oak /óuk/ 名 オークの木

- ☐ take ... back / take back ... …を再び迎え入れる

読解のポイント

1 **"And you haven't heard anything?"**
(you = S, haven't heard = V, anything = O)

現在完了形の文。女性は，ビンゴが手紙を書いたときから今までの間に，妻から何も便りがなかったのかと尋ねている。

2 **"Nothing," he answered.**
(he = S, answered = V)

Nothingは「ビンゴに妻から何も便りがない」ことを表す。

3 **"Last week, I wrote to her.**
(I = S, wrote = V)

ビンゴが妻に再び手紙を書いたことを表している。

4 I told her [that if she didn't have a new guy, if she'd take me back, she should let me know].

S V O_1 O_2 S'' V'' O'' S''+V'' O'' S' V' O' C'

〈tell + O_1 + O_2〉の文で，O_2がthat節であり，that節はif節を2つ含んでいる。she'dの助動詞wouldは「意志」を表す。let me knowは〈let + O + C［原形不定詞］〉で「Oに…させる」という意味。

5 We lived in Brunswick at that time, and there's a great big oak tree just as you come into town.

S V S' V'

at that timeは「当時」という意味で，ビンゴが刑務所に入る前のことを表す。asは接続詞で，「…するときに」という意味。justはasを修飾している。

6 I told her [if she'd take me back, she should tie a yellow handkerchief on the tree].

S V O_1 O_2 S''+V'' O'' S' V' O'

4の文と同様，〈tell + O_1 + O_2〉の文で，O_2がthat節（thatは省略）であり，that節はif節を1つ含んでいる。ここでのshe'dの助動詞wouldも「意志」を表す。

7 I'd get off and come home.

S+V V

get offの後ろにはthe busが省略されている。comeは「（相手のところへ）行く」という意味で，ビンゴが妻のところへ戻ることを表している。

8 If she didn't want me, forget it; no handkerchief and I'd keep going."

S' V' O' S+V C

;（セミコロン）はここでは対照的な2つの文を並列している。文の前半はビンゴが妻にあてた内容で，後半はビンゴ自身の行動を表している。itは**6**の文の「オークの木に黄色いハンカチを結ぶこと」を指す。文の後半はno handkerchiefが条件となっている仮定法の文。(if there was) no handkerchief (on the tree), I'd ...のカッコ内が省略されていると考える。keep *doing*は「…し続ける」という意味で，keep goingは「（バスを降りずに）進み続ける」ことを表している。

9 "Wow," the woman said.

S V

the womanはビンゴの話を聞いていた，バスの乗客の女性を指す。

教科書 ▶p.70

本文

❶ She told his story to the others.// ❷ Soon / all of them got
彼女は彼の話をほかの人たちに伝えた　すぐに　彼らの全員が

friendly with Vingo.// ❸ He showed them a picture of his wife
ビンゴと親しくなった　彼は彼らに彼の妻と3人の子どもたちの写真を見せた

and three children.// ❹ They could hardly wait for Brunswick.//
彼らはブランズウィックを待ちきれなかった

❺ Now,/ they were close to Brunswick,/ and the young people took
今や　彼らはブランズウィックの近くにいた　そして若い人たちは

the window seats / on the right side,/ waiting for the great oak tree.//
窓側の席に座った　右側の　そして立派なオークの木を待った

❻ Vingo stopped looking out;/ he seemed to be ready for a great
ビンゴは外を見るのをやめた　彼は大きな失望に備えているように見えた

disappointment.// ❼ The bus became very quiet.//
バス（の中）はとても静かになった

❽ Then suddenly,/ all of the young people jumped up from their
そして突然　若い人たちの全員が彼らの席から跳び上がった

seats,/ screaming and shouting.//
金切り声を出したり叫んだりしながら

❾ Vingo was amazed / when he looked at the oak tree.// ❿ It was
ビンゴは驚いた　彼がオークの木を見たとき　それは

covered with yellow handkerchiefs,/ twenty of them,/ thirty of them,/
黄色いハンカチに覆われていた　20枚ものそれら　30枚ものそれら

maybe hundreds.// ⓫ The tree stood like a flag of welcome,/ blowing
もしかしたら何百枚　その木は歓迎の旗のように立っていた

in the wind.// ⓬ As the young people celebrated,/ Vingo slowly rose
風に吹かれながら　若い人たちが祝福すると　ビンゴはゆっくりと

from his seat.// ⓭ He then made his way to the front of the bus / to go
彼の席から立ち上がった　彼はそしてバスの前方へ進んだ

home.//
家に帰るために

語句

- □ hardly /há:rdli/
  副 ほとんど…ない
- □ disappointment /dìsəpɔ́ıntmənt/
  名 失望
- □ scream(ing) /skrí:m(ıŋ)/
  動 金切り声を出す
- □ shout(ing) /ʃáut(ıŋ)/
  動 叫ぶ
- □ blow(ing) /blóu(ıŋ)/
  動 （風に）吹かれる

- □ *be* covered with ...
  …に覆われている
- □ make *one's* way to ...
  …へ進む

読解のポイント

❶ She told his story **to the others**.
S　V　O

his storyはビンゴが女性に話した内容を指す。the othersはここでは残りの5人の若い人たちを指す。

2 Soon all of them got friendly with Vingo.
S V C

get friendly with ... は「…と親しくなる」という意味。

3 He showed them a picture of his wife and three children.
S V O_1 O_2

〈show＋O_1＋O_2〉は「O_1にO_2を見せる」という意味。

4 They could **hardly** wait **for Brunswick**.
S V

hardly は「ほとんど…ない」という否定の意味を持ち，しばしば can，could とともに用いる。ここでは could hardly wait は「ほとんど待てなかった」，つまり「待ちきれなかった」ということ。

5 Now, they were close **to Brunswick**, and the young people took the window seats **on the right side**, waiting for the great oak tree.
S V C S V O 分詞構文

形容詞の close は「(…に) 近い」という意味。現在分詞の waiting で始まる句は分詞構文で，「…して (そして) ～した」という意味を表す。

6 Vingo stopped looking out; he seemed to be ready **for a great disappointment**.
S V O S V C

stop *doing* は「…をすることをやめる」，look out は「外を見る」という意味。〈seem to＋動詞の原形〉は「…のように見える」という意味。a great disappointment「大きな失望」は，オークの木にハンカチが結ばれておらず妻がビンゴを待っていないことを表す。

7 The bus became **very** quiet.
S V C

主語は The bus だが，「バスの中」と考えるのが自然。

8 Then suddenly, all of the young people jumped **up** **from their seats**, screaming and shouting.
S V 分詞構文

screaming and shouting は分詞構文で，ここでは「…しながら」という意味を表す。

9 Vingo was amazed when he looked at the oak tree.
S V C S' V'

amazed は「驚いた，びっくりした」という意味。

10 It was covered **with yellow handkerchiefs**, twenty of them, thirty of them, maybe hundreds.
S V

It は**9**の the oak tree を指す。*be* covered with ... は「…に覆われている」という意味。

⑪ The tree stood like a flag of welcome, blowing in the wind.

S V 分詞構文

likeはここでは前置詞で，「…のように」という意味。welcomeは名詞で「歓迎」という意味。blowing in the windは分詞構文で，ここでは「…しながら」という意味を表す。

⑫ As the young people celebrated, Vingo slowly rose from his seat.

S′ V′ S V

Asは接続詞で，ここでは「…すると」という意味。roseは動詞rise「立ち上がる」の過去形。

⑬ He then made his way to the front of the bus to go home.

S V O 〈to＋動詞の原形〉

make *one's* way to ... は「…へ進む」という意味。to go homeは「家に帰るために」という意味の不定詞句で，副詞の働きをしている。

教科書 ▸p.72

Reading Comprehension

A. 本文の内容に合うように，（　　）内に適切な語を入れましょう。

1. At first, Vingo never moved and sat (　　　　　　).
2. Vingo wanted to know if his (　　　　　　) would take him back.
3. Vingo had told his wife to tie a (　　　　　　) handkerchief on the great big oak tree if she wanted him to come home.
4. The young people were very interested in seeing the great oak (　　　　　　).
5. The tree was like a flag of (　　　　　　).

ヒント それぞれの英文の意味と教科書参照ページを示す。

1.「最初は，ビンゴはまったく動かず（　　）座っていた。」p.66の6〜8行目
2.「ビンゴは彼の（　　）が彼を再び迎え入れるつもりかどうかを知りたいと思った。」p.69の2〜4行目　ビンゴはここで妻の話をしている。
3.「ビンゴは彼の妻に，もし彼女が彼に家に帰ってほしいと思っているなら，立派で大きなオークの木に（　　）ハンカチを結ぶように言った。」p.69の6〜7行目
4.「若い人たちは立派なオークの（　　）を見ることにとても興味があった。」p.70の4〜6行目
5.「その木は（　　）の旗のようだった。」p.70の13〜14行目

B. 次の点についてどう思うか，話し合いましょう。

1. Why was Vingo quiet at the beginning?

2. Why did Vingo begin to talk about himself the next day?

3. Why did the young people jump up from their seats when they saw the oak tree?

ヒント それぞれの英文の意味を示す。

1.「ビンゴはなぜ最初は静かだったのですか。」

2.「ビンゴはなぜ次の日に彼自身について話し始めたのですか。」

3.「若い人たちはなぜオークの木を見たときに座席から跳び上がったのですか。」

C. この物語を読んであなた自身が感じたことを発表しましょう。

例 When I finished reading this story, ❶ I was very happy. ❷ I felt impressed with the love of Vingo's wife. ❸ I thought Vingo and his wife had deep affection for each other.

Hints!

❶ I thought Vingo's family was wonderful / I was satisfied with the ending of this story
私はビンゴの家族が素晴らしいと思った　私はこの物語の結末に満足した

❷ I was moved that Vingo's wife had been waiting for him /
私はビンゴの妻がずっとビンゴを待っていたことに感動した

I thought Vingo had been worried about his wife's feelings
私はビンゴがずっと妻の気持ちを心配していたと思った

❸ I thought the six young people would never forget this encounter /
私は6人の若い人たちはこの出会いを決して忘れないだろうと思った

I was very happy when I read the sentence "It was covered with yellow handkerchiefs, twenty of them, thirty of them, maybe hundreds."
私は「それは，20枚，30枚，もしかしたら何百枚もの黄色いハンカチに覆われていた。」という文を読んだとき，とてもうれしかった

ヒント 例の意味「私はこの物語を読み終えたとき，とてもうれしかったです。私はビンゴの妻の愛に感動しました。私はビンゴと彼の妻は互いに深い愛情を抱いていると思いました。」

Lesson 5 Design for Connecting Society: Braille Neue

Get Started! 教科書 ▶ p.75

写真を見て話し合ってみましょう。

Where is braille used? List as many things or places as you can.

ヒント「点字はどこで使われていますか。できるだけ多くの物や場所をリストにしなさい。」

語句

☐ Braille Neue /bréɪl nʊ́ɪ/ 名 ブレイルノイエ

Part 1 教科書 ▶ pp.76-77

イラストを見て，語（句）の意味を推測しましょう。

1. braille

2. washing machine

3. combine

ヒント 教科書p.76では，**1.** 点が印刷された本の上に，人の手がかざされている。**2.** ドラム式洗濯機が描かれている。**3.** ご飯と卵の絵がプラス記号で結ばれ，矢印の先に卵かけご飯の絵が描かれている。

本文を読んで，（　　）内に適切な語を入れましょう。

Braille	・A reading and writing system developed for (①　　　　) challenged people ・Read by (②　　　　)
Braille Neue	・A universal font that (③　　　　) braille with Japanese or English letters ・Read by (④　　　　) and touch

ヒント 点字「・(①) 障がいのある人々のために開発された読み書き体系」
「・(②) によって読まれる」
ブレイルノイエ「・点字を日本語や英語の文字と (③) ユニバーサルフォント」
「・(④) と触覚によって読まれる」
①は教科書p.77の1～2行目，②は2～3行目，③は8～10行目，④は10～11行目を参照。

What do you think of Braille Neue?

例 I think it's great because the font is useful for everyone. ...

Plus One

ヒント「あなたはブレイルノイエをどう思いますか。」 例 「私はそのフォントはみんなにとって役立つので，それは素晴らしいと思います。」

本文

1 Braille is a reading and writing system / developed for visually challenged people.// **2** It consists of arrangements of one to six dots,/ and is read by touch.//

点字は読み書き体系だ　視覚障がいのある人々のために開発された　それは1つから6つの点の配列から成り立つ　そして触覚によって読まれる

3 Braille dots are found in various places / such as on elevator buttons and washing machines.// **4** However,/ braille cannot usually be read / and may not even be noticed / by sighted people.// **5** In 2017,/ a Japanese designer,/ Takahashi Kosuke,/ created a new font / called Braille Neue.// **6** It is a universal font / that combines braille with Japanese or English letters.// **7** This font can be read / both by sight and touch.//

点字の点はさまざまな場所で見つかる　たとえばエレベーターのボタンや洗濯機のような　しかし　点字はふつう読まれない　そして気づかれさえしないかもしれない　晴眼者によって　2017年に　日本人のデザイナー　高橋鴻介さん　新しいフォントを作った　ブレイルノイエと呼ばれる　それはユニバーサルフォントである　点字を日本語や英語の文字と組み合わせている　このフォントは読まれうる　視覚と触覚の両方によって

語句

- □ visually /víʒuəli/ 副 視覚に関して
- □ challenged /tʃǽlɪndʒd/ 形 障がいのある
- □ consist(s) /kənsíst(s)/ 動 成り立つ
- □ arrangement(s) /əréɪndʒmənt(s)/ 名 配列
- □ elevator /éləvèɪtər/ 名 エレベーター
- □ button(s) /bʌ́tn(z)/ 名 ボタン
- □ washing machine(s) /wɑ́:ʃɪŋ məʃì:n(z)/ 名 洗濯機
- □ sighted /sáɪtɪd/ 形 目が見える，晴眼の
- □ designer /dɪzáɪnər/ 名 デザイナー
- □ font /fɑ́:nt/ 名 フォント
- □ combine(s) /kəmbáɪn(z)/ 動 …を組み合わせる

- □ consist of ... …から成り立つ
- □ combine ... with ～ …を～と組み合わせる

読解のポイント

1 Braille is a reading and writing system developed for visually challenged people.

S V C

過去分詞のdeveloped以下の句が名詞a reading and writing systemを修飾している。visually challenged peopleは「視覚障がいのある人々」という意味。

2 It consists of arrangements of one to six dots, and is read by touch.

S V V

Itは**1**のBrailleを指す。andの後ろにはitが省略されている。

3 Braille dots are found in various places such as on elevator buttons and washing machines.

S V

such as ... は「たとえば…のような」という意味で，具体例を挙げるときに用いる。

4 However, braille cannot usually be read and may not even be noticed by sighted people.

S V V

cannot be readは〈助動詞＋受け身〉の形で，「読まれることができない（＝読まれない）」という意味。動作主は文末のby sighted peopleで，晴眼者は読めないということ。may not be noticedも〈助動詞＋受け身〉の形で，「気づかれないかもしれない」という意味。動作主は同じく文末のby sighted peopleで，晴眼者は気づかないかもしれないということ。⇒ Grammar

5 In 2017, a Japanese designer, Takahashi Kosuke, created a new font called Braille Neue.

S ＝ 同格 V O

a Japanese designer, Takahashi Kosukeは同格を表す。called Braille Neueは過去分詞を含む句で，名詞a new fontを後ろから修飾している。

6 It is a universal font that combines braille with Japanese or English letters.

S V C

Itは**5**のBraille Neueを指す。thatは主格の関係代名詞で，thatからlettersまでが先行詞a universal fontを修飾している。combine ... with ～は「…を～と組み合わせる」という意味。

7 This font can be read both by sight and touch.

S V

〈助動詞＋受け身〉の文で，ここではcanは「…しうる」を表す。both ... and ～は「…と～の両方」という意味。byはここでは手段を表す。⇒ Grammar

Grammar

助動詞＋受け身　助動詞の後ろに〈be＋過去分詞〉を続けられます。

This font can be read both by sight and touch.
「読まれうる」
（このフォントは視覚と触覚の両方によって読まれうる。）

Braille Neue will be used widely in the future.
「使われるだろう」
（ブレイルノイエは将来，広く使われるだろう。）

解説 助動詞の後ろには〈be＋過去分詞〉の受け身を続けることができる。助動詞の直後のため，be動詞は原形になる。
「助動詞＋受け身」の疑問文は，〈助動詞＋S＋be＋過去分詞〉の語順になり（例1），否定文は助動詞の後ろにnotを置く（例2）。
〈have to＋動詞の原形〉や *be* going to ... も〈be＋過去分詞〉の受け身を続けることができる（例3・4）。

例1 Can pandas be seen around the world?
（パンダは世界中で見られますか。）

例2 New buildings should not be built in this area.
（この地域では新しい建物は建てられるべきではない。）

例3 The old buildings here have to be preserved.
（この辺りの古い建物は保存されなければならない。）

例4 A new apartment is going to be built in front of the park.
（新しいアパートがその公園の前に建てられるだろう。）

Try It!

（　　）内の語を並べかえて，ペアで対話しましょう。

1. *A*：This universal font (be / can / used) in various places.
B：Wow, I'm so impressed.

2. *A*：Braille Neue (be / introduced / will) in many products.
B：That's great.

ヒント **1.** *A*「このユニバーサルフォントはさまざまな場所で使われる可能性があります。」
B「わあ，私はとても感銘を受けています。」
助動詞の後ろに〈be＋過去分詞〉を続ける。

2. *A*「ブレイルノイエは多くの製品に導入されるでしょう。」
B「それは素晴らしいですね。」
助動詞の後ろに〈be＋過去分詞〉を続ける。

Part 2 教科書 ▶ pp.78-79

イラストを見て，語（句）の意味を推測しましょう。

1. facility

2. fascinate

3. connect the dots

ヒント 教科書p.78では，**1.** 2棟の建物が描かれている。**2.**「!!」のイラストと，男性があごに手を当てて何かに心を引きつけられている様子が描かれている。**3.** 点をつなげて星が描かれている。

本文を読んで，（　　）内に適切な語を入れましょう。

The reasons for creating Braille Neue	・Mr. Takahashi was（①　　　　）by the words of a person who was reading braille. ・Learning braille was（②　　　　）.
Development of Braille Neue	・At first, Mr. Takahashi just connected the（③　　　　）. ・He received（④　　　　）from various people.

ヒント ブレイルノイエを作る理由「・高橋さんは，点字を読んでいる人の言葉に（①）れた。」「・点字を学ぶことは（②）かった。」

ブレイルノイエの開発「・最初は，高橋さんはただ（③）をつなげた。」「・彼はさまざまな人々から（④）を受けた。」

①②は教科書p.79の5～6行目，③は9行目，④は10～11行目を参照。

Speak Write

Do you think learning braille is difficult? Why or why not?

例 ・I think it's difficult because you need to learn its rules. ...

・I don't think it's difficult if you learn one by one. ...

Plus One

ヒント「あなたは点字を学ぶことは難しいと思いますか。なぜですか，あるいはなぜそうではないですか。」例「・私はその規則を学ぶ必要があるので，それは難しいと思います。」「私はもしひとつずつ学ぶなら，それは難しくないと思います。」

本文

1 *Interviewer*: Why did you create Braille Neue?//
インタビュアー：あなたはなぜブレイルノイエを作ったのか

2 *Takahashi*: When I visited a facility for the visually challenged,/ I saw a person reading braille / for the first time.// **3** He said,/ "If you can read braille,/ you can read a book in the dark."// **4** What he said fascinated me,/ but I found / that learning braille was

高橋さん：私が視覚障がい者の施設を訪ねたとき　私は点字を読んでいる人に会った　初めて　彼は言った　「もしあなたが点字を読めたら　あなたは暗闇で本を読める」　彼が言ったことは私を魅了した　しかし私は…がわかった　点字を学ぶことは

語句

□ fascinate(d) /fǽsənèɪt(ɪd)/ 動 …を魅了する

difficult.// **5** So / I hit upon the idea / of creating Braille Neue.//
難しいということ　だから　私はアイデアを思いついた　ブレイルノイエを作るという

6 *Interviewer*: How did you develop the font?//
インタビュアー：あなたはどのようにそのフォントを開発したのか

7 *Takahashi*: At first,/ I just connected the dots.// **8** I didn't know
高橋さん：最初は　私はただ点をつなげた　私は

even the basic rules of conventional braille.// **9** I received
従来の点字の基本的な規則さえ知らなかった　私はさまざまな

suggestions from various people,/ and this made the font
人々から提案を受けた　そしてこのことがそのフォントを判読可能にした

readable.// **10** Even now,/ Braille Neue keeps improving.//
今でも　ブレイルノイエは改善し続けている

- □ upon /əpάːn/
  前 …の上に
- □ basic /béɪsɪk/
  形 基本的な
- □ conventional /kənvénʃənl/
  形 従来の
- □ suggestion(s) /səgdʒéstʃən(z)/
  名 提案
- □ readable /ríːdəbl/
  形 判読できる

- □ hit upon ...
  …を思いつく
- □ at first
  最初は
- □ even now
  今でも

読解のポイント

2 *Takahashi*: When I visited a facility for the visually challenged, I saw a person reading braille for the first time.

S′ V′ O′ / S V O

the visually challengedは「視覚障がい者」という意味。〈the＋形容詞（challenged）〉で「…な人々」という名詞扱いの意味になる。reading brailleは直前の名詞a personを後ろから修飾しており，「点字を読んでいる人」を表す。

3 He said, "If you can read braille, you can read a book in the dark."

S V S″ V″ O″ S′ V′ O′

Heは**2**のa person reading brailleを指す。引用符の中は条件を表すIf節を含む文。ここのyouは，点字を読んでいる人の会話の相手，つまり高橋さんを表す。

4 What he said fascinated me, but I found [that learning braille was difficult].

S V O S V O S′ V′ C′

Whatは先行詞を含む関係代名詞で，What he saidは「彼が言ったこと」という意味。後半のthat節は動詞foundの目的語となっている。

5 So I hit upon the idea of creating Braille Neue.

S V O ＝

hit upon ...は「…を思いつく」という意味。ここでのofは同格を表し，the ideaとcreating Braille Neueは同格の関係で，「ブレイルノイエを作るというアイデア」という意味を表す。

7 *Takahashi*: At first, I just connected the dots.

S V O

At first は「最初は」という意味。

8 I didn't know even the basic rules of conventional braille.

S V O

conventional は「従来の」という意味で，ブレイルノイエに対して従来からある点字を表す。

9 I received suggestions from various people, and this made the font readable.

S V O S V O C

receive a suggestion は「提案を受ける」という意味。this はこの文の前半 I ... people の節を指す。文の後半は〈make＋O＋C〉「O を C にする」の構造。

10 Even now, Braille Neue keeps improving.

S V C

〈S＋V＋C〉の文で，補語の現在分詞 improving が主語の Braille Neue の状態を説明している。keep *doing* は「…し続ける」という意味。⇒ Grammar

Grammar

S＋V＋C［分詞］「S は C の状態を V する」という意味を表します。

S	V	C［分詞］
Braille Neue	keeps	improving.
（ブレイルノイエは改善し続けています。）		
Mr. Takahashi	became	known as the creator of Braille Neue.
（高橋さんはブレイルノイエの創作者として知られるようになりました。）		
We	kept	talking about the use of Braille Neue.
（私たちはブレイルノイエの使用について話し続けました。）		

解説 分詞は形容詞と同じように，補語として〈S＋V＋C〉の文で用いることができる。このとき，分詞（補語）は主語の性質や状態を述べる役割をし，S＝C の関係が成り立つ。「…している」という能動的な意味を表すときは現在分詞，「…され（てい）る」という受け身の意味を表すときは過去分詞を用いる。
動詞は上記の keep，become のほか，get，remain などが用いられる（例）。

例 The audience remained seated after the concert ended.
（聴衆はコンサートが終わった後，着席したままでした。）

Try It!

(　　) 内の語を並べかえて，ペアで対話しましょう。

1. *A*：Does he (keep / working / still) from home?

B：Yes, he does.

2. *A*：Please (seated / stay / until) we reach the terminal.

B：OK, I will.

ヒント **1.** *A*「彼はまだ家から働き続けているのですか。」

B「はい，そうです。」

workingを現在分詞と考え，〈V + C〉の文を作る。stillは動詞の前に置く。

2. *A*「私たちが終点に着くまで着席したままでいてください。」

B「わかりました，そうします。」

seatedを過去分詞と考え，〈V + C〉の文を作る。until は接続詞で「…するまで」という意味。

Part 3 教科書 ▶pp.80-81

イラストを見て，語（句）の意味を推測しましょう。

1. break down a barrier

2. information board

3. caption

ヒント 教科書p.80では，**1.** 男性がハンマーで開けた壁の穴を見て，明るい表情をしている。**2.** ボードにいくつか紙が貼られている。**3.** 絵画の横の説明文に，赤い矢印が示されている。

本文を読んで，（　　）内に適切な語を入れましょう。

Advantages of Braille Neue	・Breaking down an invisible (①　　　　). ・Sharing the same (②　　　　).
Reactions to Braille Neue	・Got (③　　　　) feedback from people inside and outside Japan. ・The (④　　　　) City Office and a museum in (⑤　　　　) wanted to introduce it.

ヒント ブレイルノイエの利点「・見えない（①）を打ち破ること。」「・同じ（②）を共有すること。」
ブレイルノイエへの反応「・日本の内と外の人々から（③）反響があった。」「・（④）区役所と（⑤）にある博物館がそれを導入したがった。」①は教科書p.81の3～4行目，②は5～6行目，③は9～10行目，④は10～11行目，⑤は11～13行目を参照。

What are some of the advantages of Braille Neue?

例 One advantage is that it helps the visually challenged and the sighted share the same information. Another advantage is ....

Plus One

ヒント「ブレイルノイエの長所は何ですか。」例「長所の1つはそれが視覚障がい者と晴眼者が同じ情報を共有するのを助けることです。また別の長所は…。」
What are some of ...「…のいくつかは何か」と尋ねられているので，ブレイルノイエの複数の長所を述べる。one や another は具体例を整理しながら列挙するのに用いる表現。

本文

1 *Interviewer*: What are some of the advantages of Braille Neue?//
インタビュアー：ブレイルノイエの利点は何か

2 *Takahashi*: Well,/ it breaks down an invisible barrier / between the visually challenged and the sighted.// **3** That's because sharing
高橋さん：ええと　それは見えない壁を打ち破る　視覚障がい者と晴眼者の間の　それは同じ情報を共有することは

語句

□ invisible /ɪnvízəbl/ 形 見えない

the same information enhances communication / between them.//
コミュニケーションを高めるからだ　彼らの間の

4 *Interviewer*: What reactions did you receive / when Braille Neue
インタビュアー：あなたはどんな反応を受け取ったか　ブレイルノイエが

first appeared / in public?//
初めて現れたとき　人前に

5 *Takahashi*: I got positive feedback from people / inside and outside
高橋さん：私は人々から肯定的な反応を得た　日本の内と外で

Japan.// **6** The Shibuya City Office in Tokyo / soon introduced
東京の渋谷区役所　すぐにブレイルノイエを

Braille Neue / for information boards.// **7** Also,/ a museum in
導入した　情報掲示板に　また　ブラジルの

Brazil asked / if Braille Neue could be used there / for captions.//
博物館は尋ねた　ブレイルノイエがそこで使われうるかどうか　短い説明文に

- □ enhance(s) /ɪnhǽns(ɪz)/ 動 …を高める
- □ communication /kəmjùːnɪkéɪʃən/ 名 コミュニケーション
- □ reaction(s) /riǽkʃən(z)/ 名 反応
- □ board(s)/bɔ́ːrd(z)/ 名 掲示板
- □ caption(s) /kǽpʃən(z)/ 名 短い説明文，キャプション

- □ break ... down/ break down ... …を打ち破る

読解のポイント

1 ***Interviewer*: What are some of the advantages of Braille Neue?**

an advantage of ... は「…の利点」という意味。

2 ***Takahashi*: Well, it breaks down an invisible barrier between the visually challenged and the sighted.**

(it = S, breaks down = V, an invisible barrier = O; between the visually challenged and the sighted → an invisible barrier)

it は**1**の Braille Neue を指す。between ... and ～は「…と～の間」という意味。〈the＋形容詞〉は「…な人々」という意味なので，the visually challenged は「視覚障がい者」，the sighted は「晴眼者」を表す。

3 **That's [because sharing the same information enhances communication between them].**

(That's = S＋V, [because …] = C; sharing the same information = S', enhances = V', communication = O'; between them → communication)

That's because ... は「それは…だからだ」という意味。because 節は動名詞句が主語となっている。them は**2**の the visually challenged and the sighted を指す。

4 ***Interviewer*: What reactions did you receive when Braille Neue first appeared in public?**

(Braille Neue = S', appeared = V'; first → appeared, in public → appeared)

in public は「人前に［で］，公然と，公衆の面前で」という意味。

5 *Takahashi*: I got positive feedback from people inside and outside Japan.

S V O

feedbackは「反応，フィードバック」という意味の不可算名詞。接続詞andはinsideとoutsideを同等につないでおり，inside Japan and outside Japanということ。

6 The Shibuya City Office in Tokyo soon introduced Braille Neue for information boards.

S V O

この文は**5**で述べられたpositive feedbackの具体例。information boardは「情報掲示板」という意味。

7 Also, a museum in Brazil asked [if Braille Neue could be used there for captions].

S V O S' V'

if節は動詞askedの目的語となっており，「…かどうか」という意味。could be usedは〈助動詞＋受け身〉の構造で「使われうる」という意味。thereはこの文のa museum in Brazilを指す。

⇒ Grammar

Grammar

S＋V＋O［if節］「SはOかどうかVする」という意味を表します。

S	V	O［if節］
A museum in Brazil	asked	if Braille Neue could be used there for captions.
（ブラジルの博物館はブレイルノイエがそこで短い説明文に使われうるかどうか尋ねました。）		
I	don't know	if this office introduced Braille Neue.
（私はこのオフィスがブレイルノイエを導入したかどうか知りません。）		
I	wonder	if they can read Braille Neue.
（私は，彼らがブレイルノイエを読むことができるのだろうかと思います。）		

解説 接続詞ifは動詞の目的語になる名詞節を導くことができ，「…かどうか」という意味を表す。if節が目的語になる動詞としては，ask，know，wonder，checkなどがある。

一方で，接続詞ifは条件を表す副詞節を導くこともでき，「もし…なら」という意味を表す。if節が条件を表す副詞節の場合，未来のことについても現在時制を用いるのに対し，動詞の目的語になる名詞節の場合は未来のことについては未来表現を用いる（例）。

例 Are you going to play tennis if it is sunny tomorrow?

条件を表す副詞節

（あなたはもし明日晴れなら，テニスをするつもりですか。）

I don't know if Mike will come back to Japan next year.

動詞の目的語になる名詞節

（私は，マイクが来年日本に帰ってくるかどうか知りません。）

Try It!

(　　) 内の語を並べかえて，ペアで対話しましょう。

1. *A*：Is it OK to use this font for our product?
B：Well, I will (it / if / check) is possible.

2. *A*：Do you know (she / if / created) a new font?
B：Sorry, I don't know.

ヒント **1.** *A*「このフォントを私たちの製品に使ってもよいですか。」
B「ええと，私はそれが可能かどうか確認します。」
助動詞 will のあとに check を置き，動詞の目的語になる if 節を続ける。

2. *A*「あなたは彼女が新しいフォントを作ったかどうか知っていますか。」
B「すみませんが，私は知りません。」
動詞 know の目的語になる if 節を続ける。

Part 4 教科書 ▶pp.82-83

イラストを見て，語句の意味を推測しましょう。

1. picture book

2. the right side of a shirt

3. by touch

ヒント 教科書p.82では，**1.** りんごが表紙の本が描かれている。**2.** シャツの表面に「○」，裏面に「×」が描かれている。**3.** 人が箱の中に手を入れて，「？」と書かれた球体に触れている。

本文を読んで，(　　) 内に適切な語を入れましょう。

Picture book	For the visually challenged to share with the (① 　　　　).
Clothes	By touch: Tell the (② 　　　　) side of a shirt. Visually: The (③ 　　　　) is cute and cool.

ヒント 絵本「視覚障がい者が（①）と共有する。」
服「触覚によって：シャツの（②）側がわかる。」「視覚的に：(③）はかわいくてかっこいい。」①は教科書p.83の3～4行目，②は5～6行目，③は6～7行目を参照。

Do you agree that Braille Neue is promising in the world of fashion? Why or why not?

例 ・Yes, I agree because the cool design of clothes will be attractive. ...

・No, I don't agree because clothes with Braille Neue may cost more to make. ...

Plus One

ヒント「あなたはブレイルノイエはファッション界で前途有望だと同意しますか。なぜ同意しますか，あるいはなぜ同意しないのですか。」 例 「・はい，私は服のかっこいいデザインが魅力的になるだろうから同意します。」「・いいえ，私はブレイルノイエを用いた服は作るのにより費用がかかるかもしれないから同意しません。」

本文

1 *Interviewer*: In what other ways can Braille Neue be used?//
インタビュアー：ほかにどんな方法でブレイルノイエは使われうるか

2 *Takahashi*: It is used in a picture book / for the visually challenged /
高橋さん：　それは絵本で使われる　視覚障がい者が

to share with the sighted.// **3** It is also used in making clothes.//
晴眼者と共有するための　それは服を作る際にも使われる

4 Anybody can tell the right side of a shirt / by touch.// **5** Visually,/
誰でもシャツの正しい面がわかる　触覚によって　視覚的に

the design of clothes using Braille Neue is cute and cool.// **6** It
ブレイルノイエを使っている服のデザインはかわいくてかっこいい

seems / that Braille Neue is promising in the world of fashion.//
…に見える　ブレイルノイエはファッション界で前途有望

語句

□ promising
/prá:məsɪŋ/
形 前途有望な

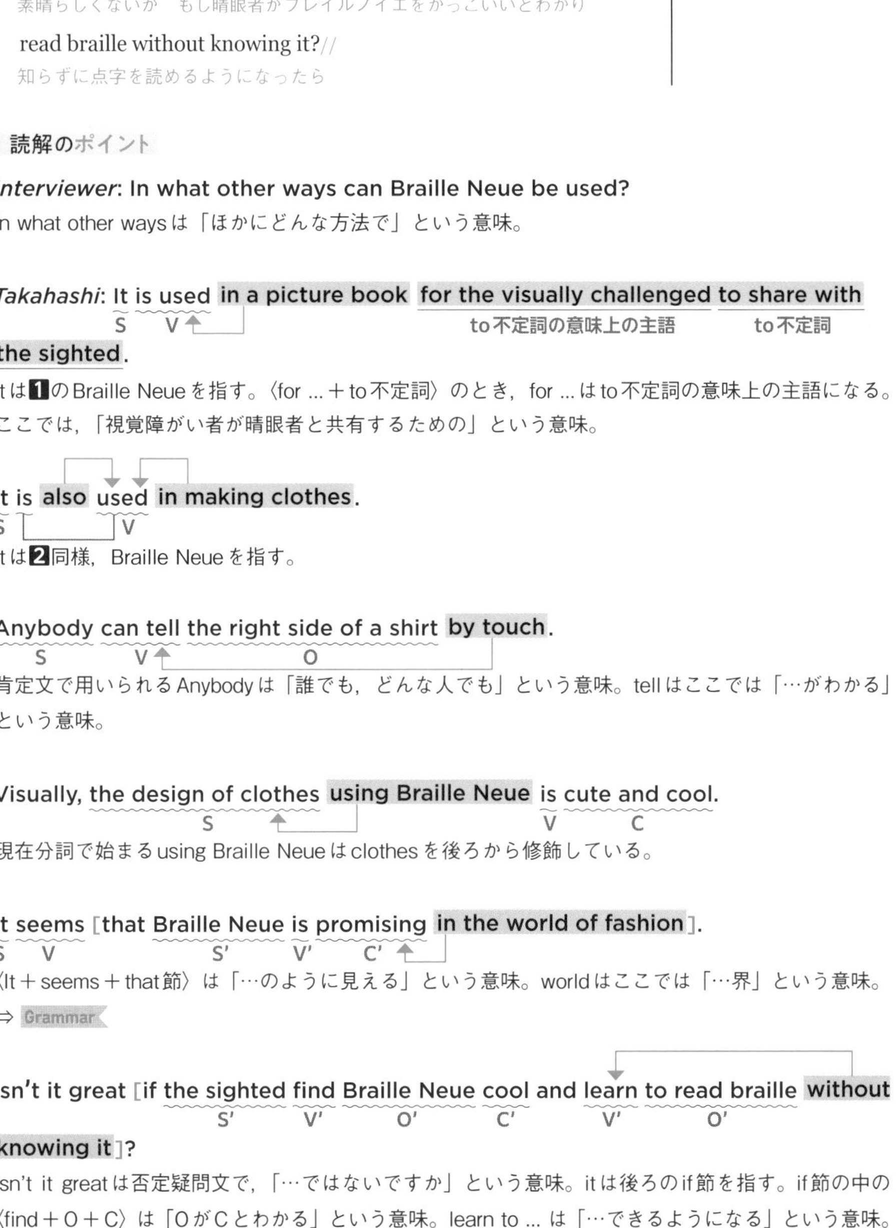

7 Isn't it great / if the sighted find Braille Neue cool / and learn to
素晴らしくないか　もし晴眼者がブレイルノイエをかっこいいとわかり
read braille without knowing it?//
知らずに点字を読めるようになったら

読解のポイント

1 *Interviewer*: In what other ways can Braille Neue be used?

In what other waysは「ほかにどんな方法で」という意味。

2 *Takahashi*: It is used in a picture book for the visually challenged to share with the sighted.

S: It　V: is used　for the visually challenged: to不定詞の意味上の主語　to share with: to不定詞

Itは**1**のBraille Neueを指す。〈for ... ＋to不定詞〉のとき，for ...はto不定詞の意味上の主語になる。ここでは，「視覚障がい者が晴眼者と共有するための」という意味。

3 It is also used in making clothes.

S: It　V: is used

Itは**2**同様，Braille Neueを指す。

4 Anybody can tell the right side of a shirt by touch.

S: Anybody　V: can tell　O: the right side of a shirt

肯定文で用いられるAnybodyは「誰でも，どんな人でも」という意味。tellはここでは「…がわかる」という意味。

5 Visually, the design of clothes using Braille Neue is cute and cool.

S: the design of clothes　V: is　C: cute and cool

現在分詞で始まるusing Braille Neueはclothesを後ろから修飾している。

6 It seems [that Braille Neue is promising in the world of fashion].

S: It　V: seems　S': Braille Neue　V': is　C': promising

〈It＋seems＋that節〉は「…のように見える」という意味。worldはここでは「…界」という意味。

⇒ Grammar

7 Isn't it great [if the sighted find Braille Neue cool and learn to read braille without knowing it]?

S': the sighted　V': find　O': Braille Neue　C': cool　V': learn to read　O': braille

Isn't it greatは否定疑問文で，「…ではないですか」という意味。itは後ろのif節を指す。if節の中の〈find＋O＋C〉は「OがCとわかる」という意味。learn to ... は「…できるようになる」という意味。brailleはブレイルノイエではなく従来の点字を表す。without *doing*は「…せずに」という意味。

It + seems [appears] + that節 「…のようだ［に見える］」という意味を表します。

It seems [appears] that Braille Neue is promising in the world of fashion.
（ブレイルノイエはファッション界で前途有望に見えます。）

It seemed [appeared] that he was a fashion designer.
（彼はファッションデザイナーのようでした。）

解説 〈It + seems [appears] + that節〉は「…のようだ［に見える］」という意味を表す。seemは個人的な感情や考えなどを基にした主観的な判断を表し，appearは客観的な判断を表すことがある。この表現は〈S + seem(s) [appear(s)] + to不定詞〉に書きかえることができる（例1）。
主節の動詞seem [appear]は，現在時制および過去時制で用いることができる。主節が現在形の場合，that節内の動詞は現在（完了）形・過去形・未来表現のいずれも用いることができる（例2）。主節が過去形の場合は，that節内の動詞は現在（完了）形・未来表現で使われることはない。

例1 It seems [appears] that Braille Neue is promising in the world of fashion.
⇒ Braille Neue seems [appears] to be promising in the world of fashion.

It seemed [appeared] that he was a fashion designer.
⇒ He seemed [appeared] to be a fashion designer.

例2 It seems that the restaurant closed at 10 p.m.
（そのレストランは午後10時に閉まったようです。）
It appears that a new shop will open in December.
（12月に新しい店が開くようです。）

Try It!

（　　）内の語（句）を並べかえて，ペアで対話しましょう。

1. *A*：It (the picture book / that / seems) is very popular among children.
B：I totally agree with you.

2. *A*：It (attracted / seemed / the museum / that) people's attention.
B：Yes, a famous painting by Picasso was shown there last month.

ヒント **1.** *A*「その絵本は子どもたちの間でとても人気があるようです。」
B「私は全面的にあなたに同意します。」
〈It + seems + that節〉の文を作る。the picture bookはthat節の主語。

2. *A*「その美術館は人々の注目を集めているようでした。」
B「ええ，ピカソによる有名な絵画が先月そこで展示されました。」
〈It + seems + that節〉の文を作る。attract attentionは「注目を集める」という意味。

Summary1 本文の内容に合うように，空所を埋めましょう。

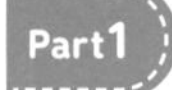

- ①＿＿＿は視覚障がい者のために開発された読み書き体系です。
- 2017年にデザイナーの高橋鴻介さんが，点字を，日本語や英語の文字と組み合わせて②＿＿＿と呼ばれるユニバーサルフォントを開発しました。

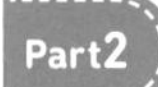

- 高橋さんは，視覚障がい者の施設で点字を読んでいる人に会い，その人の言葉に魅了されましたが，点字を学ぶことは難しく，ブレイルノイエの開発を③＿＿＿ました。
- 最初は点字の基本的な規則も知りませんでしたが，多くの人の④＿＿＿により，ブレイルノイエができました。

Part3

- ブレイルノイエの利点は，視覚障がい者と晴眼者の間の⑤＿＿＿壁を壊し，コミュニケーションを高めることです。
- ブレイルノイエを最初に公開したとき，国内外から⑥＿＿＿反応がありました。

Part4

- ブレイルノイエは絵本や洋服に活用されていますが，ファッションの分野で⑦＿＿＿のように思えます。
- ⑧＿＿＿がブレイルノイエをかっこいいと思い，知らない間に点字を学ぶことができれば素晴らしいことです。

ヒント それぞれの教科書参照ページを示す。①p.77の1～2行目　②p.77の7～8行目　③p.79の5～7行目　④p.79の10～12行目　⑤p.81の3～4行目　⑥p.81の9～10行目　⑦p.83の7～8行目　⑧p.83の8～10行目

Summary2 空所に入る語を＿＿＿の中から選び，要約を完成しましょう。

Braille was developed for visually challenged people.// It is read by (①　　).// In 2017,/ a Japanese designer,/ Takahashi Kosuke,/ created a new font / called Braille Neue.// It can be read / both by (②　　) and touch.//

点字は視覚障がいのある人々のために開発された　それは（①）によって読まれる　2017年に　日本人デザイナー　高橋鴻介さん　新しいフォントを作った　ブレイルノイエと呼ばれる　それは読まれうる　（②）と触覚の両方によって

When Mr. Takahashi visited a facility for the visually challenged,/ he saw a person reading braille.// He was (③　　) by his words.// He found / that learning braille was difficult,/ so he created Braille Neue.//

高橋さんが視覚障がい者の施設を訪ねたとき　彼は点字を読んでいる人に会った　彼は彼の言葉によって（③）　彼は…がわかった　点字を学ぶことは難しいということ　だから彼はブレイルノイエを作った

One advantage of Braille Neue is / to break down an invisible (④　　) / between the visually challenged and the sighted.// He got positive feedback from people / inside and (⑤　　) Japan /

ブレイルノイエの1つの利点は…である　見えない（④）を打ち破ること　視覚障がい者と晴眼者の間の　彼は人々から肯定的な反応を得た　日本の内と（⑤）で

when his font first appeared / in public.//
彼のフォントが初めて現れたとき　人前に

Braille Neue is used in a picture book and in clothes.// It is promising in the world of
ブレイルノイエは絵本や服で使われている　それは（⑥）界で前途有望だ
(⑥　).//

barrier / fascinated / fashion / outside / sight / touch

ヒント それぞれの教科書参照ページを示す。①p.77の2～3行目　②p.77の10～11行目　③p.79の5～6行目　④p.81の3～4行目　⑤p.81の9～10行目　⑥p.83の7～8行目

Vocabulary 英語のヒントを読んで，本文に出てきた単語を書きましょう。

1. un□□□□□□l ……… relating to everyone in the world
2. en□□□□e ……… to improve the quality, amount, or strength of something
3. pr□□□□□□g ……… likely to be successful or enjoyable

ヒント **1.**「世界のすべての人に関わる」 **2.**「何かの質，量あるいは強度を改善する」 **3.**「成功しそうあるいは楽しそう」

Key Expressions 日本語と同じ意味になるように，（　）内に適切な語を入れて文を言いましょう。

1. Our design team (　　) (　　) five members.
私たちのデザインチームは5人のメンバーで構成されています。

2. Why don't we (　　) your idea (　　) our experience?
あなたの考えを私たちの経験と組み合わせてはどうですか。

3. He (　　) (　　) the idea of expanding his project.
彼はそのプロジェクトを拡大することを思いつきました。

4. We are making efforts to (　　) (　　) communication barriers.
私たちはコミュニケーションの壁を打ち破る努力をしています。

ヒント **1.**「…で構成されています」を「…から成り立つ」に読みかえて，相当する語句を入れる。 **2.**「…を～と組み合わせる」に相当する語句を入れる。 **3.**「…を思いつく」に相当する語句を入れる。 **4.**「…を打ち破る」に相当する語句を入れる。

Grammar for Communication 例を参考に，若者の間で人気があるものや事柄について，ペアで話しましょう。

A: It seems that ❶ social media is popular among young people. I wonder if ❷ more and more people will use it.

B: Indeed. Social media became known as a popular form of communication because ❸ we can connect with a variety of people easily. ❹ It will be used more widely.

Tool Box

❶ streaming service ❷ some of them spend too much time on it
ストリーミングサービス 彼らの何人かはそれにあまりにも多くの時間を費やす

❸ they can watch interesting videos at any time
彼らはいつでもおもしろい動画を見ることができる

❹ They can become addicted to it easily
彼らは簡単にそれにやみつきになりうる

ヒント *A*「ソーシャルメディアは若い人たちの間で人気のようです。私はより多くの人々がそれを使うのかどうかと思っています。」
B「本当にそうですね。私たちは簡単にさまざまな人々とつながれるのでソーシャルメディアは一般的なコミュニケーションの形として知られるようになりました。それはより広く用いられるでしょう。」

Action 教科書 ▶ pp.86-87, 206

Listen Scene 1 ブレイルノイエの開発者である高橋さんの学生時代についてのインタビューを聞きましょう。

Interviewer: Tell me / how you became interested in being a designer, / Mr. Takahashi.//
インタビュアー：私に…を教えて あなたがどのようにデザイナーになることに興味を持ったか 高橋さん

Takahashi: I made a leaflet for a school festival / in the second year of high school.// This experience made me interested in design.//
高橋さん： 私は文化祭のリーフレットを作った 高校2年生のとき この経験が私にデザインに興味を持たせた

Interviewer: At university,/ what did you study?//
インタビュアー： 大学で あなたは何を勉強したか

Takahashi: I learned / how to use design / to solve problems in society.// However,/ for my graduation research,/ it took time / to decide the theme / I was really interested in.// I regret not trying various things / in my high school days.//
高橋さん： 私は…を学んだ デザインの使い方 社会の問題を解決するために しかしながら 私の卒業研究で 時間がかかった テーマを決めるのに 私が本当に興味を持っている 私はさまざまなことを試みなかったことを後悔している 私の高校時代に

語句 ☐ leaflet /líːflət/ 名 リーフレット ☐ regret /rɪgrét/ 動 …を後悔する
☐ theme /θíːm/ 名 テーマ

Listen and Answer　問いの答えを選びましょう。

1. What did Mr. Takahashi do in his second year of high school?
 a. He organized a school festival.　**b.** He designed a leaflet.
 c. He made a flag.

2. What did Mr. Takahashi learn at university?
 a. The use of design to solve problems in society.
 b. The use of a universal design for the visually challenged.
 c. The use of fashion design to make people happy.

3. What does Mr. Takahashi regret about his high school days?
 a. He did not discover his interests.　**b.** He did not decide his future goal.
 c. He did not try various things.

ヒント **1.**「高橋さんは高校2年生のときに何をしましたか。　**a.** 彼は文化祭を催した。　**b.** 彼はリーフレットをデザインした。　**c.** 彼は旗を作った。」高橋さんの最初の発言を参照。
2.「高橋さんは大学で何を学びましたか。　**a.** 社会の問題を解決するためのデザインの使用。　**b.** 視覚障がい者のためのユニバーサルデザインの使用。　**c.** 人々を幸せにするためのファッションデザインの使用。」高橋さんの2番目の発言の1文目を参照。
3.「高橋さんは彼の高校時代について何を後悔していますか。　**a.** 彼が自分の興味のあることを発見しなかったこと。　**b.** 彼が将来の目標を決めなかったこと。　**c.** 彼がさまざまなことを試みなかったこと。」高橋さんの最後の発言を参照。

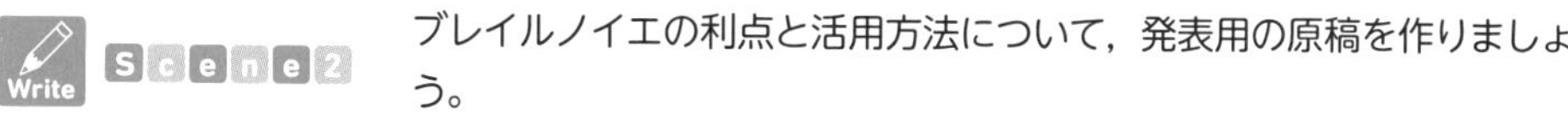

ブレイルノイエの利点と活用方法について，発表用の原稿を作りましょう。

本文を参考に，①と②の空所に，適切な語（句）を入れましょう。③の空所には，ブレイルノイエの活用方法をペアで考えて書きましょう。

Braille Neue
ブレイルノイエ

Have you ever seen Braille Neue?// It is a universal font / that combines braille with Japanese
あなたはこれまでにブレイルノイエを見たことがあるか　それはユニバーサルフォントだ　点字を日本語や英語の

or English letters.// It was created by a Japanese designer,/ Takahashi Kosuke,/ in 2017.//
文字と組み合わせている　それは日本人のデザイナーによって作られた　高橋鴻介さん　2017年に

One advantage of Braille Neue is / to break down ①＿＿＿ / between the visually challenged
ブレイルノイエの1つの利点は　（①）を打ち破ること　視覚障がい者と晴眼者の間の

and the sighted.// Braille Neue was introduced / for ②＿＿＿ in the Shibuya City Office in
ブレイルノイエは導入された　東京の渋谷区役所の（②）に

Tokyo.// It is also used in a picture book and in clothes.// In my opinion, ③＿＿＿.//
それはまた絵本や服で使われている　私の考えでは（③）

ヒント ①は教科書p.81の3～4行目，②は10～11行目を参照。

定期テスト対策⑤ (Lesson 5)

解答⇒p.243

1 日本語の意味を表すように，____に適切な語を入れなさい。

(1) 最初は，私は野球を上手にプレーできませんでした。

____________ ____________, I couldn't play baseball well.

(2) この本は5つのトピックから成り立っています。

This book ____________ ____________ five topics.

(3) その道具は親と教師の間のコミュニケーションを高めるでしょう。

The tool will ____________ ____________ ____________ parents and teachers.

(4) 彼らは料理が人種の壁を打ち破ることができると信じています。

They believe cooking can ____________ ____________ racial barriers.

2 (　　) 内から適切な語を選び，○で囲みなさい。

(1) The car will be (cleaned / cleaning / clean) by my father tomorrow.

(2) It seems (that / as / but) she is good at programming.

(3) I asked (that / if / why) this machine was useful or not.

(4) The man became (knowing / know / known) as a makeup artist.

3 日本語に合うように，(　　) 内の語 (句) を並べかえなさい。

(1) 彼女がブログに書いたことは私を魅了しました。

(me / she / fascinated / her blog / what / on / wrote).

____.

(2) 私は彼らについていけるかどうかわかりません。

I (if / don't / can / I / know) catch up with them.

I ________________________________ catch up with them.

(3) その芸術家は彼のショーの中で折り紙をダンスと組み合わせます。

The (dance / artist / combines / with / origami) in his show.

The ________________________________ in his show.

(4) その記事のおかげで，彼女はよいアイデアを思いつきました。

Because of the article, (upon / a / she / idea / hit / good).

Because of the article, ________________________________.

4 次の英語を日本語にしなさい。

(1) It appears that they have been friends since they were little children.

(2) The ceremony will be held at six.

5 次の英文を読んで，質問に答えなさい。

Interviewer: How did you develop the font?

Takahashi: At first, I just connected the dots. I didn't know even the basic rules of conventional braille. I received suggestions from various people, and ①this made the font readable. ②Even now, Braille Neue keeps improving.

(1) 下線部①を日本語にしなさい。ただし，thisの指す内容を明らかにすること。

(2) 下線部②を日本語にしなさい。

6 次の英文を読んで，質問に答えなさい。

Interviewer: In what other ways can Braille Neue be used?

Takahashi: It is used in a picture book for the visually challenged to share with ①the sighted. It is also used in making clothes. ②Anybody can tell the right side of a shirt by touch. Visually, the design of clothes using Braille Neue is cute and cool. ③It seems that Braille Neue is promising in the world of fashion. Isn't it great if the sighted find Braille Neue cool and learn to read braille without knowing it?

(1) 下線部①と対照的に用いられている3語を本文中から抜き出しなさい。

(2) 下線部②を日本語にしなさい。

(3) 下線部③をBraille Neueを主語にして同じ意味になるように書きかえなさい。

Lesson 6 New Banknotes

Get Started! 教科書 ▶ p.91

写真を見て話し合ってみましょう。

What kinds of images appear on banknotes in other countries?

ヒント「ほかの国の紙幣にはどんな種類の画像がのっていますか。」

語句

□ banknote(s) /bǽŋknòut(s)/ 名 紙幣

Part 1 教科書 ▶ pp.92-93

イラストを見て，語（句）の意味を推測しましょう。

1. portrait

2. Prince Shotoku

3. counterfeiting

ヒント 教科書p.92では，**1.** 男性の肖像が額縁に収まっている。**2.** 聖徳太子の肖像が描かれている。**3.** 見た目の怪しい人物が紙幣に似た紙を印刷している。

本文を読んで，（　）内に適切な語や数字を入れましょう。

History of banknotes	Year （①　　　）	・New Japanese banknotes will be issued. ↑ （③　　　） people's portraits have appeared on Japanese banknotes. Prince Shotoku has appeared most frequently.
	（②　　　）	・The first modern banknote with a portrait was issued.
Reason for using portraits	・To prevent（④　　　）.	

ヒント「紙幣の歴史」「年」

（①）「・新しい日本の紙幣が発行される。」

「（③）の人物の肖像画が日本の紙幣にのったことがある。聖徳太子は最も頻繁にのったことがある。」

（②）「・肖像画をのせた初めての近代的な紙幣が発行された。」

「肖像画を使う理由」「・（④）を防止するため。」

①は教科書p.93の1行目，②は3～4行目，③は4～5行目，④は9～10行目を参照。

Is there anyone you want to see on a Japanese banknote?
If yes, can you give us the name of that person?

例 ・Yes. I want to see Sakamoto Ryoma. ...
・No. I want to see World Heritage Sites. ...

Plus One

ヒント「あなたは日本の紙幣で見たい人は誰かいますか。もしそうなら，その人物の名前を私たちに挙げてくれませんか。」例「・はい。私は坂本龍馬を見たいです。」「・いいえ。私は世界遺産を見たいです。」

本文

1 New Japanese banknotes will be issued / in 2024.// **2** This will be the first redesign / since 2004.//
新しい日本の紙幣が発行される 2024年に これは初めてのデザイン変更になる 2004年以来

3 In Japan,/ the first modern banknote with a portrait was issued / in 1881.// **4** Since then, / 17 people's portraits have appeared on Japanese banknotes.// **5** Prince Shotoku has appeared most frequently.// **6** Nowadays, / the portraits are chosen from famous figures / from the Meiji period or later.//
日本では 肖像画をのせた初めての近代的な紙幣が発行された 1881年に そのとき以来 17人の人物の肖像画が日本の紙幣にのったことがある 聖徳太子は最も頻繁にのったことがある 最近では 肖像画は有名な人物から選ばれる 明治時代かそれ以降の

7 The reason why portraits are used on banknotes is / to prevent counterfeiting.// **8** It is said / that human eyes can recognize small changes in human faces.// **9** Therefore, / portraits based on detailed photographs became common. //
肖像画が紙幣に使われる理由は…だ 偽造を防止すること …と言われている 人の目は人の顔の小さな変化を識別することができる そのため 詳細な写真を基にした肖像画が一般的になった

語句

- □ issue(d) /íʃuː(d)/ 動 …を発行する
- □ redesign /rìːdɪzáɪn/ 名 デザイン変更
- □ portrait /pɔ́ːrtrət/ 名 肖像画
- □ Prince Shotoku /príns ʃóutɔku/ 名 聖徳太子
- □ frequently /fríːkwəntli/ 副 しばしば，頻繁に
- □ counterfeit(ing) /káuntərfìt(ɪŋ)/ 動 …を偽造する

読解のポイント

1 New Japanese banknotes will be issued in 2024.
（S: New Japanese banknotes ／ V: will be issued ← in 2024）
〈助動詞＋受け身〉の文。このwillは単純未来を表している。

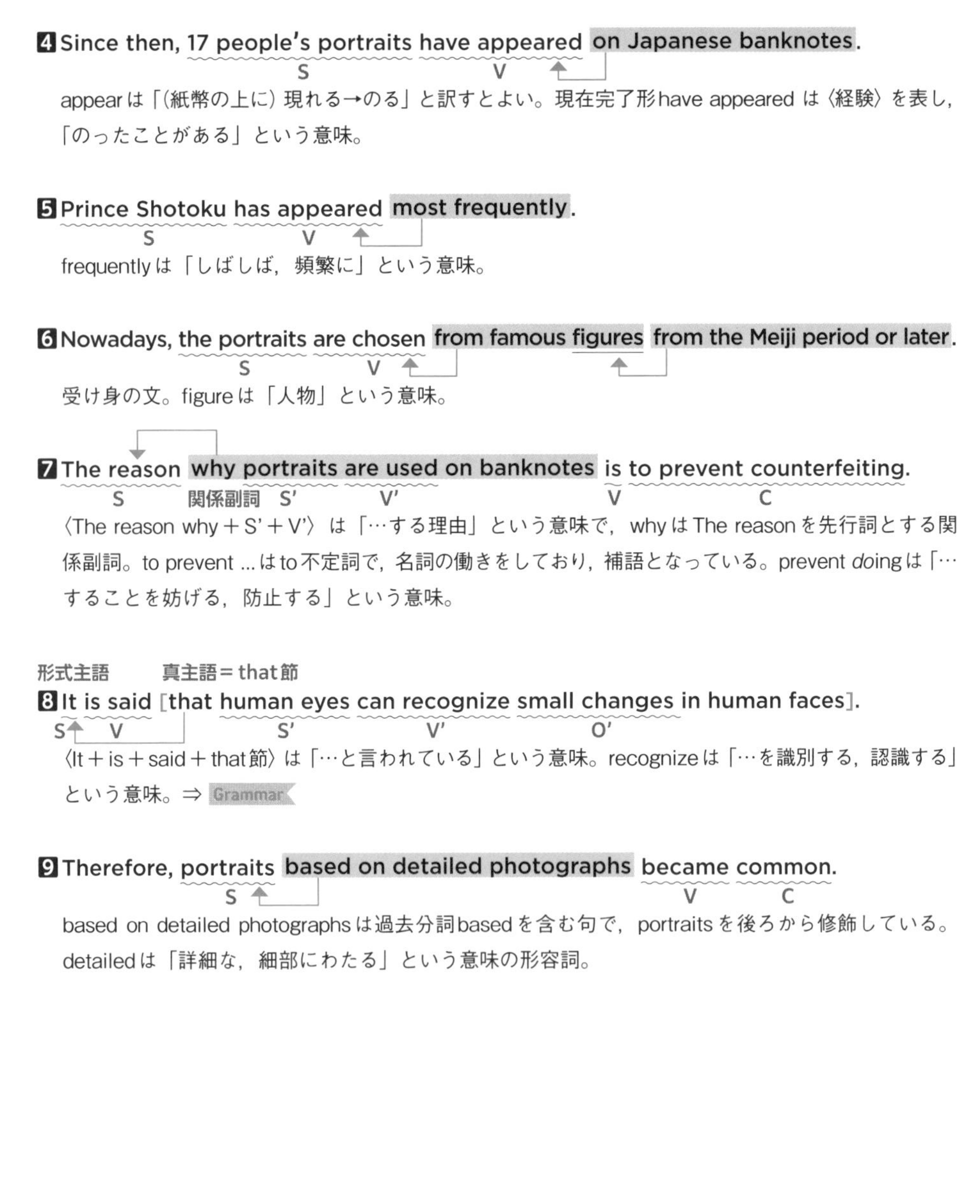

2 This will be the first redesign since 2004.
S V C

This は**1**の文全体を指す。

3 In Japan, the first modern banknote with a portrait was issued in 1881.
S V

with a portrait の with は「…を持った」という意味。ここでは「…をのせた」と訳すとよい。

4 Since then, 17 people's portraits have appeared on Japanese banknotes.
S V

appear は「(紙幣の上に) 現れる→のる」と訳すとよい。現在完了形 have appeared は〈経験〉を表し，「のったことがある」という意味。

5 Prince Shotoku has appeared most frequently.
S V

frequently は「しばしば，頻繁に」という意味。

6 Nowadays, the portraits are chosen from famous figures from the Meiji period or later.
S V

受け身の文。figure は「人物」という意味。

7 The reason why portraits are used on banknotes is to prevent counterfeiting.
S 関係副詞 S' V' V C

〈The reason why ＋ S' ＋ V'〉は「…する理由」という意味で，why は The reason を先行詞とする関係副詞。to prevent ... は to 不定詞で，名詞の働きをしており，補語となっている。prevent *doing* は「…することを妨げる，防止する」という意味。

形式主語　真主語＝that節

8 It is said [that human eyes can recognize small changes in human faces].
S V S' V' O'

〈It ＋ is ＋ said ＋ that節〉は「…と言われている」という意味。recognize は「…を識別する，認識する」という意味。⇒ Grammar

9 Therefore, portraits based on detailed photographs became common.
S V C

based on detailed photographs は過去分詞 based を含む句で，portraits を後ろから修飾している。detailed は「詳細な，細部にわたる」という意味の形容詞。

It+ is [was]+ said+ that節　形式主語itがthat節を指して，「…と言われている［いた］」という意味を表します。

It is said that human eyes can recognize small changes in human faces.

（人の目は人の顔の小さな変化を識別することができると言われています。）

It is said that the world's first paper money was used in China.

（世界の最初の紙幣は中国で使われたと言われています。）

解説 英語は，文の主語が長くなることを好まず，主要な情報は文末に置くという特徴がある。〈It + is [was] + said + that節〉はItがthat節を指しており，文の主語をItと短くし，that節に主要な情報を置いている。
このItは意味を持たない形式的な主語であり，「形式主語」や「仮主語」と呼ばれる。thatが導く名詞節を「真主語」，「事実上の主語」などという。
この文は，〈S + is + said + to *do*〉（例1）や〈They + say + that節〉（例2）に書きかえることができる。後者のTheyは不特定多数の総称を表し，「彼［彼女，それ］ら」とは訳さない。また，現在時制（say）で用いられることが多い。

例1 It is said that human eyes can recognize small changes in human faces.
⇒Human eyes are said to be able to recognize small changes in human faces.

例2 It is said that human eyes can recognize small changes in human faces.
⇒They say that human eyes can recognize small changes in human faces.

Try It!

（　）内の語を並べかえて，ペアで対話しましょう。

1. *A*：Do you know what people appear on Japanese banknotes?
B：Yes. (is / it / that / said) famous historical people are chosen.

2. *A*：When did the first paper money without a portrait appear in Japan?
B：It (said / appeared / is / that / it) around 1600.

ヒント **1.** *A*「あなたはどんな人物が日本の紙幣にのっているかを知っていますか。」
B「はい。有名な歴史的人物が選ばれると言われています。」
itを形式主語と考え，〈It + is + said + that節〉の文を作る。

2. *A*「肖像画がのっていない最初の紙幣が日本で登場したのはいつですか。」
B「それは1600年頃に登場したと言われています。」
文頭のItを形式主語と考え，〈It + is + said + that節〉の文を作る。カッコ内のitはthe first paper money（without a portrait）を指す代名詞で，that節の主語になる。

イラストを見て，語句の意味を推測しましょう。

1. modern nation

2. infectious disease

3. prestigious universities

ヒント 教科書p.94では，**1.** バスや街灯を含む整備された街並みが描かれている。**2.** 男性が女性に向けてせきをして菌をばらまいている。**3.** 立派な校舎らしき建物が描かれている。

本文を読んで，（　　）内に適切な語を入れましょう。

Why was Kitasato Shibasaburo chosen for the new design?

Well, Kitasato is known as the father of modern (① 　　　　) in Japan. He studied in Germany and developed a way to save patients from infectious (② 　　　　), such as tetanus and diphtheria.

ヒント「北里柴三郎はなぜ新しいデザインに選ばれたのですか。」「ええと，北里は日本における近代（①）の創始者として知られています。彼はドイツで研究をして，たとえば破傷風やジフテリアのような感染（②）から患者を救う方法を発展させました。」①は教科書p.95の7～8行目，②は8～12行目を参照。

Speak / Write

If you have a chance to study abroad, where do you want to go? Why?

例 I want to study in Australia because there are many unique animals. ...

Plus One

ヒント「もしあなたに留学する機会があるなら，どこに行きたいですか。なぜ。」例「私は，多くの特有の動物がいるのでオーストラリアで勉強したいです。」

本文

1 Three historical figures have been selected for the new designs.// **2** All of them spent time abroad,/ learned about foreign cultures,/ and gained the latest knowledge at that time.// **3** They became pioneers in their fields in Japan / and used their experiences / to help create a modern nation.//

3人の歴史的人物が新しいデザインに選ばれた／彼らの全員が海外で時を過ごした／外国の文化について学んだ／そして当時の最新の知識を得た／彼らは日本で彼らの分野において開拓者になった／そして彼らの経験を使った／近代国家を作るのを助けるために

語句

☐ historical /hɪstɔ́ːrɪkl/ 形 歴史の，歴史的な

☐ nation /néɪʃən/ 名 国家

4 Kitasato Shibasaburo is known as the father of modern medicine / in Japan.// **5** He saw many people die from infectious diseases.// **6** He thought it possible / that doctors could prevent such diseases.// **7** He studied in Germany / and developed a way / to save patients from tetanus and diphtheria.// **8** Prestigious universities abroad offered him a position,/ but he returned to Japan / to devote his life to the country.//

北里柴三郎は近代医学の創始者として知られている　日本における　彼は多くの人々が感染症で死ぬのを見た　彼は可能だと思った　医者がそのような病気を防ぎうるということ　彼はドイツで研究をした　そして方法を発展させた　患者を破傷風やジフテリアから救うための　海外の一流大学は彼に高い地位を申し出た　しかし彼は日本に戻った　彼の人生を国にささげるために

- infectious /ɪnfékʃəs/ 形 感染性の
- disease(s) /dɪzíːz(ɪz)/ 名 病気
- tetanus /tétənəs/ 名 破傷風
- diphtheria /dɪfθíəriə/ 名 ジフテリア
- prestigious /prestíːdʒəs/ 形 名声のある，一流の
- position /pəzíʃən/ 名（高い）地位
- devote /dɪvóʊt/ 動 …をささげる

- at that [the] time 当時は
- *be* known as ... …として知られている
- the father of ... …の創始者

読解のポイント

1 Three historical figures have been selected **for the new designs**.
S: Three historical figures　V: have been selected

受け身の現在完了の文。ここでは「完了」を表している。

2 All of them spent time **abroad**, learned **about foreign cultures**, and gained the latest knowledge **at that time**.
S: All of them　V: spent　O: time　V: learned　V: gained　O: the latest knowledge

主語All of themのthemは**1**のThree historical figuresを指す。文の動詞は3つでspent ..., learned ..., and gained ... という形で並列されている。at that timeは「当時は」という意味で，the latest knowledgeを修飾している。

3 They became pioneers **in their fields** **in Japan** and used their experiences **to help create a modern nation**.
S: They　V: became　C: pioneers　V: used　O: their experiences

主語Theyは**1**のThree historical figuresを指す。fieldは「分野」という意味。to help以下は「目的」を表すto不定詞句で，〈help＋原形不定詞〉は「…するのを助ける」という意味。

4 Kitasato Shibasaburo is known as the father of modern medicine in Japan.
S V

be known as ... は「…として知られている」という意味。fatherはここでは「創始者」という意味。

5 He saw many people die from infectious diseases.
S V O C

〈see＋O＋原形不定詞〉「Oが…するのを見る」の文。die from ... は「…（が原因）で死ぬ」という意味。

形式目的語　真目的語＝that節

6 He thought it possible [that doctors could prevent such diseases].
S V O C S' V' O'

〈think＋it＋C＋that節〉は「…をCと思う」という意味。itは形式目的語で，that節の内容を指す。such diseasesは**5**のinfectious diseasesを表す。⇒ Grammar

7 He studied in Germany and developed a way to save patients from tetanus and diphtheria.
S V V O

この文のwayは「方法」という意味。to save以下は形容詞の働きをする不定詞句で，直前のa wayに説明を加えている。save ... from ～は「…を～から救う」という意味。

8 Prestigious universities abroad offered him a position, but he returned to Japan to devote his life to the country.
S V O_1 O_2 S V

〈offer＋O_1＋O_2〉は「O_1にO_2を申し出る」という意味。to devote以下は不定詞句で，目的を表している。devote ... to ～は「…を～にささげる」という意味。

Grammar

形式目的語itとthat節　形式目的語itがthat節の内容を指します。

He thought it possible that doctors could prevent those diseases.

（彼は医者があれらの病気を防ぎうることは可能だと思った。）

I find it surprising that prestigious universities offered him a position.

（私は一流大学が彼に高い地位を申し出たことは驚くべきことだと思う。）

解説 〈S＋V＋O＋C〉の文で目的語（O）にthat節を用いると，目的語が長くなり，動詞（V）と補語（C）が離れすぎて文の構造がわかりづらくなってしまう。そのため，itを形式目的語として目的語の位置に置き，補語の後ろにthat節を続けることができる。

このitは意味を持たない形式的な目的語であり，「形式目的語」と呼ばれる。that節は「真目的語」などと呼ぶ。

形式目的語をともなう動詞はほかにfeel，consider，takeなどがある。〈take it for granted＋that節〉は「…だということを当然のことと思う」という定型的な表現（例）。

例 We take it for granted that cherry trees bloom in spring.
（私たちはサクラが春に咲くということを当然のことと思っています。）

Try It!

(　　) 内の語を並べかえて，ペアで対話しましょう。

1. *A*：I (sad / think / that / it) many people still die from infectious diseases today.
B：I think so, too.

2. *A*：Did you read the story of Kitasato Shibasaburo on this page?
B：Yes, I (that / it / great / felt) he devoted his life to Japan.

ヒント **1.** *A*「私は，多くの人々が今日いまだに感染症で死ぬのは悲しいと思います。」
B「私もそう思います。」
itを形式目的語と考え，〈think + it + 補語 + that節〉の語順にする。

2. *A*「あなたはこのページの北里柴三郎の話を読みましたか。」
B「はい，私は彼が日本に人生をささげたことは素晴らしいと感じました。」
itを形式目的語と考え，〈felt + it + 補語 + that節〉の語順にする。

渋沢栄一が設立に関わった会社はどのくらいあるでしょうか。下から1つ選びましょう。

1. several companies
2. hundreds of companies
3. thousands of companies

ヒント 1.「いくつかの会社」 2.「何百という会社」 3.「何千という会社」

本文を読んで，（　）内に適切な語を入れましょう。

Tsuda Umeko	・studied in the United States ・founded a school that later became one of the first universities for（①　　　）in Japan
Shibusawa Eiichi	・visited several（②　　　）countries ・helped create the first（③　　　）and hundreds of leading companies

ヒント 津田梅子「・アメリカで勉強した」「・後に日本における（①）向けの最初の大学のひとつとなった学校を設立した」
渋沢栄一「・いくつかの（②）国を訪問した」「・最初の（③）と何百という主要な企業を設立することを手伝った」
①は教科書p.97の6～8行目，②は10～11行目，③は13～14行目を参照。

Why do you think Shibusawa helped create hundreds of companies?

例 I think he wanted Japan to be an economically strong country. Also, ...

Plus One

ヒント「あなたは渋沢がなぜ何百という企業を設立することを手伝ったのだと思いますか。」
例「私は，彼は日本に経済的に強い国になってほしかったのだと思います。また，…」

本文

1 Tsuda Umeko is known as a pioneer of female education / in Japan.// **2** At the age of six,/ she was selected to study in the United States.// **3** Eleven years later,/ she returned to Japan.// **4** Soon,/ she found / Japanese women had few opportunities in education or jobs.// **5** She felt it necessary / to improve their social status.// **6** In 1900,/ she founded a school / that later became one of the first universities

津田梅子は女性教育の先駆者として知られている　日本における　6歳で　彼女はアメリカで勉強するように選ばれた　11年後　彼女は日本に戻った　間もなく　彼女は…とわかった　日本の女性は教育や仕事においてほとんど機会がない　彼女は必要だと感じた　彼女たちの社会的地位を向上させること　1900年に　彼女は学校を設立した　後に最初の女子大学のひとつとなる

語句
- □ female /fíːmeɪl/ 形 女性の
- □ opportunities /àːpərtúːnətiz/ (< opportunity /àːpərtúːnəti/) 名 機会
- □ social /sóuʃəl/ 形 社会の，社会的な

for women / in Japan.//
日本における

7 Shibusawa Eiichi is regarded as the father of Japanese
渋沢栄一は日本の資本主義の創始者とみなされている
capitalism.// **8** He went to Paris for the 1867 World Exhibition / and
彼は1867年の万国博覧会のためにパリに行った
visited several European countries.// **9** He learned about Western
そしていくつかのヨーロッパの国を訪問した　彼はそこで西洋の社会や経済の
social and economic systems there.// **10** After returning to Japan,/ he
システムについて学んだ　日本に戻ったあとに
helped create the first bank / and hundreds of leading companies.//
彼は最初の銀行を設立することを手伝った　そして何百という主要な企業
11 He also supported education,/ international relationships,/ and
彼はまた教育を支援した　国際関係
public welfare.//
そして公共福祉

- □ status /stǽtəs/
  名 地位
- □ regard(ed) /rɪgɑ́:rd(ɪd)/
  動 …を（～と）みなす
- □ capitalism /kǽpətəlìzm/
  名 資本主義
- □ Paris /pérɪs/
  名 パリ
- □ World Exhibition /wə́:rld èksəbíʃən/
  名 万国博覧会
- □ European /jùərəpí:ən/
  形 ヨーロッパの
- □ Western /wéstərn/
  形 西洋の，西の
- □ welfare /wélfèər/
  名 福祉

- □ hundreds of ...
  何百という…

読解のポイント

1 Tsuda Umeko is known as a pioneer of female education in Japan.
(S: Tsuda Umeko / V: is known)

be known as ... は「…として知られている」という意味。

2 At the age of six, she was selected to study in the United States.
(S: she / V: was selected)

〈At the age of＋数字〉は「…歳で」という意味。〈select＋O＋to不定詞〉は「…するようにOを選ぶ」という意味で，ここでは受け身で使われている。

3 Eleven years later, she returned to Japan.
(S: she / V: returned)

〈具体的な期間＋later〉は「…後に」という意味で，主に過去時制で用いる。

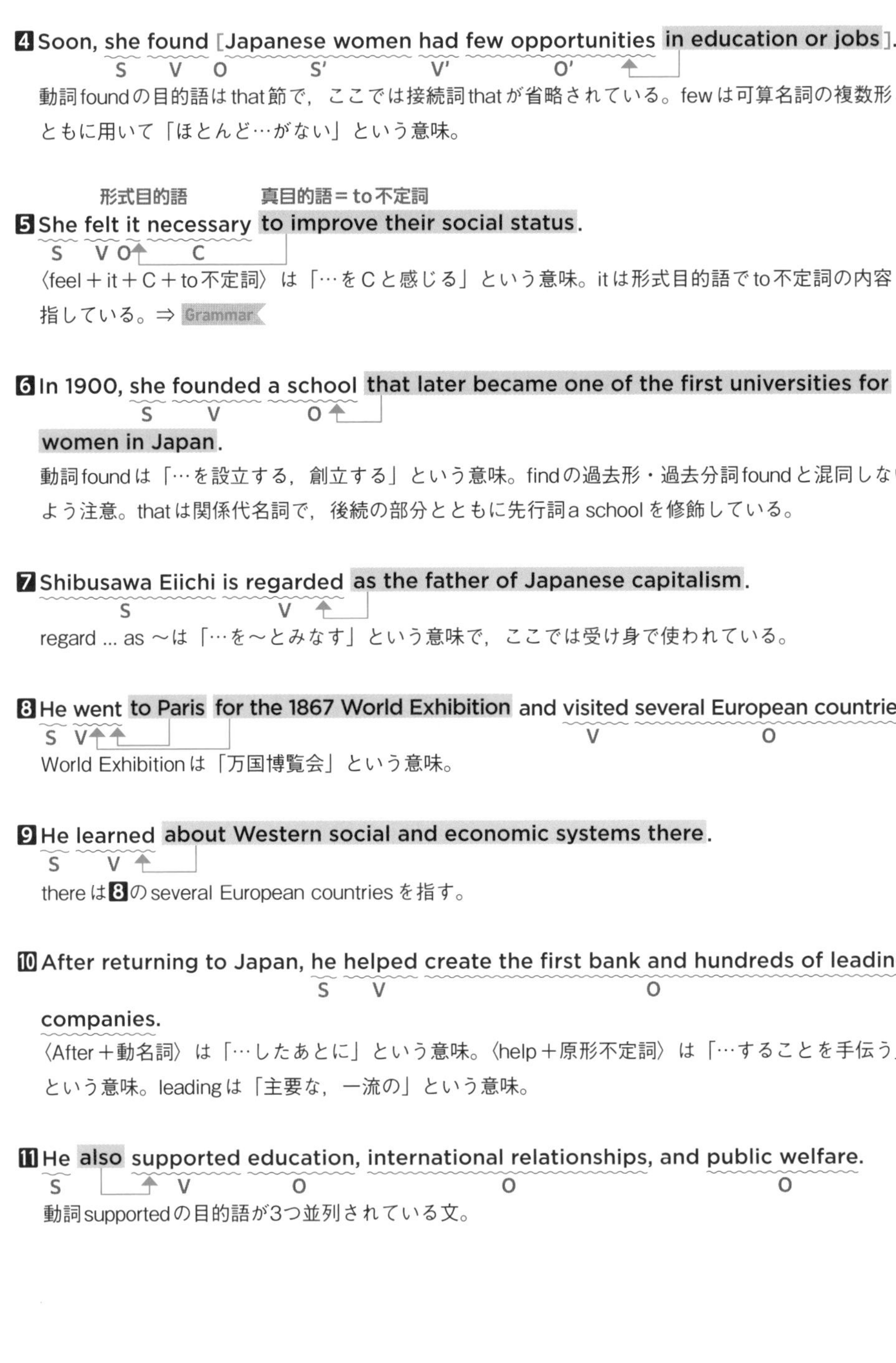

4 Soon, she found [Japanese women had few opportunities in education or jobs].

S V O S' V' O'

動詞foundの目的語はthat節で，ここでは接続詞thatが省略されている。fewは可算名詞の複数形とともに用いて「ほとんど…がない」という意味。

形式目的語　真目的語＝to不定詞

5 She felt it necessary to improve their social status.

S V O C

〈feel＋it＋C＋to不定詞〉は「…をCと感じる」という意味。itは形式目的語でto不定詞の内容を指している。⇒ Grammar

6 In 1900, she founded a school that later became one of the first universities for women in Japan.

S V O

動詞foundは「…を設立する，創立する」という意味。findの過去形・過去分詞foundと混同しないよう注意。thatは関係代名詞で，後続の部分とともに先行詞a schoolを修飾している。

7 Shibusawa Eiichi is regarded as the father of Japanese capitalism.

S V

regard ... as ～は「…を～とみなす」という意味で，ここでは受け身で使われている。

8 He went to Paris for the 1867 World Exhibition and visited several European countries.

S V V O

World Exhibitionは「万国博覧会」という意味。

9 He learned about Western social and economic systems there.

S V

thereは**8**のseveral European countriesを指す。

10 After returning to Japan, he helped create the first bank and hundreds of leading companies.

S V O

〈After＋動名詞〉は「…したあとに」という意味。〈help＋原形不定詞〉は「…することを手伝う」という意味。leadingは「主要な，一流の」という意味。

11 He also supported education, international relationships, and public welfare.

S V O O O

動詞supportedの目的語が3つ並列されている文。

形式目的語itとto不定詞　形式目的語itがto不定詞の内容を指します。

Umeko felt it necessary to improve the social status of Japanese women.

（梅子は日本の女性の社会的地位を向上させることは必要だと感じました。）

Eiichi thought it important to change social and economic systems in Japan.

（栄一は日本の社会や経済のシステムを変えることは重要だと思いました。）

解説 Part2にて，〈S + V + O + C〉の文で目的語（O）に形式目的語itを置き，補語（C）の後ろにthat節を続けられることを学んだ。Part3では，同じ文構造で補語の後ろにto不定詞を続けられることを取り上げており，to不定詞が「真目的語」となる。to不定詞の意味上の主語は明記されないことがある。

上記の例文はto不定詞からthat節に書きかえることができる（例1）このとき，that節の中の動詞は原形になる。

形式目的語をともなって真目的語がto不定詞となる動詞は，feel，consider，makeなどがある（例2）。

例1 Umeko felt it necessary to improve the social status of Japanese women.

⇒Umeko felt it necessary that we improve the social status of Japanese women.

Eiichi thought it important to change social and economic systems in Japan.

⇒Eiichi thought it important that we change social and economic systems in Japan.

例2 Smartphones make it possible to access websites at anytime.

（スマートフォンはいつでもウェブサイトに接続することを可能にします。）

Try It!

（　　）内の語を並べかえて，ペアで対話しましょう。

1. *A*：Have you ever read about the life of Tsuda Umeko?

B：Yes, I (to / it / felt / interesting) learn about her life.

2. *A*：Many people (to / it / difficult /found) create new companies.

B：So, Shibusawa helped create new companies, right?

ヒント **1.** *A*「あなたはこれまでに津田梅子の人生について読んだことはありますか。」

B「はい，私は彼女の人生について学ぶことは興味深いと感じました。」

itを形式目的語と考え，〈felt + it + 補語 + to不定詞〉の語順にする。

2. *A*「多くの人々が新しい会社を設立するのは難しいとわかりました。」

B「だから，渋沢は新しい会社を設立することを手伝ったんですね。」

itを形式目的語と考え，〈found + it + 補語 + to不定詞〉の語順にする。

Part 4　教科書 ▶ pp.98-99

キャッシュレス社会実現のために，記者が提案していることは何でしょうか。下から1つ選びましょう。

1. abolish the ¥10,000 banknote
2. carry one smartphone
3. carry many small banknotes

ヒント **1.**「1万円札を廃止する」**2.**「1台のスマートフォンを持ち歩く」**3.**「多くの小額紙幣を持ち歩く」

本文を読んで，(　　) 内に適切な語（句）を入れましょう。

Advantages of a cashless society	・saves (① 　　　　) by making (② 　　　　) easier ・makes it convenient for foreign tourists to visit Japan, since they don't need to exchange (③ 　　　　)

ヒント キャッシュレス社会の長所「・(②) をより簡易にすることによって (①) を削減する」「・彼らが (③) を両替する必要がないので，外国人旅行客が日本を訪れることを便利にする」①②は教科書p.99の5～6行目，③は6～8行目を参照。

What do you think about a cashless society?

例 I think it is good because I don't have to carry cash. It's convenient! ...

Plus One

ヒント「あなたはキャッシュレス社会についてどう思いますか。」例「私は現金を持ち歩く必要がないので，いいと思います。それは便利です！」

本文

Opinion | *Pushing a Cashless Society Forward*
オピニオン（意見）　キャッシュレス社会を推進すること

Tokyo Taro　　April 11, 2019
東京太郎　　2019年4月11日

1 Redesigning banknotes may encourage Japan to go cashless faster.// **2** It costs companies a lot of money to adjust equipment / to use new banknotes.// **3** Moreover,/ the working population is decreasing / because of the low birthrate / in Japan.// **4** A cashless system saves a lot of work / by making transactions easier.// **5** It also makes it convenient / for foreign tourists to visit Japan,/ since they

紙幣のデザインを変更することは日本により速くキャッシュレス化を推進するかもしれない　機器を調整することは企業に多額の金がかかる　新紙幣を使うために　さらに　労働人口は減少しつつある　低い出生率のため　日本における　キャッシュレスシステムは多くの労働を削減する　取引をより簡易にすることによって　それはまた便利にする　外国人旅行客が日本を訪れること　彼らが通貨を

語句

- □ push(ing) /pʊ́ʃ(ɪŋ)/ 動 …を押す
- □ cashless /kǽʃləs/ 形 現金のいらない
- □ redesign(ing) /rìːdɪzáɪn(ɪŋ)/ 動 …のデザインを変更する
- □ adjust /ədʒʌ́st/ 動 …を調整する
- □ working /wə́ːrkɪŋ/ 名 形 労働（の）
- □ birthrate /bə́ːrθrèɪt/ 名 出生率
- □ transaction(s) /trænzǽkʃən(z)/ 名 取引

don't need to exchange currencies.//
両替する必要がないので

6 Some countries stopped issuing their largest banknotes / to go
最も高額な紙幣を発行することをやめた国もある

cashless.// **7** Maybe Japan should have abolished the ¥10,000
キャッシュレス化のために　おそらく日本は1万円札を廃止すべきだった

banknote.// **8** If there were no ¥10,000 banknotes,/ it would be
もし1万円札がなければ　ずっと簡単だろう

much easier / to carry one card or one smartphone / instead of many
1枚のカードか1台のスマートフォンを持ち歩くこと　多くの

small banknotes.//
小額紙幣の代わりに

- [ ] currencies /kə́ːrənsiz/ (< currency /kə́ːrənsi/) 名 通貨
- [ ] abolish(ed) /əbɑ́ːlɪʃ(t)/ 動 …を廃止する

- [ ] instead of ... …の代わりに

2 Comments//
2件のコメント

Melinda　Apr. 20, 2019//
メリンダ　2019年4月20日

I run a company.// We keep records of purchase histories / when customers buy things
私は会社を経営している　私たちは購入履歴の記録を残している　顧客がオンラインでものを

online.// It will expand our sales opportunities.// I also love shopping online myself!//
買うとき　それは私たちの販売の機会を広げるだろう　私自身もオンラインで買い物をするのが大好きだ

Hiromi　Apr. 25, 2019//
ヒロミ　2019年4月25日

I'm totally fine with using cash.// ATMs are everywhere.//
私は現金を使うことにまったく問題ない　ATMがどこにでもある

I might use too much money / if we go cashless!// I can't trust such a system.//
私はお金を使い過ぎるかもしれない　キャッシュレス化したら　私はそのようなシステムを信用できない

読解のポイント

1 **Redesigning banknotes may encourage Japan to go cashless faster.**
(S: Redesigning banknotes / V: may encourage / O: Japan)

動名詞句が主語である文。〈encourage＋O＋to *do*〉は「Oに…することを推進する，促す」という意味。

2 **It costs companies a lot of money to adjust equipment to use new banknotes.**
(S: It / V: costs / O_1: companies / O_2: a lot of money)

Itは形式主語で，to不定詞の内容を指す。〈cost＋O_1＋O_2〉は「O_1にO_2（金額・費用）がかかる」という意味。to不定詞の内容は，紙幣のデザインが変わることによってATMや自動精算機などの機器も新紙幣に対応させなければならないことを表している。

3 Moreover, the working population is decreasing because of the low birthrate in Japan.

S　V

Moreoverは「さらに」という意味の副詞で，**1**の内容を支持する情報を**3**で追加している。because of ... は「…のために」という意味で，原因を表す。

4 A cashless system saves a lot of work by making transactions easier.

S　V　O

動詞saveはここでは「…を省く［削減する］」という意味。by *doing*は「…することによって」という意味で，making transactions easierは〈make＋O＋C〉「OをC（の状態）にする」という意味の動名詞句。

形式目的語　to不定詞の意味上の主語　真目的語

5 It also makes it convenient for foreign tourists to visit Japan, since they don't need to exchange currencies.

S　V　O　C　S'　V'　O'

主語Itは**4**のA cashless systemを指す。makesの後ろのitは形式目的語で，to不定詞の内容を指す。for foreign touristsはto不定詞の意味上の主語。sinceは接続詞で「…なので」という意味。

6 Some countries stopped issuing their largest banknotes to go cashless.

S　V　O

stop *doing*は「…することをやめる」，issueは「…を発行する」という意味。to go cashlessは目的を表すto不定詞句。

7 Maybe Japan should have abolished the ¥10,000 banknote.

S　V　O

〈should＋have＋過去分詞〉は「…すべきだった（のにそうしなかった）」という意味。実行されなかった過去の事柄に対して非難や後悔の気持ちを表すときに使う。⇒ Grammar

形式主語　真主語

8 If there were no ¥10,000 banknotes, it would be much easier to carry one card or one smartphone instead of many small banknotes.

S　V　C

仮定法過去の文で，「もし1万円札がなければ」と現実に反する仮定をしている。主節のitは形式主語でto不定詞の内容を指す。easier（比較級）が使われているのはone card or one smartphoneを持ち歩く場合とmany small banknotesを持ち歩く場合を比べる内容であるため。instead of ... は「…の代わりに」の意味。

Grammar

助動詞＋have＋過去分詞　過去の事柄について，義務・確信・推測などの意味を表します。

Japan should have abolished the ¥10,000 banknote.
（日本は1万円札を廃止すべきでした。）

That tourist may have exchanged his currency for yen.
（あの旅行客は彼の通貨を円に両替したかもしれません。）

It must have taken a lot of time to decide the design of new banknotes.
（新紙幣のデザインを決定するのに多くの時間がかかったに違いありません。）

解説 〈助動詞 + have + 過去分詞〉を用いると，過去の事柄について義務・確信・推量などの意味を表すことができる。上記のほかにも，〈could + have + 過去分詞〉「…したかもしれない，…できただろうに」，〈can't [cannot, couldn't] + have + 過去分詞〉「…したはずがない」などが用いられる（例）。ただし〈can + have + 過去分詞〉は用いられないので注意。

例 You couldn't have seen Emily here since she lives in Paris now.
（エミリーは今パリに住んでいるので，あなたはここで彼女を見たはずがありません。）

Try It!

（　）内の語（句）を並べかえて，ペアで対話しましょう。

1. *A*：I can't use cash at that store!
B：You (brought / have / should) your credit card.

2. *A*：China is a cashless society now.
B：I think smartphones (have / helped / must) bring about this change.

ヒント **1.** *A*「私はあの店では現金を使えません！」
B「あなたはクレジットカードを持ってくるべきでした。」
〈should + have + 過去分詞〉の語順にする。

2. *A*「中国は今ではキャッシュレス社会だ。」
B「私は，スマートフォンがこの変化が起きるのを助けたに違いないと思います。」
〈must + have + 過去分詞〉の語順にする。helpedは〈help + 原形不定詞〉の形で用いる。

Summary1 本文の内容に合うように，空所を埋めましょう。

- 日本で新紙幣が2024年に発行されます。
- ①　　時代以降の人物の肖像画が紙幣に使われていますが，肖像画が使われる理由は②　　防止です。

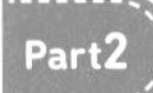

- 新紙幣には3人の歴史的人物が選ばれました。
- 北里柴三郎は，近代医学の創始者と言われ，医師が③　　から④　　を救う方法を発展させました。

- 津田梅子は，女性の⑤　　の向上のため，日本で最初の女子大学のひとつとなる学校を設立しました。
- 渋沢栄一は，日本で最初の⑥　　やさまざまな企業の設立に携わりました。

- 新紙幣は日本がキャッシュレス社会となるのを推進するかもしれません。キャッシュレスシステムによって⑦　　を削減し，外国人旅行客の利便性を高めることができます。
- キャッシュレス化推進のため，1万円札を⑧　　すべきだったという意見もあります。

ヒント それぞれの教科書参照ページを示す。①p.93の6～8行目　②p.93の9～10行目　③④p.95の8～12行目　⑤p.97の5～8行目　⑥p.97の13～14行目　⑦p.99の5～6行目　⑧p.99の10～11行目

Summary2 空所に入る語を［　　］の中から選び，要約を完成しましょう。

New banknotes will be issued in 2024.// Nowadays,/ the portraits are chosen from famous figures / from the Meiji period or later.// It is said / that human eyes can recognize small changes in human faces,/ so portraits based on (①　　) photographs are used / to prevent (②　　).//

2024年に新紙幣が発行される　最近は　肖像画は有名な人物から選ばれる　明治時代かそれ以降の　…と言われている　人の目は人の顔の小さな変化を識別することができる　だから（①）写真を基にした肖像画が使われる　（②）を防止するために

Three historical figures have been selected for the new designs.// Kitasato Shibasaburo is known as the father of modern (③　　).// He developed a way / to save patients from (④　　) diseases.// Tsuda Umeko is known as a pioneer of female (⑤　　) / in Japan.// She founded a school / that became one of the first Japanese universities for women.// Shibusawa Eiichi is regarded as the father of Japanese (⑥　　).// He helped create the first bank and hundreds of

3人の歴史的人物が新しいデザインに選ばれた　北里柴三郎は　近代（③）の創始者として知られている　彼は方法を発展させた　（④）症から患者を救うための　津田梅子は女性（⑤）の先駆者として知られている　日本における　彼女は学校を設立した　最初の日本の女子大学のひとつとなる　渋沢栄一は　日本の（⑥）の創始者とみなされている　彼は最初の銀行や何百という主要な企業を設立することを

leading companies.//
手伝った
Redesigning banknotes may encourage Japan to go (⑦　　) faster.//
紙幣のデザインを変更することは日本により速く（⑦）化を推進するかもしれない

capitalism / cashless / counterfeiting / detailed/ education / infectious / medicine

ヒント それぞれの教科書参照ページを示す。①p.93の11～12行目　②p.93の9～10行目　③p.95の7～8行目　④p.95の8～12行目　⑤p.97の1～2行目　⑥p.97の9～10行目　⑦p.99の1～2行目

Vocabulary 英語のヒントを読んで，本文に出てきた単語を書きましょう。

1. s□□□□t ………… to choose by making careful decisions
2. p□□□□□t ………… to stop something from happening
3. eq□□□□□□t ………… the necessary items for a special purpose

ヒント **1.**「注意深く決定することによって選ぶこと」**2.**「何かが起こることを止めること」**3.**「特別な目的のために必要な品」

Key Expressions 日本語と同じ意味になるように，（　　）内に適切な語を入れて文を言いましょう。

1. At (　　) (　　), coins were more common than banknotes.
当時は硬貨が紙幣よりも一般的でした。
2. Prince Shotoku is also (　　) (　　) Prince Umayado.
聖徳太子は，厩戸(うまやど)皇子としても知られています。
3. Kitasato Shibasaburo saved (　　) (　　) patients.
北里柴三郎は，何百人という患者を救いました。
4. In the past, people exchanged goods (　　) (　　) paying money.
昔はお金を支払う代わりに品物を交換しました。

ヒント **1.** Atを含めて「当時は」に相当する語句を入れる。　**2.** isを含めて「…として知られている」に相当する語句を入れる。　**3.**「何百人という」に相当する語句を入れる。　**4.**「…の代わりに」に相当する語句を入れる。

Grammar for Communication 例を参考に，あなたが日本の紙幣にのせたいと考える人物について書きましょう。

It is said that ❶ Sakamoto Ryoma is one of Japan's favorite historical figures. ❷ He found it necessary to unite two different parties to make a new government. I think it great that ❸ he persuaded former enemies to cooperate with each other. ❹ He must have had a great ability to inspire people.

Tool Box

❶ Murakami Haruki is one of the famous novelists
村上春樹は有名な小説家の1人だ

❷ He thought it necessary to finish writing a novel just before he turned thirty
彼は30歳になる直前に小説を書き終えるのは必要だと思った

❸ his books have been translated into many languages all over the world
彼の本は世界中の多くの言語に翻訳されている

❹ Many high school students also must have read his works
多くの高校生もまた彼の作品を読んだに違いない

ヒント「坂本竜馬は日本のお気に入りの歴史的人物の1人だと言われています。彼は新政府を作るために2つの異なる団体を団結させるのが必要だとわかりました。私は，彼がかつての敵を説得して互いに協力させたのは素晴らしいと思います。彼は人々を奮い立たせる素晴らしい能力を持っていたに違いありません。」

Action 教科書 ▶pp.102-103, 206

Listen Scene 1 ジョンと華の会話を聞きましょう。

Hana: What do you think about going cashless?//
華： あなたはキャッシュレス化についてどう思うか

John: I don't think it's necessary.//
ジョン：私はそれは必要ないと思う

Hana: Why?//
華： なぜか

John: Because the crime rate is low in Japan.// Carrying cash is safe here.//
ジョン：なぜなら日本では犯罪率が低いから ここでは現金を持ち歩くことは安全だ

Hana: That's true.// Also,/ many types of technology are used / to prevent counterfeiting.//
華： それは本当だ また 多くの種類の技術が使われている 偽造を防止するために

Counterfeit banknotes are rare,/ so we can trust our banknotes.// But isn't a cashless
偽造紙幣はまれだ だから私たちは私たちの紙幣を信頼できる しかしキャッシュレス

system more convenient / because we don't have to carry cash?//
システムはもっと便利ではないか 私たちが現金を持ち歩く必要がないので

John: Yes,/ I agree with you on that point.// But what happens / if we have a sudden
ジョン：はい 私はその点についてあなたに同意する しかし何が起こるか もし私たちが突然の停電に

blackout?// I believe / I can rely on cash more than a cashless system.//
あったら 私は…と信じている キャッシュレスシステムよりも現金が信頼できる

語句
☐ blackout /blǽkàʊt/ 名 停電 ☐ cash /kǽʃ/ 名 現金 ☐ crime /kráɪm/ 名 犯罪
☐ rare /réər/ 形 まれな ☐ rely /rɪláɪ/ 動 信頼する

Listen and Answer 問いの答えを選びましょう。

1. What do we learn from this conversation?

a. John thinks it is necessary to go cashless. **b.** John doesn't trust a cashless system.

c. John thinks going cashless is safe.

2. Why does John feel carrying cash is safe in Japan?

a. Because the crime rate is low. **b.** Because counterfeit banknotes are rare.

c. Because there are few sudden blackouts.

3. According to Hana, what is used to prevent counterfeiting?

a. Money **b.** Technology **c.** Police officers

ヒント **1.**「私たちはこの会話から何がわかりますか。**a.**ジョンはキャッシュレス化を必要だと考えている。 **b.**ジョンはキャッシュレスシステムを信用していない。 **c.**ジョンはキャッシュレス化は安全だと考えている。」ジョンの最後の発言を参照。

2.「ジョンはなぜ日本では現金を持ち歩くことが安全だと感じていますか。**a.** 犯罪率が低いから。 **b.** 偽造紙幣はまれだから。 **c.** 突然の停電がほとんどないから。」ジョンの2番目の発言を参照。

3.「華によると，偽造を防止するために何が使われていますか。**a.** お金 **b.** 技術 **c.** 警察官」華の3番目の発言を参照。

Write Scene 2 キャッシュレス社会について，発表用の原稿を作りましょう。

本文Part 4を参考に，①～④の空所に，適切な語（句）を入れましょう。⑤の空所で自分の意見を表し，⑥と⑦の空所にはその理由を書きましょう。

A Cashless Society
キャッシュレス社会

The move toward cashless societies is a worldwide trend.// In Japan,/ because of the low
キャッシュレス社会への動きは世界中に広まった傾向だ 日本では 低い出生率のために
birthrate,/ the working population is ① [ ].// A cashless system saves ② [ ] / by making
労働人口が（①） キャッシュレスシステムは（②）を削減する 取引をより
transactions easier.// It also makes it convenient / for ③ [ ] tourists to visit Japan,/ since
簡易にすることによって それはまた便利にする （③）旅行客が日本を訪れること
they don't need to exchange currencies.// However,/ some people don't feel it necessary / to go
彼らが通貨を両替する必要がないので しかしながら 必要と感じない人もいる
cashless,/ since ATMs are ④ [ ].// They feel worried about using too much money,/ and can't
キャッシュレス化 ATMが（④）ので 彼らはお金を使い過ぎることを心配に感じている
trust the system.//
そしてそのシステムを信用できない

In my opinion,/ ⑤ [ ] because ⑥ [ ].// Also,/ ⑦ [ ].// What do you think?//
私の意見では （⑥）なので（⑤） また （⑦） あなたはどう思うか

ヒント ①は教科書p.99の3～5行目，②は5～6行目，③は6～8行目，④は下段のヒロミのコメントを参照。

定期テスト対策⑥（Lesson 6）

解答⇒p.244

1 日本語の意味を表すように，＿＿に適切な語を入れなさい。

(1) 彼は成功した会社の創始者でした。

He was ＿＿＿＿＿ ＿＿＿＿＿ ＿＿＿＿＿ a successful company.

(2) あなたが私の代わりにその会議に参加してくれませんか。

Will you attend the meeting ＿＿＿＿＿ ＿＿＿＿＿ me?

(3) この図書館には何百という本が蔵書されています。

This library has ＿＿＿＿＿ ＿＿＿＿＿ books in its collection.

(4) 当時は現金での支払いが一般的でした。

It was common to pay in cash ＿＿＿＿＿ ＿＿＿＿＿ ＿＿＿＿＿.

2 （　　）内から適切な語（句）を選び，○で囲みなさい。

(1) We take it for granted (to / that / in) TV programs start on time.

(2) I (shouldn't say / shouldn't have said / should say) such a thing last night.

(3) He found (of / it / that) interesting to learn new languages.

3 日本語に合うように，（　　）内の語（句）を並べかえなさい。

(1) 彼女は次の大統領になると言われています。

(she / will / is / the next president / said / it / be / that).

＿＿＿＿＿＿＿＿＿＿＿＿＿＿＿＿＿＿＿＿＿＿＿＿.

(2) 私は，私たちが選挙で投票することが大切だと思います。

I (it / for / important / think / to / us / vote) in elections.

I ＿＿＿＿＿＿＿＿＿＿＿＿＿＿＿＿＿＿＿＿ in elections.

(3) 彼は昨日，ミサに会えてうれしかったに違いありません。

(must / been / have / to / glad / he / meet) Misa yesterday.

＿＿＿＿＿＿＿＿＿＿＿＿＿＿＿＿＿＿＿＿ Misa yesterday.

(4) 私は，私たちが互いに気持ちを伝え合うことが大切だと考えています。

(important / consider / I / that / it) we communicate with each other.

＿＿＿＿＿＿＿＿＿＿＿＿＿＿＿ we communicate with each other.

4 次の英語を日本語にしなさい。

(1) He may have known the reason why I quit my club.

＿＿＿＿＿＿＿＿＿＿＿＿＿＿＿＿＿＿＿＿＿＿＿＿

(2) I think it surprising that she devoted her life to the nation.

＿＿＿＿＿＿＿＿＿＿＿＿＿＿＿＿＿＿＿＿＿＿＿＿

5 次の英文を読んで，質問に答えなさい。

①Tsuda Umeko is known as a pioneer of female education in Japan. At the age of six, she was selected to study in the United States. Eleven years later, she returned to Japan. Soon, she found Japanese women had few opportunities in education or jobs. She felt it necessary to improve their social status. In 1900, ②she founded a school that later became one of the first universities for women in Japan.

(1) 下線部①を日本語にしなさい。

(2) 下線部②の理由について，当時の日本の状況を基にして日本語で書きなさい。

6 次の英文を読んで，質問に答えなさい。

①Redesigning banknotes may encourage Japan to go cashless faster. It costs companies a lot of money to adjust equipment to use new banknotes. Moreover, the working population is decreasing because of the low birthrate in Japan. ②A cashless system saves a lot of work by making transactions easier. It also ③(convenient / to / for / makes / visit / foreign tourists / it) Japan, since they don't need to exchange currencies.

(1) 下線部①の理由について，本文に即して2つ日本語で書きなさい。

・

・

(2) 下線部②を日本語にしなさい。

(3) 下線部③の（　　）内の語（句）を意味が通る英文になるように並べかえなさい。

Lesson 7 Some Secrets about Colors

Get Started! 教科書 ▶ p.107

写真を見て話し合ってみましょう。

What is your favorite color?

Why do you like that color?

ヒント「あなたのいちばん好きな色は何ですか。
あなたはなぜその色が好きですか。」

Part 1 教科書 ▶ pp.108-109

イラストを見て，語句の意味を推測しましょう。

1. warning sign

2. catch people's attention

3. emergency exit

ヒント 教科書p.108では，**1.** 車両進入禁止を示す標識が描かれている。**2.** 人々が同じ方向を見ている様子が描かれている。**3.** 非常口を示す標識が描かれている。

本文を読んで，(　　) 内に適切な語を入れましょう。

Warning signs	Purpose: To catch people's (①　　　　) To help people understand messages (②　　　　)
Emergency exit signs	Purpose: To convey messages (③　　　　) and quickly

ヒント 警戒標識「目的：人々の（①）を引くため。人々が（②）メッセージを理解するのを助けるため。」
非常口の標識「目的：(③) かつすばやくメッセージを伝えるため」。
①は教科書p.109の1～3行目，②は3～5行目，③は6～8行目を参照。

Speak Write

What are common warning signs used on roads? What colors are used in those signs?

例 They are traffic signs and pedestrian crossing signs. ...

Plus One

ヒント「道路で使われている一般的な警戒標識は何ですか。それらの標識には何色が使われていますか。」例「それらは交通標識と横断歩道標識です。」

本文

1 Have you ever noticed / that red and yellow are often used for

あなたはこれまでに…に気づいたことがあるか　赤色と黄色が警戒標識によく

warning signs?// **2** Vivid and warm colors are chosen / because they
使われていること　鮮やかで暖かい色が選ばれる　それらが
catch people's attention.// **3** They help people notice signs / whose
人々の注意を引くから　それらは人々が標識に気づくのを助ける
messages should be understood immediately.//
メッセージが即座に理解されるべき

4 Besides the choice of colors,/ the contrast of colors plays an
色の選択に加えて　色の対比が重要な役割を果たしている
important role / in conveying messages clearly and quickly. // **5** For
明確にすばやくメッセージを伝えることにおいて
example,/ emergency exit signs show / a picture of a green figure on a
たとえば　非常口の標識は…を示している　白色の背景に緑色の人物の絵
white background. // **6** The contrast between green and white parts /
緑色と白色の部分の対比
helps us distinguish the figure clearly from its background / even in
私たちが明確に人物をその背景と区別することを助ける　煙や火の
smoke or fire.//
中でさえ

語句

- □ warning /wɔ́ːrnɪŋ/
  形 警戒の，警告の
- □ vivid /vívɪd/
  形 鮮やかな
- □ immediately /ɪmíːdiətli/
  副 即座に
- □ convey(ing) /kənvéɪ(ɪŋ)/
  動 …を伝える
- □ background /bǽkgràʊnd/
  名 背景
- □ distinguish /dɪstíŋgwɪʃ/
  動 …を区別する
- □ smoke /smóʊk/
  名 煙

- □ catch a *person*'s attention
  …の注意を引く
- □ play a role in ...
  …において役割を果たす
- □ distinguish ... from ～
  …を～と区別する

読解のポイント

1 Have you ever noticed [that red and yellow are often used for warning signs]?
(red and yellow = S', are often used = V')

notice that ... は「…だと気づく」という意味。

2 Vivid and warm colors are chosen because they catch people's attention.
(Vivid and warm colors = S, are chosen = V, they = S', catch = V', people's attention = O')

because節の they はこの文の Vivid and warm colors を指す。

3 They help people notice signs whose messages should be understood immediately.
S V O C 関係代名詞（所有格）

Theyは**2**のVivid and warm colorsを指す。〈help＋O＋C（原形不定詞）〉は「Oが…するのを助ける」という意味。whoseは所有格の関係代名詞で，後続部分とともに先行詞signsを修飾している。「メッセージが即座に理解されるべき標識」ということ。⇒ Grammar

4 Besides the choice of colors, the contrast of colors plays an important role in conveying messages clearly and quickly.
S V O

Besidesは「…に加えて」という意味の前置詞。play a role in ...は「…において役割を果たす」という意味。前置詞のあとには（動）名詞がくるのでconveyingとなっている。

5 For example, emergency exit signs show a picture of a green figure on a white background.
S V O

For exampleで始まり，**4**の内容の例が示されている。

6 The contrast between green and white parts helps us distinguish the figure clearly from its background even in smoke or fire.
S V O C

The contrast between ... and ～は「…と～の対比」という意味。ここでも〈help＋O＋C（原形不定詞）〉が用いられている。distinguish ... from ～は「…を～と区別する」という意味。

Grammar

関係代名詞（所有格） whoseが後続部分とともに先行詞を修飾します。

Vivid and warm colors help people notice signs whose messages should be understood immediately.
（鮮やかで暖かい色は，メッセージが即座に理解されるべき標識に人々が気づくのを助けます。）

Can you see that warning sign whose background is green?
（あなたは背景が緑色であるあの警戒標識が見えますか。）

解説「先行詞」が後続の節の中で「(先行詞) の…は～だ」という所有格の働きをしているとき，関係代名詞whoseを用いる。
関係代名詞whoseは単独で用いず，必ず〈whose＋名詞〉の形で用いられる。関係代名詞whoseの代わりにthatが使われることはない。

Try It!

(　　) 内の語を並べかえて，ペアで対話しましょう。

1. *A*：Did you see the warning sign (is / whose / red / color) ?
B：No. I was in a hurry.

2. *A*：I saw an interesting poster (be / message / can / whose) understood easily.
B：Where did you see it?

ヒント **1.** *A*「あなたは色が赤色である警戒標識を見ましたか。」
B「いいえ。私は急いでいました。」
the warning signを先行詞と考え，〈whose + 名詞 + V ...〉の語順にする。

2. *A*「私はメッセージが容易に理解されうるおもしろいポスターを見ました。」
B「あなたはどこでそれを見たのですか。」
an interesting posterを先行詞と考え，〈whose + 名詞 + V...〉の語順にする。

イラストを見て，語句の意味を推測しましょう。

1. slightly smaller

2. grocery store

3. mesh bag

ヒント 教科書p.110では，**1.** 黒色と，一回り小さな白色の碁石が描かれている。**2.** 看板と屋根がついている店とのぼり旗が描かれている。**3.** 網目状の袋が描かれている。

本文を読んで，（　　）内に適切な語を入れましょう。

Colors	Effects
White	・White objects look (①　　　　) than they really are.
Red and green mesh bags	・Red makes the color of the fruit look more (②　　　　). ・Fruit and vegetables look (③　　　　) and more (④　　　　).

ヒント 白色「・白色の物体は実際よりも（①）見える。」
赤色と緑色の網目状の袋「・赤色は果物の色をより（②）に見せる。」「・果物と野菜は（③）かつ，より（④）に見える。」
①は教科書p.111の3～5行目，②は7～9行目，③④は10～11行目を参照。

Speak Write

Do you know any other effects that colors have on us? What are they?

例 ・Yes, I do. A black box looks heavier than a white box. ...
・No, I don't. I have never thought of the effects of colors. ...

Plus One

ヒント「あなたは色が私たちに及ぼすほかの効果を知っていますか。それらは何ですか。」
例「・はい，私は知っています。黒色の箱は白色の箱よりも重く見えます。」
「・いいえ，私は知りません。私は一度も色の効果を考えたことがありません。」

本文

1 Colors have various effects on us.// **2** Let's look at the effects of white.// **3** The two *go* stones in the photo seem to be the same size,/ but actually they are not.// **4** The white stone is made slightly smaller / because of the fact / that white objects look larger than they really are.//

色は私たちにさまざまな効果を及ぼす　白色の効果を見てみよう　写真の2つの碁石は同じ大きさであるように見える　しかし実際にはそれらは同じ大きさではない　白色の石はわずかにより小さく作られている　事実のために　白色の物体は実際よりも大きく見える　という

5 The effects of colors are also important / when grocery stores

色の効果はまた重要だ　食料雑貨店が新鮮な果物や

語句

- □ effect(s) /əfékt(s)/ 名 効果，影響
- □ stone(s) /stóun(z)/ 名 石
- □ slightly /sláɪtli/ 副 わずかに，少し
- □ object(s) /á:bdʒɪkt(s)/ 名 物，物体
- □ mesh /méʃ/ 名 網，メッシュ

sell fresh fruit or vegetables.// **6** For example,/ oranges are sold in
野菜を売るときに　たとえば　みかんは鮮やかな
bright red mesh bags / because red makes the color of the fruit look
赤色の網目状の袋に入れて売られる　赤色は果物の色をより鮮やかに見せるから
more vivid.// **7** For the same reason,/ okra is sold in green mesh
同じ理由で　オクラは緑色の網目状の袋に入れて売られる
bags.// **8** In this way,/ fruit and vegetables look fresher and more
このように　果物や野菜はより新鮮でよりおいしそうに見える
delicious.// **9** This stimulates consumers to buy them.//
このことが消費者を刺激してそれらを買わせる

- ☐ okra /óukrə/
  名 オクラ
- ☐ stimulate(s) /stímjəlèɪt(s)/
  動 …を刺激する

- ☐ have an effect on ...
  …に効果を及ぼす
- ☐ in this way
  このように

読解のポイント

1 Colors have various effects on us.
(S: Colors / V: have / O: various effects ← on us)
have an effect on ... は「…に効果を及ぼす」という意味。

2 Let's look at the effects of white.
(effects ← of white)
Let's ... を用いることで，読者の注意を引いている文。

3 The two *go* stones in the photo seem to be the same size, but actually they are not.
(S: The two *go* stones in the photo / V: seem to be / S: they / V: are)
go stones は囲碁で使われる「碁石」のこと。〈seem ＋ to不定詞〉は「…するように見える」という意味。後半の they はこの文の The two *go* stones を指す。they are notの後ろには the same size が省略されている。

4 The white stone is made slightly smaller because of the fact [that white objects look larger than they really are].
(S: The white stone / V: is made / C: smaller ← slightly / the fact 同格 = [that …] / S′: white objects / V′: look / C′: larger / S″: they / V″: are)
because of ... は「…のために」という意味で，文の前半の理由を表す。the fact と that節は同格で，that節は the factの内容を表し，「…という事実」という意味。⇒ Grammar

5 The effects of colors are also important when grocery stores sell fresh fruit or vegetables.
(S: The effects ← of colors / V: are / C: important ← also / S′: grocery stores / V′: sell / O′: fresh fruit or vegetables)
grocery store は「食料雑貨店」という意味。

6 For example, oranges are sold in bright red mesh bags because red makes the color of the fruit look more vivid.

S: oranges / V: are sold / S': red / V': makes / O': the color of the fruit / C': look more vivid

For example で始まり，**5**の内容の例が示されている。because 節の〈make＋O＋C（原形不定詞）〉は「OにCさせる」という意味。

7 For the same reason, okra is sold in green mesh bags.

S: okra / V: is sold

For the same reason は「同じ理由で」という意味で，the same reason は**6**の「みかんは鮮やかな赤色の網目状の袋に入れて売られると，赤色が果物の色をより鮮やかに見せる」という内容を示している。つまり，果物や野菜は同系色の網目状の袋に入れて売られると，より鮮やかに見えるということ。

8 In this way, fruit and vegetables look fresher and more delicious.

S: fruit and vegetables / V: look / C: fresher and more delicious

In this way は「このように」という意味で，**6**および**7**の「みかんは鮮やかな赤色の網目状の袋に入れて売られると，赤色が果物の色をより鮮やかに見せ，オクラは緑色の網目状の袋に入れて売られると，緑色が野菜の色をより鮮やかに見せる」という内容を示している。

9 This stimulates consumers to buy them.

S: This / V: stimulates / O: consumers

This は**8**の「果物や野菜がより新鮮でよりおいしそうに見える」ことを指す。〈stimulate＋O＋to *do*〉は「Oを刺激して…させる」という意味。them は**8**の fruit and vegetables を指す。

Grammar

同格を表す接続詞 that　「…という」という意味を表し，that 以下が直前の名詞（事実，意見，可能性などを表す名詞）の内容を表します。

The white stone is made smaller because of the fact that white objects look larger.

（同格：the fact ＝ that white objects look larger）

（その白色の石は，白色の物体はより大きく見えるという事実のために，より小さく作られています。）

We heard the news that there was a fire in the building.

（同格：the news ＝ that there was a fire in the building）

（私たちはその建物で火事があったという知らせを聞きました。）

解説 〈名詞＋that 節〉の形で，that 節が直前の名詞の内容を表すことができる。このとき，名詞と that 節は「同格」という。同格の that 節を続けることができる名詞は，fact（事実）や news（知らせ）のほか，opinion（意見），chance / possibility（可能性）などがある（例1）。同格の that 節は，単体で意味の通る英文となる（これを「完全文」という）。これと比べて目的格の関係代名詞の that 節は，目的語が欠けるため単体では意味が通らない（例2）。

例1 I agree with the opinion that global warming is getting worse.
(私は，地球温暖化は悪化しているという意見に同意します。)
There is a good chance that I will go to another school.
(私は転校するという十分な可能性があります。)

例2 I got the news that Kenji passed the entrance exam.
S' V' O'
同格＝that節単体で意味が通る（完全文）
(私はケンジが入試に合格したという知らせを受け取りました。)
I got the news that Mika had spread.
S' V'
目的格の関係代名詞＝that節単体で意味が通らない
(私は，ミカが広めた知らせを受け取りました。)

Try It!

(　　) 内の語を並べかえて，ペアで対話しましょう。

1. *A*：I noticed (that / the / fact) oranges look more delicious in red mesh bags.
   B：Yes, they do.
2. *A*：Why are you so excited?
   B：I just heard (the / that / news) a new grocery store will open next month.

ヒント 1. *A*「私は，みかんは赤色の網目状の袋の中でよりおいしそうに見えるという事実に気づきました。」
B「はい，それらはよりおいしそうに見えます。」
名詞the factのあとに同格のthat節を続ける。
2. *A*「あなたはなぜそんなにわくわくしているのですか。」
B「私は新しい食料雑貨店が来月開店するという知らせをちょうど聞きました。」
名詞the newsのあとに同格のthat節を続ける。

Part 3 教科書 ▶ pp.112-113

イラストを見て，語（句）の意味を推測しましょう。

1. packaging

2. drug company

3. logo

ヒント 教科書p.112では，**1.** 一部が包装された箱が描かれている。**2.** ビル，白衣を着た女性とスーツを着た男性，薬と思われる錠剤とビンが描かれている。**3.**「LOGO」と書かれた異なるデザインのイラストが描かれている。

本文を読んで，（　　）内に適切な語を入れましょう。

Colors	Effects
Gold	gives a positive image such as "effective" or "(①　　　　)."
Red	makes customers (②　　　　) and hungry.
Green	reminds people of (③　　　　).

ヒント 金色「『効果的な』や『(①)』のような肯定的な印象を与える。」
赤色「客を（②）させて空腹にさせる。」
緑色「人々に（③）を連想させる。」
①は教科書p.113の3～5行目，②は10～11行目，③は13行目を参照。

Speak / Write

When you buy products, do the colors of the package have any effect on you?

例 Yes, they do. I tend to buy chocolate in a gold package because it looks more delicious. ...

Plus One

ヒント「あなたが製品を買うとき，パッケージの色はあなたに何か効果を及ぼしますか。」
例「はい，それらは及ぼします。よりおいしそうに見えるので，私は金色のパッケージに入ったチョコレートを買う傾向があります。」

本文

1 Companies often pay attention to the psychological effects of
企業はしばしば色の心理的効果に注意を払う
colors.// **2** They consider the colors of a package / to attract
彼らはパッケージの色を考慮する　客を
customers. // **3** For example,/ gold is a packaging color / of which
引きつけるために　たとえば　金色はパッケージングの色だ
people have a positive image / as "effective" or "special."// **4** In a
人々が肯定的な印象を持っている　「効果的な」や「特別な」として
study conducted by a drug company,/ one out of four people answered
ある製薬会社によって行われた研究において　4人に1人が…と答えた

語句

- □ psychological /sàɪkəlɑ́ːdʒɪkl/ 形 心理的な
- □ package /pǽkɪdʒ/ 名 パッケージ，包み
- □ packaging /pǽkɪdʒɪŋ/ 名（物を魅力的に見せるための）パッケージング

/ that they would choose a product / if the color of the package was
彼らは製品を選ぶだろう　もしパッケージの色が
gold.//
金色であれば

5 When companies choose the main color of their logos,/ they
企業が自社のロゴの主要な色を選ぶとき　彼らは
take the impact and image of the color into consideration.// **6** Food
色の影響と印象を考慮する
companies often use red in their logos.// **7** It makes customers
食品会社はしばしば自社のロゴに赤を使う　それは客を興奮させて
excited and hungry.// **8** If a company is highly conscious of the
空腹にさせる　もし企業が環境を非常に意識しているなら
environment,/ green is a natural choice.// **9** Green reminds people of
緑色が自然な選択だ　緑色は人々に自然を連想させる
nature.//

- □ conduct(ed) /kəndʌ́kt(ɪd)/ 動 …を行う
- □ drug /drʌ́g/ 名 薬
- □ logo(s)/lóʊgoʊ(z)/ 名 ロゴ
- □ impact /ímpækt/ 名 影響
- □ consideration /kənsìdəréɪʃən/ 名 考慮
- □ highly /háɪli/ 副 非常に，とても
- □ conscious /kɑ́ːnʃəs/ 形 意識している

- □ take ... into consideration …を考慮する
- □ *be* conscious of ... …を意識している
- □ remind ... of ～ …に～を連想させる

読解のポイント

1 Companies often pay attention to the psychological effects of colors.
(S: Companies / V: often pay attention / O: to the psychological effects of colors)

pay attention to ... は「…に注意を払う」という意味。

2 They consider the colors of a package to attract customers.
(S: They / V: consider / O: the colors of a package)

They は**1**の Companies を指す。to不定詞は副詞の働きをしており，目的を表す。

3 For example, gold is a packaging color of which people have a positive image as "effective" or "special."
(S: gold / V: is / C: a packaging color)
前置詞＋関係代名詞

For example で始まり，**2**の内容の例が示されている。〈前置詞＋関係代名詞〉の形のof which以下の節が，先行詞a packaging color を修飾している。前置詞as以下は直前の名詞a positive imageの具体例を挙げている。⇒ Grammar

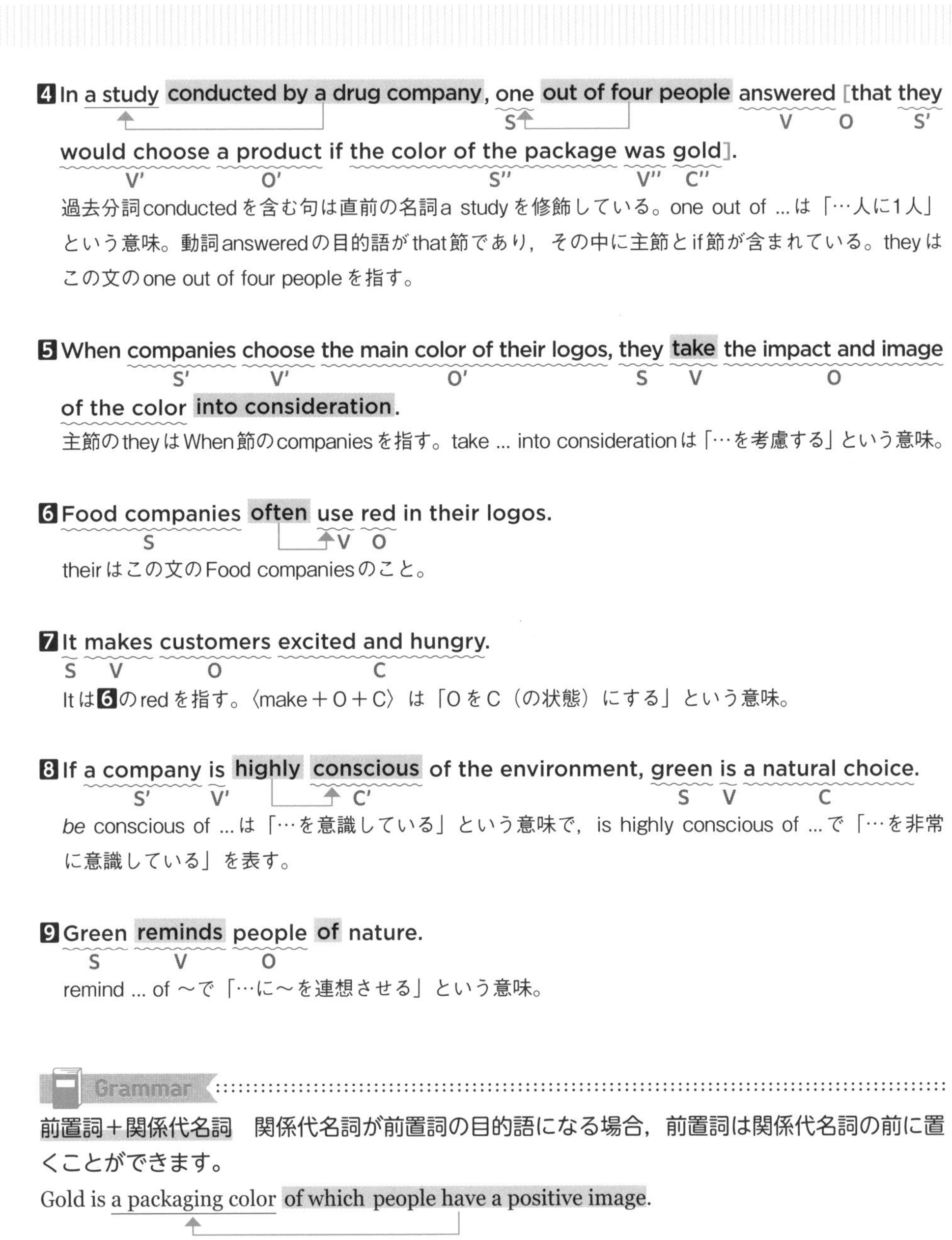

4 In a study conducted by a drug company, one out of four people answered [that they would choose a product if the color of the package was gold].

過去分詞conductedを含む句は直前の名詞a studyを修飾している。one out of ... は「…人に1人」という意味。動詞answeredの目的語がthat節であり，その中に主節とif節が含まれている。theyはこの文のone out of four peopleを指す。

5 When companies choose the main color of their logos, they take the impact and image of the color into consideration.

主節のtheyはWhen節のcompaniesを指す。take ... into considerationは「…を考慮する」という意味。

6 Food companies often use red in their logos.

theirはこの文のFood companiesのこと。

7 It makes customers excited and hungry.

Itは**6**のredを指す。〈make＋O＋C〉は「OをC（の状態）にする」という意味。

8 If a company is highly conscious of the environment, green is a natural choice.

be conscious of ... は「…を意識している」という意味で，is highly conscious of ... で「…を非常に意識している」を表す。

9 Green reminds people of nature.

remind ... of 〜で「…に〜を連想させる」という意味。

Grammar

前置詞＋関係代名詞　関係代名詞が前置詞の目的語になる場合，前置詞は関係代名詞の前に置くことができます。

Gold is a packaging color of which people have a positive image.

（金色は人々が肯定的な印象を持つパッケージングの色です。）

The product for which I designed a package was on sale.

（私がパッケージをデザインした製品は販売されました。）

解説 関係代名詞が前置詞の目的語になるとき，前置詞は〈前置詞＋関係代名詞〉の形，または関係代名詞が導く節の最後に置かれる。左下の例文では，前置詞を関係代名詞が導く節の最後に置くと 例1 のようになる。

〈前置詞＋関係代名詞〉の形は文語的で，前置詞を関係代名詞が導く節の最後に置く場合は口語的である。以下の点に注意。

①〈前置詞＋関係代名詞（which / whom）〉の関係代名詞which / whomは省略できない。

②〈前置詞＋関係代名詞〉のとき，関係代名詞thatまたはwhoは使用できない。

③前置詞がduring，between，beyond，oppositeなどの場合，〈前置詞＋関係代名詞〉の形をとる（例2）。

④関係代名詞がtake care of ...，look after ...などの成句の目的語になっている場合は，〈前置詞＋関係代名詞〉の形をとらない（例3）。

例1 Gold is a packaging color of which people have a positive image.
⇒Gold is a packaging color which people have a positive image of.

The product for which I designed a package was on sale.
⇒The product which I designed a package for was on sale.

例2 It was the period during which he stayed in the U.S.
（それは彼がアメリカに滞在した期間でした。）

例3 These are the children whom we are taking care of.
（これらは私たちが世話をしている子どもたちです。）

Try It!

（　）内の語を並べかえて，ペアで対話しましょう。

1. *A*：What do you think of the product (he / which / for) designed a package recently?
B：I love it. It looks wonderful.

2. *A*：Red is a packaging color (to / people / which) are often attracted.
B：Well, maybe yes.

ヒント **1.** *A*「あなたは彼が最近パッケージをデザインした製品をどう思いますか。」
B「私は大好きです。それは素晴らしく見えます。」
the productを先行詞と考え，〈前置詞＋関係代名詞〉の語順にする。

2. *A*「赤色は人々がしばしば引きつけられるパッケージングの色です。」
B「ええと，たぶんそうですね。」
a packaging colorを先行詞と考え，〈前置詞＋関係代名詞〉の語順にする。

イラストを見て，語（句）の意味を推測しましょう。

1. comfortable

2. concentrate on

3. knowledge

ヒント 教科書p.114では，**1.** くつろいだ表情でソファに座り，本を読んでいる人が描かれている。**2.** 真剣な表情で何かを書いている人と時計が描かれている。**3.** 人の脳から数字やアルファベットを含む吹き出しが出ている様子が描かれている。

色と色の効果を線で結びましょう。

blue　・　　・feel refreshed and clean

brown　・　　・feel calm

white　・　　・feel relaxed

ヒント「青色」　「リフレッシュしてさわやかな気分になる」

「茶色」　「落ち着いた気分になる」

「白色」　「リラックスした気分になる」

青色は教科書p.115の5～6行目，茶色は6～7行目，白色は8～9行目を参照。

Speak / Write

Among three colors mentioned, which color would you choose for your room? Why?

例 I would choose blue because I need to concentrate on my studies. ...

Plus One

ヒント「言及された3つの色のうち，あなたはどの色をあなたの部屋に選びますか。なぜ。」

例「私は，勉強に集中する必要があるので，青色を選びます。」

本文

1 Considering the choice of colors is useful / when you want to create a comfortable atmosphere in your house.// **2** According to the purpose,/ choose a different color for your room,/ where you usually spend most of your time.//

色の選択についてよく考えることは役に立つ　あなたが家に快適な雰囲気を作り出したいとき　目的に応じて　あなたの部屋に異なる色を選びなさい　そこであなたはたいていほとんどの時間を過ごす

3 When you need to concentrate on your studies,/ choose blue.// **4** It makes you feel calm.// **5** If you want to feel relaxed,/ choose brown,/ the color of soil.// **6** It is believed to have a healing power.// **7** If you want to feel refreshed and clean,/ white is a good choice.//

あなたが勉強に集中する必要があるとき　青色を選びなさい　それはあなたを落ち着いた気分にさせる　もしあなたがリラックスした気分になりたければ　茶色を選びなさい　土の色　それは癒やしの力があると信じられている　もしあなたがリフレッシュしてさわやかな気分になりたければ　白色がよい選択だ

語句

- □ atmosphere /ǽtməsfìər/ 名 雰囲気
- □ concentrate /kɑ́ːnsəntrèɪt/ 動 集中する
- □ calm /kɑ́ːm/ 形 落ち着いた，冷静な
- □ relaxed /rɪlǽkst/ 形 リラックスした，くつろいだ
- □ soil /sɔ́ɪl/ 名 土
- □ healing /híːlɪŋ/ 形 癒やしの

8 It also makes your room look more spacious.//
それはまたあなたの部屋をより広く見せる

9 Now that you know some secrets of colors,/ you can use this
今はもうあなたは色のいくつかの秘密を知っているのだから　あなたはこの知識を
knowledge / to enhance the quality of your life.//
使うことができる　あなたの生活の質を高めるために

- □ refreshed /rɪfréʃt/
  形 リフレッシュした，さわやかになって
- □ spacious /spéɪʃəs/
  形 広い，広々とした
- □ quality /kwɑ́:ləti/
  名 質

- □ concentrate on ...
  …に集中する
- □ now that ...
  今はもう…だから

読解のポイント

1 Considering the choice of colors is useful when you want to create a comfortable atmosphere in your house.
(S: Considering the choice of colors / V: is / C: useful / S': you / V': want / O': to create a comfortable atmosphere in your house)
動名詞Consideringを含む動名詞句が主語になっている文。

2 According to the purpose, choose a different color for your room, where you usually spend most of your time.
(先行詞: your room / S': you / V': spend / O': most of your time / 関係副詞の非制限用法)
According to ... は「…に応じて」という意味。コンマの後ろのwhereは関係副詞の非制限用法で，導く節が先行詞your roomに情報を加えている。

3 When you need to concentrate on your studies, choose blue.
(S': you / V': need / O': to concentrate on your studies)
〈need＋to不定詞〉は「…する必要がある」，concentrate on ... は「…に集中する」という意味。

4 It makes you feel calm.
(S: It / V: makes / O: you / C: feel calm)
Itは**3**のblueを指す。〈make＋O＋C（原形不定詞）〉は「OにCさせる」という意味。

5 If you want to feel relaxed, choose brown, the color of soil.
(S': you / V': want / O': to feel relaxed / brown ＝ the color of soil 同格)
brownとthe color of soilは同格の関係。

6 It is believed to have a healing power.
S V
It は**5**の brown を指す。〈*be* believed＋to不定詞〉は「…すると信じられている」という意味。

7 If you want to feel refreshed and clean, white is a good choice.
S' V' O' S V C
feel clean は「さわやかな気分になる」という意味。

8 It also makes your room look more spacious.
S V O C
It は**7**の white を指す。also は**7**に加えて，white についての情報を挙げることを表している。

9 Now that you know some secrets of colors, you can use this knowledge to enhance the quality of your life.
S' V' O' S V O
Now that ... は「今はもう…だから」という意味。this knowledge はこの文の some secrets of colors を指す。to不定詞は副詞の働きをしており，目的を表す。

Grammar

関係副詞whereの非制限用法　関係副詞の前にコンマを置いて，「場所」を表す先行詞について情報を加えます。

According to your purpose, choose a different color for your room, where you spend most of your time.
（目的に応じて，あなたの部屋に異なる色を選びなさい，なぜならそこであなたはほとんどの時間を過ごします。）

This is a picture of our living room, where I used to spend a lot of time with my sister.
（これは私たちの居間の写真です，そこで私は姉と多くの時間を過ごしたものでした。）

解説 関係副詞whereの非制限用法は，「場所」を表す先行詞に関わる補足的情報を加え，「その場所で［に］…する」という意味の節を作る。関係副詞whereは〈接続詞（and / but / because など）＋（文末の）there〉に書きかえることができる（例1）。
関係副詞whereの制限用法は先行詞が省略される場合があるが，非制限用法では先行詞は省略されない。
関係副詞whereの非制限用法は，文中に挿入することもできる。このとき，関係副詞節の終わりにもコンマを置く（例2）。

例1 According to your purpose, choose a different color for your room, where you spend most of your time.

⇒According to your purpose, choose a different color for your room, because you spend most of your time there.

This is a picture of our living room, where I used to spend a lot of time with my sister.

⇒This is a picture of our living room, and I used to spend a lot of time with my sister there.

例2 The restaurant, where I often go, was closed yesterday.
（そのレストランは，私がよく行くところですが，昨日は閉まっていました。）

Try It!

（　）内の語（句）を並べかえて，ペアで対話しましょう。

1. *A*：I visited Ken's house, (me / welcomed / where / his family).
B：Oh, that sounds nice.

2. *A*：Here is a private room, (feel / where / can / you) at home.
B：Thank you. It looks comfortable.

ヒント **1.** *A*「私は賢の家を訪ねました，そしてそこで彼の家族が私を歓迎しました。」
B「ああ，それはよさそうですね。」
先行詞Ken's houseに情報を加える関係副詞whereの非制限用法の節を作る。

2. *A*「こちらが個室です，そしてそこであなたはくつろぐことができます。」
B「ありがとうございます。それは快適に見えます。」
先行詞a private roomに情報を加える関係副詞whereの非制限用法の節を作る。

Summary1 本文の内容に合うように，空所を埋めましょう。

Part1

- 警戒標識には赤色や黄色がよく使われます。その理由は，鮮やかで暖かい色は人々の①＿＿を引くからです。
- 色の②＿＿も明確にすばやくメッセージを伝えるのに重要な役割を果たしています。

Part2

- 色は私たちに③＿＿影響を与えます。
- ④＿＿が新鮮な野菜や果物を売るときに色の効果は重要です。

Part3

- 企業は，しばしば色の⑤＿＿効果に注意を払います。
- 企業は自社のロゴの主要な色を決めるとき，色が伝える影響と⑥＿＿を考慮します。

Part4

- 色の選択は，あなたの部屋によい⑦＿＿を作り出すときにも応用できます。
- 色の秘密を知ったので，その知識を生活の質を⑧＿＿ために使うことができます。

ヒント それぞれの教科書の参照ページを示す。①p.109の1〜3行目　②p.109の6〜8行目　③p.111の1行目　④p.111の6〜7行目　⑤p.113の1〜2行目　⑥p.113の8〜10行目　⑦p.115の1〜2行目　⑧p.115の11〜12行目

Summary2 空所に入る語を［　］の中から選び，要約を完成しましょう。

For warning signs,/ vivid and (①　) colors are often used / because they catch people's attention.// Also,/ the contrast of colors is important / to convey messages (②　) and quickly.//
警戒標識に　鮮やかで（①）色がよく使われる　それらが人々の注意を引くから　また　色の対比は重要だ　（②）かつすばやくメッセージを伝えるのに

Colors have effects on us in grocery stores.// For example,/ green vegetables look fresher and more (③　) / in green mesh bags.//
色は食料雑貨店で私たちに効果を及ぼす　たとえば　緑色の野菜はより新鮮でより（③）に見える　緑色の網目状の袋に入って

Companies use psychological effects / to attract (④　).// In addition,/ they consider the impact and image / the color conveys / when they (⑤　) the main color of their logos.//
企業は心理的効果を使う　（④）を引きつけるために　加えて　彼らは影響や印象を考慮する　色が伝える　自社のロゴの主要な色を（⑤）ときに

The choice of colors can be applied / to creating a good atmosphere in your room.// For instance,/ if you want to feel (⑥　) and clean,/ white is good.//
色の選択は応用されうる　あなたの部屋の中によい雰囲気を作り出すことに　たとえば　あなたが（⑥）してさわやかな気分になりたければ　白色がよい

choose / clearly / customers / delicious / refreshed / warm

ヒント それぞれの教科書参照ページを示す。①p.109の1～3行目　②p.109の6～8行目　③p.111の9～11行目　④p.113の1～3行目　⑤p.113の8～10行目　⑥p.115の8～9行目

Vocabulary 英語のヒントを読んで，本文に出てきた単語を書きましょう。

1. im□□□□□□□□y …… now, without waiting
2. gr□□□□y …… food and other items sold in a shop
3. co□□□□□□□s …… able to think and notice things

ヒント 1.「今，待つことなしに」 2.「店で売られている食品やほかの品物」 3.「考えて，物事に気づくことができる」

Key Expressions 日本語と同じ意味になるように，(　　) 内に適切な語を入れて文を言いましょう。

1. Road signs (　　) an important (　　) (　　) warning drivers.
   道路標識は，運転手に警告を与えるのに重要な役割を果たしています。
2. Colors have a psychological (　　) (　　) people.
   色は人々に心理的な影響を与えます。
3. Companies should (　　) the customers' preferences (　　) (　　).
   企業は客の好みを考慮すべきです。
4. Students can (　　) (　　) their studies in a quiet room.
   生徒は静かな部屋で勉強に集中できます。

ヒント 1.「…において役割を果たす」に相当する語句を入れる。 2.「…に影響を与える」を「…に効果を及ぼす」と読みかえて相当する語句を入れる。 3.「…を考慮する」に相当する語句を入れる。 4.「…に集中する」に相当する語句を入れる。

Grammar for Communication 例を参考に，あなたのお気に入りの場所について，写真または絵を提示しながらクラスメートに紹介する文を書きましょう。

I would like to talk about ❶ a restaurant, where I dine with my family once a month. This is ❷ the restaurant whose roof is red. One thing to which I am attracted is that ❸ they offer a variety of dishes. I have an impression that ❹ their customer service is excellent.

Tool Box

❶ an opera house, I go there with my mother once a year
オペラハウス，私は年に1回母とそこに行く

❷ the opera house, its wall is white
オペラハウス，その壁は白色である

❸ many ballet performances are held there
多くのバレエの公演がそこで開催される

❹ many people have a great time there
多くの人々がそこで素晴らしい時を過ごす

ヒント「私はあるレストランについて話したいです，そこで私は月に1回家族と食事をします。これは屋根が赤色であるレストランです。私が引きつけられている1つのことは，彼らがさまざまな料理を提供することです。私は彼らの顧客サービスが素晴らしいという印象を抱いています。」

Action

教科書 ▶ pp.118-119, 207

Listen **Scene 1** 色の心理的効果についてラジオ番組の解説を聞きましょう。

Room color can influence our emotions.// Let's look at some colors.// Purple is associated with creativity.// It is suitable for a living room and a bedroom.// Orange is an energetic color.// It is good for an exercise room,/ but not for a living room.// Yellow conveys happiness.// It is an excellent choice for kitchens,/ dining rooms,/ and bathrooms.// Green is considered the most restful color for our eyes.// It also has a calming effect.// It is suitable for almost any room.//

部屋の色は私たちの感情に影響を及ぼしうる　いくつかの色を見てみよう　紫色は創造性と関連づけられる　それは居間や寝室に適している　オレンジ色は元気になる色だ　それは運動部屋によい　しかし居間にはよくない　黄色は幸福を伝える　それは台所に素晴らしい選択だ　ダイニングルーム　そして風呂場　緑色は私たちの目に最も安らぎを与える色だと考えられている　それには鎮静効果もある　それはほとんどどの部屋にも適している

語句
- □ associate(d) /əsóuʃièɪt(ɪd)/ 動 …を（～と）関連づける
- □ calming effect /ká:mɪŋ əfékt/ 名 鎮静効果
- □ emotion(s) /ɪmóuʃən(z)/ 名 感情
- □ energetic /ènərdʒétɪk/ 形 元気になる
- □ suitable /sú:təbl/ 形 適した
- □ restful /réstfl/ 形 安らぎを与える

Listen and Answer　問いの答えを選びましょう。

1. Which color is associated with creativity?
　a. Green.　**b.** Orange.　**c.** Purple.

2. Which room is orange suitable for?
　a. A bedroom.　**b.** An exercise room.　**c.** A living room.

3. What effect does green have?
　a. It makes us feel calm.　**b.** It makes us feel energetic.
　c. It makes us feel refreshed.

ヒント **1.**「どの色が創造性と関連づけられていますか。　**a.** 緑色。　**b.** オレンジ色。　**c.** 紫色。」3文目を参照。

2.「オレンジ色はどの部屋に適していますか。　**a.** 寝室。　**b.** 運動部屋。　**c.** 居間。」5〜6文目を参照。

3.「緑色はどのような効果がありますか。　**a.** それは私たちを落ち着いた気分にさせる。　**b.** それは私たちを精力的な気分にさせる。　**c.** それは私たちをリフレッシュした気分にさせる。」9〜10文目を参照。

Scene 2　部屋の壁の色について提案する原稿を作りましょう。

本文を参考に，①〜③の空所に，適切な語（句）を入れましょう。④の空所に，自分で考えたお薦めの色を，⑤の空所に，お薦めの色の心理的効果を書きましょう。

The Wall Colors of Your Room
あなたの部屋の壁の色

I would like to recommend some wall colors for your room / to create a comfortable atmosphere.// If you want to ① ______,/ brown is a good choice.// It has a healing power.// If you want to ② ______,/ you could paint the walls white.// It also makes your room ③ ______.// I also would like to recommend ④ ______ / because it makes you feel ⑤ ______.// Which color would you like to choose?//

あなたの部屋の壁の色をいくつかお薦めしたい　快適な雰囲気を作り出すために　もしあなたが（①）たいなら　茶色がよい選択だ　それには癒やしの力がある　もしあなたが（②）たいなら　壁を白色に塗ることができるだろう　それはまた，あなたの部屋を（③）にする　私は（④）もお薦めしたい　それはあなたを（⑤）気分にさせるから　どの色をあなたは選びたいか

ヒント ①は教科書p.115の6〜7行目，②はp.115の8〜9行目，③はp.115の9〜10行目を参照。

定期テスト対策⑦（Lesson 7）

解答⇒p.245

1 日本語の意味を表すように，____に適切な語を入れなさい。

(1) 静かにしてください。私は仕事に集中しなければなりません。
Be quiet! I have to ____________ ____________ my work.

(2) 今はもう18歳だから，あなたは大人です。
____________ ____________ you are eighteen years old, you are an adult.

(3) 彼らは価格を考慮すべきです。
They should ____________ the price ____________ ____________.

(4) その企業はこの地域の自然環境を意識しています。
The company ____________ ____________ ____________ natural environment in this area.

2 (　　) 内から適切な語（句）を選び，○で囲みなさい。

(1) There is no possibility (which / what / that) he will succeed.

(2) This is the theater, (that / where / which) I enjoy live performances.

(3) That is the story (about which / for which / in which) our teacher talked in yesterday's class.

3 日本語に合うように，(　　) 内の語（句）を並べかえなさい。

(1) 私には，姉が空港で働いている友人がいます。
I have a friend (the airport / works / sister / at / whose) .
I have a friend ____.

(2) 彼はうそをつくことは常に悪いという信念を持っていました。
He (that / is / the belief / had / lying) always wrong.
He ____ always wrong.

(3) これは人々が長い間待っていた知らせです。
This is (for / people / the news / which) have long been waiting.
This is ________________________________ have long been waiting.

(4) 彼らは公園に行きました，そしてそこで近所の人たちに会いました。
They went to the park, (met / they / where / their neighbors).
They went to the park, ____.

4 次の英語を日本語にしなさい。

(1) In this way, we became friends at university, where we studied law.

(2) I learned the fact that colors have a large effect on us.

5 次の英文を読んで，質問に答えなさい。

Have you ever noticed that red and yellow are often used for warning signs? Vivid and warm colors are chosen because they catch people's attention. ①They help people notice signs whose messages should be understood immediately.

Besides the choice of colors, the contrast of colors ②(an / role / plays / important / in) conveying messages clearly and quickly. For example, emergency exit signs show a picture of a green figure on a white background. ③The contrast between green and white parts helps us distinguish the figure clearly from its background even in smoke or fire.

(1) 下線部①を日本語にしなさい。ただし，Theyの指す内容を明らかにすること。

(2) 下線部②の（　　）内の語を意味が通る英文になるように並べかえなさい。

(3) 下線部③について，どのような効果［助け］があるか。本文に即して日本語で書きなさい。

6 次の英文を読んで，質問に答えなさい。

Companies often pay attention to the psychological effects of colors. They consider the colors of a package to attract customers. For example, ①gold is a packaging color of which people have a positive image as "effective" or "special." In ②a study conducted by a drug company, one out of four people answered that they would choose a product if the color of the package was gold.

(1) 下線部①を日本語にしなさい。

(2) 下線部②でわかったことについて，本文に即して日本語で書きなさい。

Lesson 8 Powdered *Natto* Solves a Global Water Problem

Get Started! 教科書 ▶ p.123

写真を見て話し合ってみましょう。

Natto is a food, but it can be used in a different way. How do you think it can be used?

ヒント「納豆は食べ物ですが，それは別の方法で使用されます。あなたはそれがどのように用いられると思いますか。」

語句

☐ powdered /páudərd/ 形 粉末の

Part 1 教科書 ▶ pp.124-125

イラストを見て，語句の意味を推測しましょう。

1. white powder
2. dirty water
3. sticky component

ヒント 教科書p.124では，1. 白い細かい粒が降り積もっている。2. ビーカーの中に茶色い水が入っている。3. はしで持ち上げた納豆が糸を引いている。

本文を読んで，（　　）内に適切な語を入れましょう。

Who invented the powder?	(① 　　) (　　) (　　) did.
What can it do?	It can (② 　　) dirty water (　　).
How soon can it make clean water?	It can make clean water in (③ 　　) (　　) (　　).
Where can it be used?	It can be used in (④ 　　) (　　) and in areas of the world without enough clean drinking water.

ヒント「誰がその粉を発明しましたか。」「(①) が発明しました。」
「それは何ができますか。」「それは濁った水を (②) できます。」
「どのくらい早くそれはきれいな水を作れますか。」「それは (③) 後にきれいな水を作れます。」
「それはどこで使用されますか。」「それは (④) や十分な澄んだ飲み水がない世界の地域で使用されます。」①は教科書p.125の11～12行目，②は9～10行目，③は4～5行目，④は5～6行目を参照。

Is it easy to get clean drinking water in Japan? Where do you get it from?

例 Yes, it is. We get it from a tap / a water fountain / a vending machine.

Plus One

ヒント「日本ではきれいな飲み水を得るのは簡単ですか。あなたはどこでそれを得ますか。」

例「はい，簡単です。私たちは蛇口／噴水式水飲み場／自動販売機からそれを得ます。」

本文

1 Just 100 grams of white powder makes one ton of clean water / anywhere,/ anytime.// 2 All you have to do is to mix the powder into dirty water / from rivers,/ lakes,/ or ponds.// 3 Then,/ you come up with clean water / in a few seconds.// 4 This powder can be used in emergency situations.// 5 It can also be used in areas of the world / where clean drinking water is hard to get.//

たった100グラムの白い粉が1トンのきれいな水を作る　どこでも　いつでも　あなたはその粉を濁った水に混ぜさえすればよい　川からの　湖からのまたは池からの　すると　あなたはきれいな水を生産する　数秒後に　この粉は　緊急時に使用される　それはまた世界の地域で使用される　きれいな飲み水を得ることが難しい

6 Some people in developing countries call the powder a "magic powder,"/ but it is not.// 7 It is a sticky component / found in *natto* / that makes dirty water clean.// 8 Who developed this *natto* powder?// 9 Dr. Oda Kanetoshi invented this amazing product.//

発展途上国ではその粉を「魔法の粉」と呼ぶ人もいる　しかしそれは違う　粘着性の成分である　納豆に見られる　汚水をきれいにするのは　誰がこの納豆パウダーを開発したか　小田兼利(かねとし)博士がこの素晴らしい製品を発明した

語句

- □ gram(s) /grǽm(z)/ 名 グラム
- □ anytime /énitàɪm/ 副 いつでも
- □ drinking water /dríŋkɪŋ wɔ̀ːtər/ 名 飲み水
- □ magic /mǽdʒɪk/ 形 魔法の
- □ sticky /stíki/ 形 粘着性の
- □ component /kəmpóunənt/ 名 成分

- □ All ... have to do is to ～ …は～しさえすればよい

読解のポイント

1 Just 100 grams of white powder makes one ton of clean water **anywhere**, **anytime**.

(S: Just 100 grams of white powder / V: makes / O: one ton of clean water)

100 grams of ... は「100グラムの…」，one ton of ... は「1トンの…」という意味。

2 All you have to do is to mix the powder **into dirty water** **from rivers, lakes, or ponds**.

(S: All you have to do / V: is / C: to mix the powder)

All ... have to do is to ～は「…は～しさえすればよい」という意味で，補語がto不定詞である。mix ... into ～は「…を～に混ぜる」という意味。

3 Then, you come up with clean water **in a few seconds**.

(S: you / V: come up with / O: clean water)

come up with ... はここでは「…を生産する」という意味。〈in＋(時間)〉は「…（時間）の後に」という意味。

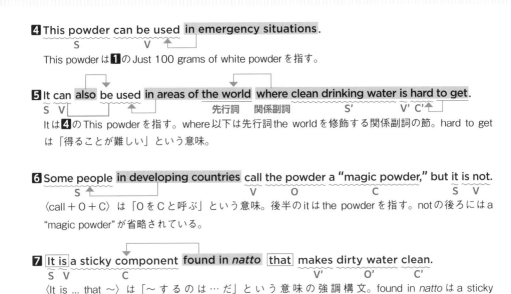

4 This powder can be used in emergency situations.
S V

This powder は**1**の Just 100 grams of white powder を指す。

5 It can also be used in areas of the world where clean drinking water is hard to get.
S V 先行詞 関係副詞 S' V' C'

It は**4**の This powder を指す。where 以下は先行詞 the world を修飾する関係副詞の節。hard to get は「得ることが難しい」という意味。

6 Some people in developing countries call the powder a "magic powder," but it is not.
S V O C S V

〈call＋O＋C〉は「OをCと呼ぶ」という意味。後半の it は the powder を指す。not の後ろには a "magic powder" が省略されている。

7 It is a sticky component found in *natto* that makes dirty water clean.
S V C V' O' C'

〈It is ... that ～〉は「～するのは…だ」という意味の強調構文。found in *natto* は a sticky component を修飾している。that 以下は〈make＋O＋C〉「OをCにする」が用いられている。

⇒ Grammar

8 Who developed this *natto* powder?

develop はここでは「…を開発する」という意味。

9 Dr. Oda Kanetoshi invented this amazing product.
S V O

8の問いに対する答えの文。this amazing product は**8**の *natto* powder のこと。

Grammar

強調構文〈It is[was] ... that ～〉で，「～する［した］のは…だ［たった］」のような意味を表し，…の部分を強調させます。

It is a sticky component found in *natto* that makes dirty water clean.
（汚水をきれいにするのは納豆に見られる粘着性の成分です。）

It was Dr. Oda Kanetoshi that invented this magic powder.
（この魔法の粉を発明したのは小田兼利博士でした。）

解説 〈It is [was] ... that ～〉を強調構文といい，「...」の部分に強調したい語句や節を置くことができる。「...」の部分には主語，目的語などの名詞，副詞（句・節）を置くことができ，動詞や形容詞は置くことはできない（動詞の強調についてはPart2で学習する）。強調構文について，ほかにも注意すべき点を以下に挙げる。

① 「...」の部分に人を表す主語や目的語を置く場合，thatの代わりにwho(m)を用いることができる（例1）。
② 疑問詞の強調構文として，〈疑問詞＋is [was] it that ...?〉を用いることができる（例2）。
③ 形式主語の文〈It is [was] ... that ～〉との混同に注意する。強調構文は，元の文の強調したい部分を「...」に，それ以外の部分を「～」の位置に並べかえたものであるため，It is [was]とthatを外して並べかえると，元の文（完全文）に戻る。形式主語の文の場合，「...」の位置に形容詞がくることが多く，It is [was]とthatを外して並べかえても完全文とならない（例3）。

例1 It was Mayumi who visited Paris with me at that time.
（そのとき私とパリを訪れたのはマユミでした。）

例2 Who was it that visited Paris at that time?
（そのときパリを訪れたのは誰でしたか。）

例3 It was the flute that he played yesterday.
→ He played the flute yesterday.　元の文に戻る＝強調構文

It was rare that he played the flute yesterday.
→ × Rare, he played the flute yesterday.　元の文に戻らない＝形式主語の文

Try It!

(　　) 内の語（句）を並べかえて，ペアで対話しましょう。

1. *A*：The powder is sometimes called a “magnet powder,” right?
B：No, (a / is / “magic powder” / it) that it is sometimes called.

2. *A*：Dr. Oda calls the powder a “magic powder,” right?
B：No, (in developing countries / is / it / some people) that call it so.

ヒント **1.** *A*「その粉は時に『磁石の粉』と呼ばれますよね？」
B「いいえ，時に呼ばれるのは『魔法の粉』です。」
〈it is ... that〉の語順にして，Aの発言に対して訂正したい内容の“magic powder”を強調する。

2. *A*「小田博士はその粉を『魔法の粉』と呼びますよね？」
B「いいえ，それをそのように呼ぶのは発展途上国の一部の人々です。」
〈it is ... that〉の語順にして，some people in developing countriesを強調する。

イラストを見て，語（句）の意味を推測しましょう。

1. hit upon an idea

2. tap water

3. dirt

ヒント 教科書 p.126では，**1.** 電球のイラストとともに女性が何かをひらめいた様子が描かれている。**2.** 蛇口から水が流れている。**3.** ビーカーの底の沈殿物に赤い矢印が示されている。

「納豆パウダー」の発明に至るまでの過程になるように，下のイラストを並べかえましょう。

c.→（　　　）→（　　　）→（　　　）→（　　　）

ヒント 教科書 p.126では，**a.**蛇口から流れる水に「×」が描かれている。**b.**濁った池らしきものが描かれている。**c.**建物が揺れ，地割れしている様子が描かれている。**d.**男性が何かをひらめいた様子が描かれている。**e.**人々が給水車に向かって並んでいる様子が描かれている。

a.は教科書 p.127の3〜4行目，**b.**は5〜6行目，**c.**は1〜2行目，**d.**は9〜10行目，**e.**は4〜5行目を参照。

Speak / Write

When do you usually hit upon great ideas or good answers? Why?

例 I usually hit upon them when I am taking a bath. This is because I feel relaxed. ...

Plus One

ヒント「あなたはふだん，いつ素晴らしいアイデアやよい答えを思いつきますか。なぜ。」

例「私はふだん風呂に入っているときにそれらを思いつきます。これは私がリラックスしているからです。」

本文

1 The invention started in 1995,/ when the Great Hanshin-Awaji Earthquake struck the Kansai region.// **2** After this terrible disaster,/ the tap water supply completely stopped.// **3** Local people waited in long lines / every day / for clean water to arrive.// **4** During this time,/ Dr. Oda often visited a pond near his home.// **5** He said to himself,/ “If I could clean the water in this big pond,/ that would make everyone

その発明は1995年に始まった　阪神淡路大震災が関西地方を襲ったとき　このひどい災害の後　水道水の供給は完全に止まった　地元の人々は長い列に並んで待った　毎日　きれいな水が到着するのを　この間　小田博士はしばしば自宅の近くの池を訪れた　彼は心の中でつぶやいた　「もし私がこの大きな池の水を清潔にできたら　そのことはみんなをとても

語句

- □ struck /strʌ́k/ (< strike /stráɪk/) 動（災害などが）…を襲う
- □ tap water /tǽp wɔ̀ːtər/ 名 水道水
- □ completely /kəmplíːtli/ 副 完全に

so happy."// **6** He thought and thought / about a good solution.//
幸せにするのに」 彼は考えに考えた よい解決策について

7 One day,/ looking at the pond,/ he did hit upon a simple but wonderful idea.//
ある日 池を見ながら 彼は本当に単純だが素晴らしい アイデアを思いついた

8 Six years later,/ he finally completed powdered *natto* / that could stick to dirt and make it sink.// **9** He immediately founded a new company / to sell his powder.// **10** Contrary to his high expectations,/ it was not a hit in Japan.//
6年後 彼はついに粉状の納豆を完成させた 汚れに付着してそれを沈殿させることができる 彼はすぐに新しい会社を設立した 彼の粉を売るための 彼の高い期待に反して それは日本ではヒットしなかった

- □ solution /səlúːʃən/ 名 解決策
- □ dirt /də́ːrt/ 名 汚れ
- □ contrary /káːntrèri/ 形 反対の
- □ expectation(s) /èkspektéɪʃən(z)/ 名 期待

- □ say to *one*self 心の中でつぶやく
- □ stick to ... …に付着する
- □ contrary to ... …に反して

読解のポイント

1 The invention started in 1995, when the Great Hanshin-Awaji Earthquake struck the Kansai region.
(The invention = S, started = V, in 1995 → V, the Great Hanshin-Awaji Earthquake = S′, struck = V′, the Kansai region = O′)

The invention はPart1の納豆パウダーの発明のこと。struck は「(災害などが)…を襲った」という意味。

2 After this terrible disaster, the tap water supply completely stopped.
(the tap water supply = S, completely → stopped = V)

this terrible disaster は**1**の the Great Hanshin-Awaji Earthquake のこと。

3 Local people waited in long lines every day for clean water to arrive.
(Local people = S, waited = V, for clean water = to不定詞の意味上の主語, to arrive = to不定詞)

for clean water は to 不定詞の意味上の主語で，動詞waited を修飾している。

4 During this time, Dr. Oda often visited a pond near his home.
(Dr. Oda = S, often → visited = V, a pond = O ← near his home)

near his home は a pond を修飾している。

5 He said to himself, "If I could clean the water in this big pond, that would make everyone so happy."
(He = S, said = V ← to himself, I = S″, could clean = V″, the water = O″ ← in this big pond, that = S′, would make = V′, everyone = O′, so → happy = C′)

say to *one*self は「心の中でつぶやく」という意味で，引用符の中は仮定法過去の文。主節の主語 that は If節の内容を指す。〈make＋O＋C〉は「OをCにする」という意味。

6 He thought and thought about a good solution.

S V

thought and thoughtは「考えに考えた」という意味。同じ語をandを用いて繰り返すことで，その語を強調することができる。

7 One day, looking at the pond, he did hit upon a simple but wonderful idea.

分詞構文 S V O

looking at the pondは「池を見ながら」という意味を表す分詞構文。did hit uponは助動詞didが動詞句hit uponを強調している。hit upon ... は「…を思いつく」という意味。⇒ Grammar

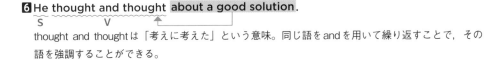

8 Six years later, he finally completed powdered *natto* that could stick to dirt and make it sink.

S V O 先行詞 関係代名詞

completeは「…を完成させる」という意味。thatは主格の関係代名詞で，that以下は先行詞powdered *natto*を修飾している。〈make＋O＋C（原形不定詞）〉は「OにCさせる」という意味で，itはこの文のdirtを指す。

9 He immediately founded a new company to sell his powder.

S V O to不定詞

foundは「…を設立する」という意味。to不定詞は「…するために」と目的を表す。

10 Contrary to his high expectations, it was not a hit in Japan.

S V C

Contrary to ... は「…に反して」という意味。itは**9**のhis powderを指す。

Grammar

強調の助動詞do　動詞の前に助動詞do［does, did］を置くと，肯定・否定や時制に関する意味が強調されます。

He did hit upon a simple but wonderful idea.
（彼は本当に単純だけども素晴らしいアイデアを思いつきました。）

I didn't love *natto* back then, but I do love it now.
（私はその当時は納豆が大好きではありませんでしたが，今は本当にそれが大好きです。）

Everyone thinks he doesn't love *natto*, but he does love it.
（みんなが彼は納豆が大好きではないと思っていますが，彼は本当にそれが大好きです。）

解説 動詞を強調する場合，動詞の前に助動詞do [does, did]を置くことができる。このdo [does, did]は「本当に，確かに」という意味で，一般動詞の「…する」という意味ではない。人称や時制によって，do [does, did]を使い分ける。

Try It!

（　　）内の語を並べかえて，ペアで対話しましょう。

1. *A*：I did not think that they could solve the water problem so easily.

B：Well, I (believe / could / did / that / they) come up with a solution soon.

2. *A*：You haven't forgotten about the terrible disaster in the Tohoku region in 2011, have you?

B：I (clearly / do / it / remember / very) because one of my friends lived there at that time.

ヒント **1.** *A*「私は，彼らが水の問題をそんなに簡単に解決できるとは思いませんでした。」

B「ええと，私は彼らはすぐに解決策を思いつくことができると本当に信じていました。」

動詞believeの前に強調の助動詞didを置き，believeの目的語となるthat節を続ける。

2. *A*「あなたは2011年の東北地方のひどい災害について忘れていないですよね？」

B「私は私の友人の1人が当時そこに住んでいたので，とてもはっきりと確かにそれを覚えています。」

動詞rememberの前に強調の助動詞doを置き，rememberの目的語itを続ける。

Part 3 教科書 ▶pp.128-129

イラストを見て，語（句）の意味を推測しましょう。

1. turning point

2. tidal wave

3. victim

ヒント 教科書p.128では，**1.** Uターンを示す標識が描かれている。**2.** 大きな波が家やビルを飲み込もうとしている。**3.** 大きな波，竜巻，雷，火災を背景にして，ヘルメットを被って逃げる人が矢印で示されている。

本文を読んで，（　　）内に適切な語や数字を入れましょう。

In (①)	A huge tidal wave hit the southern region of (②).
The government of (②)	It wanted to try Dr. Oda's powder to supply the (③) with clean water.
Dr. Oda	He received an unexpected (④) from (②). He flew to the country and created precious, clean water there.

ヒント (①) に「大津波が (②) の南部地方を襲った。」

(②) 政府「それは (③) にきれいな水を供給するために小田博士の粉を試したいと思った。」

小田博士「彼は (②) から思いがけない (④) を受けた。彼はその国へ飛行機で行き，そこで貴重できれいな水を作り出した。」

①は教科書のp.129の1行目，②は2〜3行目，③は3〜6行目，④は2〜3行目を参照。

Speak / Write

Have you been amazed recently? If yes, what made you amazed?

例 ・Yes, I have. The very loud sound of the thunder last night did. ...

・No. Nothing special made me amazed recently. ...

Plus One

ヒント「あなたは最近びっくりしたことはありますか。もしそうなら，何があなたをびっくりさせましたか。」例「・はい，私はあります。昨晩の雷のとても大きな音がびっくりさせました。」「・いいえ。最近私をびっくりさせた特別なことは何もありません。」

本文

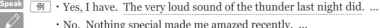

1 The turning point suddenly came / in December 2004.// **2** Dr. Oda received an unexpected call from Thailand / after a huge tidal wave had hit its southern region.// **3** The government wanted to try

転機は突然にやってきた / 2004年12月に / 小田博士はタイから思いがけない電話を受けた / 大津波が / その南部地方を襲ったあとに / 政府は彼の粉を試したいと思った

語句

- □ turning point /tə́ːrnɪŋ pɔ̀ɪnt/ 名 転機，転換点
- □ tidal wave /táɪdl wèɪv/ 名 津波

his powder / to supply the victims with clean water,/ which led him to
被災者にきれいな水を供給するために　そのことが彼を
Thailand soon afterward.// **4** There,/ his powder helped to create
その後ですぐにタイに導いた　そこで　彼の粉は貴重できれいな水を
precious, clean water.//
作り出す手助けをした

5 This successful result attracted global attention to the
この好結果がその粉への世界的な注目を集めた
powder.// **6** It was then used in Mexico and Bangladesh.// **7** It is
それはそれからメキシコとバングラデシュで使われた
currently being used / to purify dirty water in about 80 countries / in
それは現在利用されている　およそ80か国で汚水を浄化するために
need of drinking water.// **8** People are often amazed / and shout,/
飲み水を必要として　人々はしばしばびっくりする　そして叫ぶ
"It's a magic powder"/ when they see brown and cloudy water become
「それは魔法の粉だ」　彼らが茶色く濁った水がきれいになるのを目にするとき
clear / just before their eyes.//
ちょうど彼らの目の前で

- □ afterward /æftərwərd/ 副 その後で
- □ global /glóubl/ 形 世界的な，全世界の
- □ currently /kə́ːrəntli/ 副 現在（のところ）
- □ purify /pjúərəfài/ 動 …を浄化する
- □ amazed /əméɪzd/ 形 びっくりする

- □ in need of ... …を必要として

読解のポイント

1 The turning point suddenly came in December 2004.
(S: The turning point　V: came)

turning pointは「転機，転換点」という意味。

2 Dr. Oda received an unexpected call from Thailand after a huge tidal wave had hit its southern region.
(S: Dr. Oda　V: received　O: an unexpected call　S′: a huge tidal wave　V′: had hit　O′: its southern region)

unexpectedは「思いがけない」という意味。afterの後の節は，主節よりも前の出来事を表すために過去完了had hitが使われている。itsはこの文のThailandを受けている。

3 The government wanted to try his powder to supply the victims with clean water, which led him to Thailand soon afterward.
(S: The government　V: wanted　O: to try his powder　非制限用法のwhich)

The governmentは**2**よりタイ政府を表す。his powderは小田博士が発明した納豆パウダーのこと。to不定詞句は目的を表し，supply ... with ～は「…に～を供給する」という意味。コンマがついた関係代名詞whichは，直前の文を先行詞とする非制限用法で，The government wanted ... clean waterを受けている。⇒ Grammar

4 There, his powder helped to create precious, clean water.

S V O (to不定詞)

〈help＋to不定詞〉は「…する手助けをする，…するのに役立つ」という意味。

5 This successful result attracted global attention to the powder.

S V O

attract attention to ... は「…への注目を集める」という意味。

6 It was then used in Mexico and Bangladesh.

S V

It は**5**の the powder を指す。

7 It is currently being used to purify dirty water in about 80 countries in need of drinking water.

S V

It は**5**の the powder を指す。is being used は〈be動詞＋being＋過去分詞〉で受け身の現在進行形を表し，「(まさに今) 使われている」という意味。to不定詞は目的を表し，in need of ... は「…を必要として」という意味。in need of drinking water が80 countries を修飾している。

8 People are often amazed and shout, "It's a magic powder" when they see brown and cloudy water become clear just before their eyes.

S V C V S''+V'' C'' S' V' O' C'

〈see＋O＋C (原形不定詞)〉は「OがCするのを見る」という意味。cloudy はここでは「濁った」という意味。

Grammar

直前の文を先行詞とする関係代名詞which 非制限用法のwhichは，直前の文やその一部を先行詞とすることがあります。

The government wanted to try his powder, which led him to Thailand.
(その政府は彼の粉を試したいと思いました，そのことが彼をタイに導きました。)

The powdered *natto* did not sell well in Japan, which disappointed Dr. Oda.
(粉状の納豆は日本ではあまり売れませんでした，そのことが小田博士を失望させました。)

The local people helped the doctor, which was very kind of them.
(地元の人々はその医師を助けました，彼らはとても親切でした。)

解説 関係代名詞の非制限用法のwhichはLesson4 Part2 (本書p.67参照) で学習したが，今回は直前の文やその一部を先行詞とすることがある点を学習する (例1)。
この場合も関係代名詞の非制限用法のwhichは〈接続詞 (and / but / because) ＋代名詞〉で書きかえることができる (例2)。

例1 Kenta told me that he has a twin, which is a lie.
直前の文の一部が先行詞
（ケンタは双子がいると私に言いましたが，それはうそです。）

例2 The government wanted to try his powder, which led him to Thailand.
⇒The government wanted to try his powder, and it [that] led him to Thailand.

The powdered *natto* did not sell well in Japan, which disappointed Dr. Oda.
⇒The powdered *natto* did not sell well in Japan, and it [that] disappointed Dr. Oda.

The local people helped the doctor, which was very kind of them.
⇒The local people helped the doctor, and it [that] was very kind of them.

Try It!

(　　) 内の語を並べかえて，ペアで対話しましょう。

1. *A*：What happened to the pond?
B：I don't know, but its dirty water has become clear and clean, (is / unbelievable / which).

2. *A*：Dr. Oda flew to Thailand to help the victims of the disaster with his powder.
B：Right! His powder did supply them with clean drinking water, (happy / them / made / so / which).

ヒント **1.** *A*「その池に何が起きましたか。」
B「私はわかりませんが，その濁った水が透明できれいになっています，それは信じられません。」
its ... cleanを先行詞と考え，非制限用法の関係代名詞whichの文を続ける。

2. *A*「小田博士は災害の被災者を彼の粉で助けるためにタイに飛行機で行きました。」
B「その通り！　彼の粉は確かに彼らにきれいな飲み水を供給しました，そのことは彼らをとても幸せにしました。」
直前の文を先行詞と考え，非制限用法の関係代名詞whichの文を続ける。

イラストを見て，語の意味を推測しましょう。

1. customer

2. demonstrate

3. income

ヒント 教科書p.130では，**1.** はレジの前にいる店員ではない方の人に矢印が向いている。**2.** はフライパンを持った人が聴衆の前で話をしている様子が描かれている。**3.** は硬貨の椅子に座った男女が封筒に入った紙の束を見ている様子が描かれている。

本文を読んで，(　　) 内に適切な語を入れましょう。

Locally employed people	Their customers
・(① 　　　) the powder and water at low prices. ・(② 　　　) much better lives with a steady income. ・are (③ 　　　) again and again by their customers.	・are really (④ 　　　). ・can (⑤ 　　　) with clean water. ・can (⑥ 　　　) their children safe water to drink.

ヒント 地元で雇用された人々は「・そのパウダーと水を低価格で（①）。」「・安定した収入でずっとよりよい生活を（②）。」「・彼らの顧客に何度も（③）。」
彼らの顧客は「・とても（④）。」「・きれいな水で（⑤）できる。」「・彼らの子どもたちに安全な飲み水を（⑥）できる。」
①は教科書p.131の2〜3行目，②は6〜7行目，③は7〜9行目，④は9〜10行目，⑤は10行目，⑥は10〜11行目を参照。

Have you ever been thanked by people around you? If yes, what did you do for them?

例 ・Yes, I have. I helped foreign visitors who were lost. ...
・No. I have not been thanked by anybody around me. ...

Plus One

ヒント「あなたはこれまでにあなたのまわりの人々から感謝されたことがありますか。もしあるなら，あなたはその人々に何をしましたか。」例「はい，あります。私は道に迷った海外からの観光客を助けました。」「いいえ。私は私のまわりの誰からも感謝されたことはありません。」

本文

1 The *natto* powder provides not only clean water but also business opportunities for local people.// **2** Locally employed people sell the powder and water / at low prices.// **3** Right in front of their

納豆パウダーは地元の人々にきれいな水だけでなく商売の機会も提供する　地元で雇用された人々は　そのパウダーと水を販売する　低価格で　彼らの潜在的な顧客を

語句

□ business /bíznəs/ 名 商売，ビジネス

potential customers,/ they demonstrate / how to purify dirty water,/
すぐ目の前にして　彼らは…を説明する　どのように濁った水を浄化するか

show the water quality,/ and then / sell both the powder and water.//
水質を見せる　そしてその後　そのパウダーと水の両方を販売する

4 They enjoy much better lives / with the steady income.// **5** When
彼らはずっとよりよい生活を楽しむ　安定した収入で

they go around their neighborhoods,/ they are thanked again and
彼らが近所［地域］をまわるとき　彼らは何度も何度も感謝される

again / by their customers.// **6** They say,/ "I'm really happy / because
彼らの顧客によって　彼らは…と言う　「私は本当にうれしい

I can now cook with clean water,"/ or / "I can give my children safe
私は今，きれいな水で料理ができるから」　あるいは　「私は子どもたちに安全な

water to drink."//
飲み水を与えることができる」

7 The *natto* powder makes a difference / to the lives of many
納豆パウダーは変化をもたらす　世界の多くの人々の

people in the world.// **8** It seems to have stuck in their minds / and
生活に　それは彼らの心に焼きついたようだ

spread an ever-widening circle of smiles.//
そして絶えず広がる笑顔の輪を広めたようだ

- □ potential /pəténʃəl/ 形 潜在的な
- □ demonstrate /démənstrèɪt/ 動 …を（実演して）説明する
- □ steady /stédi/ 形 安定した
- □ income /ínkʌm/ 名 収入
- □ widen(ing) /wáɪdn(ɪŋ)/ 動 広がる

- □ go around ... …をまわる
- □ make a difference 変化をもたらす

読解のポイント

1 The *natto* powder provides [not only] clean water [but also] business opportunities for local people.
(The *natto* powder = S, provides = V, not only clean water but also business opportunities = O; for local people → provides)

provide ... for ～は「～に…を提供する」という意味。目的語の部分にnot only ... but also ～「…だけでなく～も」を含み，少し長くなっている。

2 Locally employed people sell the powder and water at low prices.
(Locally employed people = S, sell = V, the powder and water = O; at low prices → sell)

Locally employedは「地元で雇用された」という意味で，peopleを修飾している。

3 Right in front of their potential customers, they demonstrate how to purify dirty water, show the water quality, and then sell both the powder and water.

S V O / V O / V O

their と they は 2 の Locally employed people を受ける。この文の動詞は demonstrate, show, sell の3つで，how to ... は「どのように…するか，…の仕方」という意味。

4 They enjoy much better lives with the steady income.

S V O

They は引き続き Locally employed people を指す。much は比較級を強調して「ずっと，かなり」という意味。

5 When they go around their neighborhoods, they are thanked again and again by their customers.

S' V' O' S V

They は引き続き Locally employed people を指す。neighborhood(s) には「近所」または「地域」の意味がある。again and again は「何度も何度も」という意味。

6 They say, "I'm really happy because I can now cook with clean water," or "I can give my children safe water to drink."

S V S'+V' C' S'' V'' S' V' O'1 O'2

They は 5 の their customers を指す。to drink は形容詞の働きをしており，safe water を修飾している。

7 The *natto* powder makes a difference to the lives of many people in the world.

S V O

make a difference は「変化をもたらす」という意味。

8 It seems to have stuck in their minds and spread an ever-widening circle of smiles.

S V

seem to *do* は「…するようだ」という意味。ここでは to 不定詞が〈to＋have＋過去分詞〉の形になっており，to 不定詞の表す内容が seems の時制（現在時制）よりも前（過去）であることを表している。接続詞 and は stuck と spread を同列につないでいる。stick in *one*'s mind は「…の心に焼きつく」という意味。⇒ Grammar

Grammar

to＋have＋過去分詞　述語動詞が表す時よりも前のことを表します。

The *natto* powder seems to have stuck in their minds.
（その納豆パウダーは彼らの心に焼きついたようです。）

The local people appeared to have sold all the *natto* powder.
（地元の人々はすべての納豆パウダーを販売したように見えました。）

I'm glad to have helped them get clean water.
（私は，彼らがきれいな水を手に入れるのを手伝えてうれしいです。）

解説 述語動詞と不定詞の表す「時」が同じ場合は〈to＋動詞の原形〉を用いるが，不定詞の表す「時」が述語動詞の表す「時」よりも前の場合は〈to + have＋過去分詞〉を用いる。前記の例文をthat節を用いて書きかえると，例 のようになる。2番目の英文のように，述語動詞が過去時制かつ〈to + have＋過去分詞〉を用いた文をthat節の文に書きかえる場合，that節の動詞は過去完了（大過去）を用いる点に注意する。

例 The *natto* powder seems to have stuck in their minds.
seems：現在時制　to have stuck：現在時制よりも前を表す

⇒It seems that the *natto* powder stuck in their minds.
seems：現在時制　stuck：過去時制（stickの過去形）

The local people appeared to have sold all the *natto* powder.
appeared：過去時制　to have sold：過去時制よりも前を表す

⇒It appeared that the local people had sold all the *natto* powder.
appeared：過去時制　had sold：過去完了（大過去）

I'm glad to have helped them get clean water.
'm：現在時制　to have helped：現在時制よりも前を表す

⇒I'm glad that I helped them get clean water.
'm：現在時制　helped：過去時制

Try It!

(　　) 内の語を並べかえて，ペアで対話しましょう。

1. *A*：We have to wait for two hours until we can board the plane bound for Thailand.
B：The schedule (been / changed / have / seems / to) because of the bad weather.

2. *A*：The victims of the earthquake look very tired.
B：They seem to (for / have / lived / the / week / whole) without electricity.

ヒント **1.** *A*「私たちはタイ行きの飛行機に搭乗できるまで2時間待たなければなりません。」
B「悪天候のせいでスケジュールが変更されたようです。」
動詞seemsの後ろを〈to + have＋過去分詞〉の語順にする。

2. *A*「地震の被災者はとても疲れて見えます。」
B「彼らはこの1週間ずっと電気がない状態で生活しているようです。」
〈(to＋) have＋過去分詞〉の語順にする。the whole weekは「1週間ずっと」という意味。

Summary1 本文の内容に合うように，空所を埋めましょう。

Part1
- 白い粉を濁った水に①[　　]だけで，きれいな水を得ることができます。
- 汚水をきれいな水にするのは納豆にある粘着性の成分で，この納豆パウダーを②[　　]したのは小田兼利博士です。

Part2
- 開発のきっかけは，1995年に関西地方を襲った③[　　]で，きれいな水を求めて長い列に並んで待つ地元の人々の光景を小田博士が目にしたからでした。
- 水中の汚れを沈殿させる粉状の納豆を④[　　]させるのに6年かかりました。

Part3
- 2004年12月，大津波に襲われたタイから電話があり，それは⑤[　　]にきれいな水を供給するため，納豆パウダーを使いたいというものでした。
- 小田博士は，タイへ行き，きれいな水を作り出す手助けをし，その成功によって，現在では飲料水を必要とする約⑥[　　]か国で納豆パウダーが利用されています。

Part4
- 納豆パウダーは，地元の人々に⑦[　　]の機会も提供しています。
- 雇用された人は，納豆パウダーと水を販売することで，安定した⑧[　　]を得て，よりよい生活が送れています。

ヒント それぞれの教科書参照ページを示す。①p.125の2～4行目，②p.125の10～12行目，③p.127の1～2行目，④p.127の11～12行目，⑤p.129の3～6行目，⑥p.129の9～11行目，⑦p.131の1～2行目，⑧p.131の6～7行目。

Summary2 空所に入る語を[　　]の中から選び，要約を完成しましょう。

The *natto* powder can be (①　　) / both in emergency situations and in areas of the world / without enough clean water.// It was (②　　) by Dr. Oda Kanetoshi.//

納豆パウダーは（①）されうる　緊急時と世界の地域の両方で　十分なきれいな水のない　それは小田兼利博士によって（②）

The Great Hanshin-Awaji Earthquake made Dr. Oda start working on the invention.// He wanted to help local people / who (③　　) in long lines / every day / for clean water.// He spent six years / completing powdered *natto* / that could stick to dirt and make it (④　　).//

阪神淡路大震災が小田博士にその発明に取りくみ始めさせた　彼は地元の人々を助けたかった　長い列に並んで（③）　毎日　きれいな水を求めて　彼は6年を費やした　粉状の納豆を完成させることに　汚れに付着しそれを（④）させる

In 2004,/ Dr. Oda was asked / to help create clean water / for disaster victims in Thailand / by using his powder.// His successful (⑤　　) brought global attention to the powder.//

2004年に　小田博士は…を頼まれた　きれいな水を作り出す手助けをすること　タイの災害の被災者のために　彼の粉を使うことによって　彼の成功した（⑤）はその粉への世界的な注目をもたらした

The *natto* powder provides local people with both clean water and (⑥　　) opportunities.//
その納豆パウダーは地元の人々にきれいな水と（⑥）の機会の両方を提供する

Locally employed people gain a steady (⑦　　) / and live better lives / by selling the powder and water.//
地元で雇われた人々は安定した（⑦）を得る　そしてよりよい生活を送る　その粉と水を販売することによって

business / income / invented / result / sink / used / waited

ヒント それぞれの教科書参照ページを示す。①p.125の5〜6行目，②p.125の11〜12行目，③p.127の4〜5行目，④p.127の11〜12行目，⑤p.129の8〜9行目，⑥p.131の1〜2行目，⑦p.131の6〜7行目。

Vocabulary 英語のヒントを読んで，本文に出てきた単語を書きましょう。

1. em□□□□□□y ……… a sudden serious and dangerous situation that must be dealt with quickly
2. v□□□□□ ……… a person who has been attacked, injured, or killed as the result of a crime, a disease, a disaster, etc.
3. de□□□□□□□te ……… to show and explain how something works

ヒント **1.**「すぐに対処されなければならない突然の深刻で危険な状況」 **2.**「犯罪，病気，災害などの結果として攻撃されたり傷つけられたり殺されたりした人」 **3.**「どのように物事が機能するかを見せて説明すること」

Key Expressions 日本語と同じ意味になるように，(　　) 内に適切な語を入れて文を言いましょう。

1. (　　) you have to (　　) is to add *natto* to curry. That makes it better.
カレーに納豆を加えるだけでいいのです。それでもっとおいしくなります。
2. The mud (　　) (　　) my shoes while I was walking in the disaster area.
被災地を歩いていると，泥が靴に付着しました。
3. (　　) (　　) public opinion, *natto* is popular among foreign people.
人々の考えに反して，納豆は海外の人々に人気があります。
4. We are in (　　) (　　) new ideas to provide job opportunities for local people.
私たちは地域の人々に仕事の機会を提供する新たなアイデアを必要としています。

ヒント **1.**「…するだけでいい」を「…は～しさえすればよい」に読みかえて，相当する語句を入れる。 **2.**「…に付着した」に相当する語句を入れる。 **3.**「…に反して」に相当する語句を入れる。 **4.**「…を必要とする」に相当する語句を入れる。

Grammar for Communication 例を参考に，イラストが表す状況を伝えながらペアで話しましょう。

例1

A : Ken is drying his hair. He seems to have walked home in the rain.

B : You're right. He forgot to take his umbrella this morning.

例2

A : Hana is smiling. She seems to have done well on the exam.

B : That's right. She got a perfect score.

ヒント 教科書p.133では，**1.** 賢がドライヤーで髪を乾かしている。**2.** 華が「100」と書かれた答案用紙を持ち，ピースサインをしている。

例1 *A*「賢は髪を乾かしています。彼は雨の中歩いて家に帰ったようです。」
B「あなたは正しいです。彼は今朝，傘を持っていくのを忘れました。」

例2 *A*「華はほほえんでいます。彼女は試験でよくできたようです。」
B「その通りです。彼女は満点を取りました。」

Action

教科書 ▶ pp.134-135, 207

Scene 1 ある製品の実演販売の番組を聞きましょう。

Today,/ I would like to promote this powder.// It's *natto* powder.// It's also called a "magic powder."// Do you know why?// I will prove it / by showing / how the powder does magic.// I have a glass of cloudy water / with lots of dirt in it.// Now is the time for the powder.// Add a pinch of it to the water,/ mix them well,/ and see what happens.// Ta-da,/ the water is clear and clean.// The powder has made it clean / in a few seconds.// What's behind this magic?// Actually,/ a sticky component in *natto* collects all the dirt / and makes it sink.// The *natto*

本日 / 私はこの粉の販売を促進したい / これは納豆パウダーだ / これは「魔法の粉」とも呼ばれる / あなたはなぜかわかるか / 私はそれを証明する / …を見せることによって / どのように粉が魔法を行うか / 私は1杯の濁った水を持っている / その中に多くの汚れがある / 今こそ粉の出番だ / 水にそれをひとつまみ加えなさい / それらをよく混ぜなさい / そして何が起こるか見なさい / ジャーン / 水が透明できれいだ / 粉はそれをきれいにした / 数秒後に / 何がこの魔法の背後にあるか / 実は / 納豆の中の粘着性の成分がすべての汚れを集める / そしてそれを沈殿させる

powder has purified the dirty water.//
納豆パウダーが濁った水を浄化してしまった

語句
- ☐ pinch /píntʃ/ 名 ひとつまみ
- ☐ promote /prəmóut/ 動 …の販売を促進する
- ☐ prove /prú:v/ 動 …を証明する
- ☐ ta-da /tədá:/ 間 ジャーン

Listen and Answer 実演販売の手順になるように，下のイラストを並べかえましょう。

b. → (　　　　) → (　　　　) → (　　　　) → (　　　　)

ヒント 教科書p.134では，**a.** 粉をひとつまみ入れている様子　**b.** 山盛りの粉　**c.** 水をかき混ぜている様子　**d.** 濁った水　**e.** 汚れが沈殿した水が描かれている。それぞれのスクリプト参照箇所を示す。**a.** 8文目　**b.** 2文目　**c.** 8文目　**d.** 6文目　**e.** 12文目。

Write Scene 2 納豆パウダーを紹介するスクリプトを作成しましょう。

本文を参考に，①と②の空所に適切な語（句）を入れましょう。③の空所には，スクリプトの展開に合うような1文をペアで考えて書きましょう。

Buy the Magic Powder
魔法の粉を買ってください

Today,/ I would like to promote this powder.// It's *natto* powder.// It's a "magic powder"/
本日　私はこの粉の販売を促進したい　これは納豆パウダーだ　これは「魔法の粉」だ

that people call it.// Do you know why?// I will prove it / by demonstrating / how the powder
人々が呼ぶ（ところの）　あなたはなぜかわかるか　私はそれを証明する　…を説明することによって　どのように粉が

does *magic*.// Look,/ I have a glass of cloudy water / with lots of dirt in it.// Now,/ just ①＿＿＿＿ /
魔法を行うか　見て　私は1杯の濁った水を持っている　その中に多くの汚れがある　今　ただ（①）

and see what happens.// Look,/ the water has become clean.// The powder has done this / in
そして何が起こるか見なさい　見て　水がきれいになった　粉はこれをした

a few seconds,/ which is amazing.// What's behind this magic?// A sticky component in *natto*
数秒後に　それは驚くべきことだ　何がこの魔法の背後にあるか　納豆の中の粘着性の成分が（②）

②＿＿＿＿.// That's why ③＿＿＿＿.//
そういうわけで（③）

ヒント ①は教科書p.125の2〜5行目，②はp.125の9〜10行目を参照。

定期テスト対策⑧（Lesson 8）

解答⇒p.246

1 日本語の意味を表すように，＿＿に適切な語を入れなさい。

(1) 彼女の疑いに反して，その製品は日本でよく売れました。

＿＿＿＿＿＿ ＿＿＿＿＿＿ her doubts, the product sold well in Japan.

(2) 彼は「これを乗り越える」と心の中でつぶやきました。

He ＿＿＿＿＿＿ ＿＿＿＿＿＿ ＿＿＿＿＿＿,“I will overcome this.”

(3) この素材は簡単に木材に付着することができます。

This material can easily ＿＿＿＿＿＿ ＿＿＿＿＿＿ wood.

2 (　　) 内から適切な語（句）を選び，○で囲みなさい。

(1) It was two weeks ago (that / which / who) I first met Emily.

(2) Ryan fixed the broken car, (when / where / which) surprised me.

(3) She never speaks ill of others. I (am / do / have) respect her.

(4) He is said (to be happy / to have had been happy / to have been happy) when he passed the exam.

3 日本語に合うように，(　　) 内の語（句）を並べかえなさい。

(1) ケイが捕まえたのは大きなカブトムシでした。

(was / large / it / beetle / that / a) Kei caught.

＿＿＿＿＿＿＿＿＿＿＿＿＿＿＿＿＿＿＿＿＿＿ Kei caught.

(2) コンピュータが固まったとき，あなたは待ちさえすればよいです。

(have / is / to / wait / all / to / you / do) when your computer freezes.

＿＿＿＿＿＿＿＿＿＿＿＿＿＿＿＿ when your computer freezes.

(3) そのネコは一晩中そこにいたようです。

(been / have / to / the cat / there / seems) through the night.

＿＿＿＿＿＿＿＿＿＿＿＿＿＿＿＿＿＿＿＿ through the night.

(4) この5分間の日々の運動があなたの健康に変化をもたらします。

This five-minute daily exercise (difference / a / health / to / your / makes).

This five-minute daily exercise ＿＿＿＿＿＿＿＿＿＿＿＿＿＿＿＿.

4 次の英語を日本語にしなさい。

(1) He appeared to have changed his lifestyle.

＿＿＿＿＿＿＿＿＿＿＿＿＿＿＿＿＿＿＿＿＿＿＿＿＿＿＿＿

(2) It is my sister that belongs to a volleyball club.

＿＿＿＿＿＿＿＿＿＿＿＿＿＿＿＿＿＿＿＿＿＿＿＿＿＿＿＿

5 次の英文を読んで，質問に答えなさい。

The invention started in 1995, when the Great Hanshin-Awaji Earthquake struck the Kansai region. After this terrible disaster, the tap water supply completely stopped. ①Local people waited in long lines every day for clean water to arrive. During this time, Dr. Oda often visited a pond near his home. He said to himself, “If I could clean the water in this big pond, that would make everyone so happy.” He thought and thought about a good solution. ②One day, looking at the pond, he did hit upon a simple but wonderful idea.

(1) 下線部①を日本語にしなさい。

＿＿＿＿＿＿＿＿＿＿＿＿＿＿＿＿＿＿＿＿＿＿＿＿＿＿＿＿＿＿

(2) 下線部②を日本語にしなさい。

＿＿＿＿＿＿＿＿＿＿＿＿＿＿＿＿＿＿＿＿＿＿＿＿＿＿＿＿＿＿

6 次の英文を読んで，質問に答えなさい。

The turning point suddenly came in December 2004. Dr. Oda received an unexpected call from Thailand after a huge tidal wave had hit its southern region. The government wanted to try his powder to supply the victims with clean water ①(him / Thailand /, / to / led / which) soon afterward. There, his powder helped to create precious, clean water.

②This successful result attracted global attention to the powder. It was then used in Mexico and Bangladesh. ③It is currently being used to purify dirty water in about 80 countries in need of drinking water.

(1) 下線部①の（　　）内の語を意味が通る英文になるように並べかえなさい。

＿＿＿＿＿＿＿＿＿＿＿＿＿＿＿＿＿＿＿＿＿＿＿＿＿＿＿＿＿＿

(2) 下線部②の内容を表すように，空所に適切な日本語を入れなさい。

小田博士の粉が＿＿＿＿＿＿で＿＿＿＿＿＿のために

＿＿＿＿＿＿＿＿＿＿＿＿＿＿を作り出す手助けをしたこと。

(3) 下線部③を日本語にしなさい。

＿＿＿＿＿＿＿＿＿＿＿＿＿＿＿＿＿＿＿＿＿＿＿＿＿＿＿＿＿＿

Lesson 9 Flying after Her Dreams

Get Started! 教科書▶p.139

グラフを見て話し合ってみましょう。

What can you guess from the chart on the left?

ヒント「あなたは左側のグラフから何を推測できますか。」

Part 1 教科書▶pp.140-141

イラストを見て，語（句）の意味を推測しましょう。

1. female pilot

2. crash

3. airshow

ヒント 教科書p.140では，**1.** 飛行機とパイロットの制服を着た女性が描かれている。**2.** 機体が燃えて垂直に落下する飛行機が描かれている。**3.** 色付きの飛行機雲を放ちながら3機の飛行機が編隊を組んで飛んでいる。

本文を読んで，（　　）内に適切な語を入れましょう。

Not so long ago ...	・It was almost impossible to see (①　　　　) pilots.
Who was Bessie Coleman?	・A pilot in the United States. ・An African-American woman. ・Her face first appeared on a U.S. postage (②　　　　) in 1995. ・She died in a (③　　　　) accident in 1926. ・She opened doors not only for (④　　　　) but also for African-Americans.

ヒント それほど昔ではない頃「・(①) パイロットを目にするのはほぼ不可能でした。」ベシー・コールマンは誰だったか。「・アメリカのパイロット。」「・アフリカ系アメリカ人の女性。」「・1995年に彼女の顔がアメリカの郵便 (②) に初めて現れました。」「・彼女は1926年に (③) 事故で亡くなりました。」「・彼女は (④) だけでなくアフリカ系アメリカ人にも扉を開きました。」①は教科書p.141の1~4行目，②は5~6行目，③は7行目，④は12~13行目を参照。

What do you want to do when you grow up?

Plus One

ヒント「あなたは大人になったら何をしたいですか。」

本文

1 Today / we see female doctors, politicians, and athletes / all around us / every day.// **2** However,/ until not so long ago,/ this was almost impossible.// **3** Brave women cleared paths / for others to follow.// **4** Female pilots were no exception.//

今日　私たちは女性の医者，政治家そしてアスリートを目にする　私たちのまわりで　毎日　しかしながら　それほど昔ではない頃まで　これはほぼ不可能だった　勇敢な女性たちが道を切り開いた　他の人々があとに続く　女性のパイロットも例外ではなかった

5 Although Bessie Coleman's face first appeared on a U.S. postage stamp / in 1995,/ few people knew / who she was.//

ベシー・コールマンの顔がアメリカの郵便切手に最初に現れたにもかかわらず　1995年に　ほとんどの人々が知らなかった　彼女が誰であったか

6 Bessie died on April 30,/ 1926,/ in a tragic accident.// **7** Her old plane crashed / while she was training for an airshow.// **8** In her pocket was a note / from an elementary school student.// **9** It said,/ "I want to be a pilot / when I grow up.// **10** I want to do brave things for my race,/ like you."// **11** Bessie opened doors not only for women.// **12** She was African-American as well.//

ベシーは4月30日に亡くなった　1926年　悲惨な事故で　彼女の古い飛行機は墜落した　彼女が航空ショーのために訓練している間に　彼女のポケットの中にはメモがあった　小学生からの　…と書いてあった　私はパイロットになりたい　大人になったら　私は私の人種のために勇敢なことをしたい　あなたのように　ベシーが扉を開いたのは女性のためだけではない　彼女はその上アフリカ系アメリカ人だった

語句

- □ clear(ed) /klíər(d)/ 動 …をきれいにする，取り除く
- □ path(s) /pǽθ(-ðz)/ 名 道，生き方
- □ Bessie Coleman /bési kóulmən/ 名 ベシー・コールマン
- □ postage stamp /póustɪdʒ stæ̀mp/ 名 郵便切手
- □ tragic /trǽdʒɪk/ 形 悲惨な
- □ plane /pléɪn/ 名 飛行機
- □ crash(ed) /krǽʃ(t)/ 動 墜落する
- □ airshow /éərʃòu/ 名 航空ショー
- □ African-American /ǽfrɪkənəmérɪkən/ 形 アフリカ系アメリカ人の

- □ clear a path 道を切り開く
- □ as well その上

読解のポイント

1 Today we see **female** doctors, politicians, and athletes **all around us** **every day.**

(we: S　see: V　doctors, politicians, athletes: O)

Today は文全体を修飾している。female は「女性の」という意味の形容詞で，doctors，politicians，athletes を修飾している。all around ... は「…のまわりで」という意味で，all は around の意味を強調している。

2 However, until not so long ago, this was almost impossible.

S V C

this は**1**の文全体を指す。

3 Brave women cleared paths for others to follow.

S V O

clear paths は道をきれいにする，つまり「道を切り開く」という意味。for others は to follow の意味上の主語を表している。

4 Female pilots were no exception.

S V C

no exception は「例外でない（もの）」という意味。女性のパイロットもまた，**3**の文にあるように勇敢な女性が道を切り開いたことで生まれたものだということ。

5 Although Bessie Coleman's face first appeared on a U.S. postage stamp in 1995, few people knew [who she was].

S' V' S V O S'' V'' 間接疑問

〈Although＋S＋V〉は「…にもかかわらず」という意味で譲歩を表し，主節で重要なことが述べられることが多い。few は「ほとんど…ない」という意味。who she was は間接疑問で knew の目的語となっている。ここでは「ほとんどの人々が彼女が誰であったか知らなかった」という意味。⇒ Grammar

6 Bessie died on April 30, 1926, in a tragic accident.

S V

特定の日付を表すとき，前置詞は on を用いる。

7 Her old plane crashed while she was training for an airshow.

S V S' V'

〈while＋S＋V〉は「S が V している間に」という意味。

8 In her pocket was a note from an elementary school student.

V S

強調のために，場所を表す副詞句である In her pocket が文頭にきている。それにより倒置が起こり，動詞が主語の前に置かれている。

9 It said, "I want to be a pilot when I grow up.

S V S' V' O' S'' V''

It は**8**の a note を指す。say は「…と書いてある」という意味。引用符の中の I は**8**の文で述べられた an elementary school student のこと。grow up は「成長する，大人になる」という意味。

10 I want to do brave things for my race, like you."

S V O

like は前置詞で「…のように」という意味。you は Bessie Coleman を表す。

11 Bessie opened doors **not only** **for women**.
S V O

12の文とあわせて〈not only ... (but) ～ as well〉「…だけでなく～も」の構造となっている。

12 She was African-American **as well**.
S V C

〈not only ... (but) ～ as well〉の構造の後半部分。**11**の文とつなげると，「ベシーは女性たちだけでなくアフリカ系アメリカ人にも扉を開いた」ということ。

Grammar

譲歩を表す副詞節 〈although + S + V〉で，「…にもかかわらず」「とは言っても…だが」のような意味を表します。

Although Bessie's face appeared on a postage stamp, few people knew who she was.
（ベシーの顔が郵便切手に現れたにもかかわらず，ほとんどの人々は彼女が誰か知りませんでした。）

I felt the politician was wrong, although I didn't say so at that time.
（そのときそう言いませんでしたが，私はその政治家は間違っていると感じました。）

解説 譲歩とは，自分の意見とは異なる意見や状況などを認めたうえで，そのあとに主張したいことを述べる表現である。
譲歩を表す接続詞には although や though があり，会話では though を使うほうが好まれる（例）。

例 Though he studies Korean, he hasn't been to Korea yet.
（彼は韓国語を勉強していますが，まだ韓国に行ったことがありません。）

Try It!

（　）内の語（句）を並べかえて，ペアで対話しましょう。

1. *A*：What do you want to be in the future?
B：I want to be a pilot, (not / easy / is / although / it).

2. *A*：How was the airshow yesterday?
B：(good / although / the weather / wasn't), the show was amazing.

ヒント **1.** *A*「あなたは将来何になりたいですか。」
B「それは簡単ではありませんが，私はパイロットになりたいです。」
〈although + S + V〉の語順にする。

2. *A*「昨日の航空ショーはどうでしたか。」
B「天気はよくなかったけれども，そのショーは素晴らしかったです。」
〈Although + S + V〉の語順にする。

イラストを見て，語の意味を推測しましょう。

1. housework

2. soldier

3. flying

ヒント 教科書p.142では，**1.** 食器を洗っている人物が描かれている。**2.** 迷彩服を着て銃を持った人物が描かれている。**3.** 空を飛んでいる戦闘機が描かれている。

本文を読んで，(　　) 内に適切な語を入れましょう。

When Bessie was young...	・She was raised in a (① 　　　　) area of Texas. ・She looked after her three (② 　　　　) sisters. ・She did much of the (③ 　　　　) even when she was busy.
After graduating...	・Bessie saved her (④ 　　　　) and moved to Chicago. ・She graduated from a beauticians' school and started to work in a shop. ・At the shop, she heard (⑤ 　　　　) talking about flying in World War I. ・(⑥ 　　　　) became her new dream.

ヒント ベシーが若い頃…「・彼女はテキサスの（①）地域で育てられた。」
「・彼女は3人の（②）女きょうだいの世話をした。」
「・彼女は忙しいときでさえ（③）のほとんどを行った。」
卒業後…「・ベシーは（④）を貯めてシカゴに引っ越した。」
「・彼女は美容師の学校を卒業して店で働き始めた。」
「・その店で，彼女は（⑤）が第一次世界大戦での飛行について話をしているのを聞いた。」
「・(⑥）が彼女の新しい夢になった。」
①は教科書p.142の1～2行目，②は2～4行目，③は4～5行目，④は8～9行目，⑤は9～11行目，⑥は11～12行目を参照。

What do you do to help your family?

ヒント「あなたはあなたの家族を手伝うために何をしますか。」

本文

1 Bessie was raised in a poor area of Texas / by her mother,/ who
ベシーはテキサスの貧しい地域で育てられた　彼女の母親によって
picked cotton in fields / every day.// **2** Bessie not only helped her,/
母親は畑で綿を摘んでいた　毎日　ベシーは彼女を手伝っただけでなく

語句
□ Texas /téksəs/
名 テキサス（米国南西部の州）

but also looked after her three younger sisters.// **3** No matter how
彼女の3人の妹たちの世話もした　彼女はどんなに
busy she was,/ Bessie did much of the housework as well.// **4** Bessie
忙しくても　ベシーはほとんどの家事も行った　ベシーは
walked 14 kilometers / to and from school / every day.//
14キロ歩いた　学校の行き帰り　毎日

5 After graduating,/ she worked long hours / doing laundry.//
卒業後　彼女は長時間働いた　洗濯をして

6 Bessie saved her money / and in 1915,/ she moved to Chicago.//
ベシーはお金を貯めた　そして1915年に　彼女はシカゴに引っ越した

7 She graduated from a beauticians' school / and started to work in a
彼女は美容師の学校を卒業した　そして店で働き始めた
shop,/ where she sometimes heard soldiers talking about flying in
そこで彼女は時々兵士たちが第一次世界大戦での飛行について話しているのを
World War I.// **8** Flying became her new dream.//
聞いた　飛行が彼女の新しい夢になった

□ housework /háuswə̀ːrk/ 名 家事

□ Chicago /ʃikɑ́ːgou/ 名 シカゴ（米国の都市）

□ beautician(s) /bjuːtíʃən(z)/ 名 美容師

□ World War I /wə́ːrld wɔ́ːr wʌ́n/ 名 第一次世界大戦

読解のポイント

1 Bessie was raised in a poor area of Texas by her mother, who picked cotton in fields every day.
S　V　受け身　先行詞

受け身の文。who以下は関係代名詞の非制限用法で，先行詞のher motherに情報を加えている。

2 Bessie not only helped her, but also looked after her three younger sisters.
S　V　O　V　O

not only ... but also ～は「…だけでなく～も」という意味。前半のherは**1**のher (=Bessie's) motherを指す。後半のherはBessieを受ける。

3 No matter how busy she was, Bessie did much of the housework as well.
「どんなに…でも」　C'　S'　V'　S　V　O

〈No matter how＋S＋V〉は「どんなに…でも」という意味。⇒ Grammar

4 Bessie walked 14 kilometers to and from school every day.
S　V

to and from ...は「…の行き帰り」という意味。

5 After graduating, she worked long hours doing laundry.
S　V　分詞構文

doing laundryは分詞構文で，「…して」と付帯状況を表している。

6 **Bessie saved her money and in 1915, she moved to Chicago.**

S V O S V

move to ... は「…に引っ越す」という意味。

関係副詞

7 **She graduated from a beauticians' school and started to work in a shop, where she sometimes heard soldiers talking about flying in World War I.**

S V V O 先行詞

S' V' O' C'

where以下は関係副詞の非制限用法で，先行詞a shopに情報を加えている。〈hear＋O＋C（現在分詞）〉は「Oが…しているのを聞く」という意味。

8 **Flying became her new dream.**

S V C

Flyingは「飛行，飛ぶこと」という意味。

Grammar

no matter how [where, when]　〈no matter how [where, when]＋S＋V〉などで，「どんなに［どこに，いつ］…でも」のような意味を表します。

No matter how busy she was, Bessie did much of the housework.
（どんなに忙しくても，ベシーはほとんどの家事を行いました。）

No matter where she moved, she did her best there.
（どこに引っ越しても，彼女はそこで最善を尽くしました。）

She is always kind to her younger sisters no matter when I come to her house.
（私がいつ彼女の家に来ても，彼女はいつも彼女の妹たちに優しいです。）

解説 〈no matter how [where, when] + S + V〉も譲歩を表す副詞節を作る。no matter howの後ろには形容詞または副詞がくる。
この譲歩を表す副詞節は，〈however [wherever, whenever] + S + V〉で表すことができる（例）。

例 No matter how busy she was, Bessie did much of the housework.
⇒However busy she was, Bessie did much of the housework.

No matter where she moved, she did her best there.
⇒Wherever she moved, she did her best there.

She is always kind to her younger sisters no matter when I come to her house.
⇒She is always kind to her younger sisters whenever I come to her house.

Try It!

(　　) 内の語を並べかえて，ペアで対話しましょう。

1. *A*：I won't be able to do that without your help.
B：Please call me (when / matter / no / you) need me.

2. *A*：I want to get a pilot's license, although it seems very difficult.
B：(how / matter / hard / no) it is, you should try it.

ヒント **1.** *A*「私はあなたの助けなしにあれをすることができないでしょう。」
B「あなたが私を必要とするときはいつでも私に電話してください。」
〈no matter when + S + V〉の語順にする。

2. *A*「それはとても難しく思えるけど，私はパイロットの免許を取得したいです。」
B「どんなに大変でも，あなたはそれを試みるべきです。」
〈no matter how + C + S + V〉の語順にする。

イラストを見て，語（句）の意味を推測しましょう。

1. attend

2. flight school

3. license

ヒント 教科書p.144では，**1.** 生徒が校舎に集まってくる様子が描かれている。**2.** 飛行機の前にネクタイを付けた生徒らしき人物が並んでいる様子が描かれている。**3.** 顔写真ののったカードが描かれている。

本文を読んで，（　　）内に適切な語を入れましょう。

In the U.S.	・Women were not allowed to (①　　　　) flight schools.
In France	・Bessie became the first African-American and the first American (②　　　　) to get an international pilot's (③　　　　).
After returning home	・Bessie had a dream to (④　　　　) a flight school for women. ・She flew her old (⑤　　　　) in airshows and gave many (⑥　　　　) to make money.

ヒント アメリカでは「・女性たちは航空学校に（①）ことは許されていなかった。」
フランスでは「・ベシーは国際パイロットの（③）を取得した最初のアフリカ系アメリカ人かつ最初のアメリカ人（②）になった。」
帰国後「・ベシーは女性のための航空学校を（④）する夢を持った。」
「・彼女は航空ショーで彼女の古い（⑤）を操縦し，お金を稼ぐために多くの（⑥）をした。」
①は教科書のp.145の1～2行目，②と③は3～5行目，④は6～7行目，⑤は7～9行目，⑥は9～10行目を参照。

If you were Bessie, what would you do to make your dream come true?

Plus One

ヒント「もしあなたがベシーなら，あなたは夢を実現させるために何をしますか。」

本文

1 Women were not allowed / to attend flight schools / in the U.S.,/ so Bessie learned French / and moved to France / to get a pilot's license.// **2** She became the first African-American / AND the first American woman / to get an international pilot's license / in 1921.//

女性たちは許されていなかった　航空学校に通うこと　アメリカでは　だからベシーはフランス語を学んだ　そしてフランスに引っ越した　パイロットの免許証を取得するために　彼女は最初のアフリカ系アメリカ人になった　そして最初のアメリカ人女性　国際パイロットの免許証を取得した　1921年に

語句

☐ allow(ed) /əláu(d)/ 動 …を許す

☐ license /láisns/ 名 免許証

3 She returned home with one dream.// **4** She wanted to open a
彼女は1つの夢とともに帰国した　彼女は女性のための

flight school for women.// **5** In order to make this dream come true,/
航空学校を開きたいと思った　この夢を実現させるために

she flew her old airplane in airshows / for the next five years.//
彼女は航空ショーで彼女の古い飛行機を操縦した　向こう5年間

6 She also gave many speeches / to make money.// **7** If she had been
彼女は多くの演説もした　お金を稼ぐために　もし彼女が

a white man,/ she would surely have opened a school.//
白人の男性であったら　彼女はきっと学校を開いただろうに

- [ ] surely /ʃʊ́ərli/
副 きっと，確かに

- [ ] in order to *do*
…するために

読解のポイント

1 Women were not allowed to attend flight schools in the U.S., so Bessie learned French and moved to France to get a pilot's license.

(Women = S, were not allowed = V, Bessie = S, learned = V, French = O, moved = V)

were not allowed to attend は〈allow＋O＋to *do*〉「Oが…するのを許す」の受け身。to get a pilot's licenseは副詞の働きをしており，目的を表す。

2 She became the first African-American AND the first American woman to get an international pilot's license in 1921.

(She = S, became = V, the first African-American AND the first American woman = C)

ANDと大文字になっているのは「…かつ～」と両方を併せ持つことを強調するため。to不定詞句はthe first African-American AND the first American womanを修飾しており，the first ... to *do*で「～をした最初の…」という意味。

3 She returned home with one dream.

(She = S, returned = V)

return homeはここでは「帰国する」という意味。

4 She wanted to open a flight school for women.

(She = S, wanted = V, to open a flight school = O)

flight schoolは「航空学校」という意味。

5 In order to make this dream come true, she flew her old airplane in airshows for the next five years.

(she = S, flew = V, her old airplane = O)

In order to *do*は「…するために」という意味で，〈make＋O＋C〉「OをCにする」の補語の部分にcome true「実現する」がきている。flewはflyの過去形で，ここでは「…を操縦する」という意味。

6 She also gave many speeches to make money.
S V O

give a speechは「演説をする」，make moneyは「お金を稼ぐ」という意味。

7 [If she had been a white man,] she would surely have opened a school.
S' V' C' S V O
仮定法過去完了

If節は〈If＋S＋had＋過去分詞 ...〉の仮定法過去完了で，過去の事実に反する事柄を表し，「もし…していたら」という意味。実際には，ベシーは白人の男性ではなく，学校を開くこともなかったということ。⇒ Grammar

Grammar

仮定法過去完了 〈If＋S＋had＋過去分詞 ...〉で，「もし…していたら」のように過去の事実に反する事柄を表します。

If Bessie had been a white man, she would surely have opened a school.
（もしベシーが白人の男性であったら，彼女はきっと学校を開いただろうに。）

If she hadn't died so young, she would have worked more for women.
（もし彼女がそんなにも若くに死ななかったら，彼女は女性たちのためにもっと働いただろうに。）

解説 「もし…していたら，～しただろうに」のようにすでに起こった過去の事実に反する事柄を表すとき，〈If + S + had + 過去分詞 ..., S + would [could, might] + have + 過去分詞〉の仮定法過去完了を用いる。主節の助動詞は，意味に応じてwould，could，mightを使い分ける（例）。

例 If it had snowed, we could have skied on this mountain.
（もし雪が降ったなら，私たちはこの山でスキーをすることができただろうに。）

Try It!

（ ）内の語を並べかえて，ペアで対話しましょう。

1. *A*：Bessie Coleman tried to open a flight school for women.
   B：(she / if / made / had) enough money, she would have opened it.
2. *A*：I was busy last week. I had to write my speech.
   B：(had / I / been / if / free), I could have helped you.

ヒント **1.** *A*「ベシー・コールマンは女性のための航空学校を開こうとしました。」
B「もし彼女が十分なお金を稼いでいたら，彼女はそれを開いただろうに。」
〈If + S + had + 過去分詞 ...〉の語順にして，仮定法過去完了の文を作る。

2. *A*「私は先週忙しかったです。私は演説の原稿を書かなければなりませんでした。」
B「もし私が暇だったら，私はあなたを手伝うことができただろうに。」
〈If + S + had + 過去分詞 ...〉の語順にして，仮定法過去完了の文を作る。

イラストを見て，語の意味を推測しましょう。

1. mourner

2. funeral

3. soar

ヒント 教科書p.146では，**1.** 喪服を着て泣いている人が描かれている。**2.** 喪服を着た人々が棺を囲んで祈りをささげている。**3.** 白い鳥が翼を大きく広げて羽ばたいている。

本文を読んで，(　　) 内に適切な語を入れましょう。

Before 1921	・Bessie wanted to learn how to fly.
In 1926	・Bessie (① 　　　) students to go after their dreams in Jacksonville, Florida. ・The next day, while flying, she fell from her (② 　　　). ・More than 13,000 mourners attended her (③ 　　　).
Now	・The postage stamp flies all over the world (④ 　　　) and (④ 　　　) of times every day. ・Bessie's spirit continues to (⑤ 　　　) in the minds of many.

ヒント 1921年の前に「・ベシーは飛行の仕方を学びたいと思った。」

1926年に「・ベシーはフロリダのジャクソンビルで生徒たちに彼らの夢を追いかけるように（①）した。」

「・その翌日，飛行中に，彼女は彼女の（②）から落ちた。」

「・13,000人を超える会葬者が彼女の（③）に出席した。」

現在「・郵便切手が毎日（④）そして（④）という回数も世界中を飛んでいる。」

「・ベシーの精神［魂］は多くの人の心に（⑤）続けている。」

①は教科書p.147の2～3行目，②は3～4行目，③は5～6行目，④は11～12行目，⑤は14行目を参照。

What skills do you want to learn and why?

Plus One

ヒント「あなたはどのような技術を学びたいですか，そしてなぜですか。」

本文

1 The day before taking part in an airshow in 1926,/ Bessie visited all the schools in Jacksonville,/ Florida,/ and encouraged the students to go after their dreams.// **2** The next day,/ while flying,/

1926年の航空ショーに参加する前日　ベシーは　ジャクソンビルにあるすべての学校を訪れた　フロリダの　そして生徒たちに　彼らの夢を追いかけるように励ました　その翌日　飛行中に

語句

she fell from her plane.//
彼女は彼女の飛行機から落ちた

3 Attended by more than 13,000 mourners,/ Bessie's funeral
13,000人を超える会葬者に出席されて　ベシーの葬式は…を
showed / how strong her impact had been.// **4** Before 1921,/ she had
示した　彼女の影響がどれほど強かったか　1921年の前に　彼女はただ
only wanted to learn / how to fly airplanes.// **5** In 1926,/ however,/
…を学びたいだけだった　どうやって飛行機を操縦するか　1926年に　しかし
she used her skill and fame / to improve the lives of others.//
彼女は彼女の技術と名声を使った　他者の生活を向上させるために

6 She never realized her dream / of opening a flight school for
彼女は一度も彼女の夢を実現しなかった　女性のための航空学校を開く
women.// **7** However,/ her face began flying all over the world /
という　しかしながら　彼女の顔は世界中を飛び始めた
thousands and thousands of times / every day / from 1995.//
何千何万という回数も　毎日　1995年から
8 Bessie often said:/ "Don't be afraid to take risks!// **9** Fly!"//
ベシーはしばしば言った　危険を冒すことを恐れるな　飛べ
10 Her spirit continues to soar in the minds of many.//
彼女の精神［魂］は多くの人の心の中に空高く舞い上がり続けている

- □ mourner(s) /mɔ́ːrnər(z)/ 名 会葬者
- □ funeral /fjúːnərəl/ 名 葬式
- □ fame /féɪm/ 名 名声
- □ risk(s) /rísk(s)/ 名 危険
- □ soar /sɔ́ːr/ 動 空高く舞い上がる

- □ take part in ... …に参加する
- □ go after ... …を追いかける
- □ thousands and thousands of ... 何千何万という…

読解のポイント

1 The day before taking part in an airshow in 1926, Bessie (S) visited (V) all the schools (O) in Jacksonville, Florida, and encouraged (V) the students (O) to go after their dreams.

beforeを含む前置詞句がThe dayを修飾している。前置詞の後ろは（動）名詞がくる。take part in ... は「…に参加する」という意味。〈encourage＋O＋to *do*〉は「Oに…するように励ます」，go after ... は「…を追いかける」という意味。

2 The next day, while flying, she (S) fell (V) from her plane.

The next dayは「その翌日」という意味で，文全体を修飾している。while flyingはwhile she was flyingの主語とbe動詞が省略された形。

3 Attended by more than 13,000 mourners, Bessie's funeral showed [how strong her impact had been].

分詞構文 S V O C' S' V'

Attended by ..., は過去分詞で始まる分詞構文で，ここでは「…されて」と付帯状況を表す。showedの目的語はhowを含む間接疑問で，〈how＋C＋S＋V〉で「SがVすることがどれほどCだったか」という意味。showedよりも前のことを示すため，過去完了had beenが使われている。⇒ Grammar

4 Before 1921, she had only wanted to learn how to fly airplanes.

S V O

1921年よりも前のことを示すため，過去完了had wantedが使われている。

5 In 1926, however, she uesd her skill and fame to improve the lives of others.

S V O

to improve以下の不定詞句は副詞の働きをしており，目的を表している。

6 She never realized her dream of opening a flight school for women.

S V O ＝ 同格

neverは「一度も…ない」を表す。ベシーは亡くなってしまったので，彼女の夢が実現することはなかったということ。of openingのofは同格を表し，直前の名詞her dreamを説明している。

7 However, her face began flying all over the world thousands and thousands of times every day from 1995.

S V O

her face「彼女の顔」は，ベシー・コールマンの顔が印刷された郵便切手を表す。Part 1の5の文（本書p.181）を参照。thousands and thousands of ... は「何千何万という…」という意味。

8 Bessie often said: "Don't be afraid to take risks!

S V

be afraid to *do*は「…することを恐れる」，take a riskは「危険を冒す」という意味。

9 Fly!"

8の文の続きで，ベシーがよく言ったとされる言葉。

10 Her spirit continues to soar in the minds of many.

S V O

spiritは「精神［魂］」，continue to *do*は「…し続ける」，soarは「空高く舞い上がる」という意味。ここでのmanyは「多くの人」という意味の代名詞。ベシー・コールマンの功績は今も多くの人の記憶に刻まれているということ。

Grammar

分詞構文（過去分詞） 過去分詞で始まる句が時や理由，付帯状況などを表します。

Attended by more than 13,000 mourners, Bessie's funeral showed how strong her impact had been. 付帯状況

（13,000人を超える会葬者に出席され，ベシーの葬式は彼女の影響がどれほど強かったかを示しました。）

Encouraged by the great pilot, the students looked so happy. 理由

（その偉大なパイロットに励まされたので，生徒たちはとてもうれしそうに見えました。）

解説 分詞構文は，現在分詞で始まる句だけでなく，過去分詞で始まる句を用いて表すこともできる。過去分詞で始まる分詞構文は，文脈によって「付帯状況」「理由」「時」「条件」などの情報を加える（例1）。

分詞構文の動詞と主節の主語が能動的な関係（「…している」）を表す場合，現在分詞を用いる。受け身の関係（「…された［されている］」）を表す場合，過去分詞を用いる（例2）。

例1 Used properly, the medicine will work for you.

（適切に使えば，その薬はあなたに効くでしょう。）

例2 Watching TV, I mixed the flour.

能動的な関係（I watched TV）→現在分詞

（テレビを見ながら，私は小麦粉を混ぜ合わせました。）

Located near my school, the grounds are good for playing soccer after school.

受け身の関係（the grounds are located near my school）→過去分詞

（私の学校の近くに位置しているので，そのグラウンドは放課後サッカーをすることに適しています。）

Try It!

（　　）内の語（句）を並べかえて，ペアで対話しましょう。

1. *A*：I heard you took an entrance test for a flight school.

B：Yes, I did. (by / my teacher / helped), I was able to pass it!

2. *A*：Tell me about the new movie about a female pilot.

B：(by / famous director / created / a), it has already become a great hit in America.

ヒント **1.** *A*「私はあなたが航空学校の入学試験を受けたと聞きました。」

B「はい，私は受けました。私の先生に助けられて，私はそれに合格することができました！」

過去分詞で始まる分詞構文を作る。

2. *A*「女性のパイロットに関するその新しい映画について，私に教えてください。」

B「有名な監督によって作られたので，それはアメリカですでに大ヒットしています。」

過去分詞で始まる分詞構文を作る。

Summary1 本文の内容に合うように，空所を埋めましょう。

Part1
- 今と違い，少し前までは女性の医者や政治家などを見ることはほぼ①［　　］でした。
- 勇敢な女性たちが道を切り開いたお陰で，他の女性たちがあとに続けるようになりました。それは女性の②［　　］においても例外ではありませんでした。

Part2
- 貧しい地域で育ったベシーはどんなに忙しいときもほとんどの③［　　］をこなしました。
- 卒業後にシカゴで働いているとき，兵士の話を聞いたことがきっかけで④［　　］がベシーの夢になりました。

Part3
- ベシーは⑤［　　］を取得した初めての黒人かつアメリカ人女性になりました。
- ベシーは女性のための⑥［　　］を開くという夢を持ち，アメリカに帰国しました。

Part4
- 1926年にフロリダの高校を訪れ，生徒たちに⑦［　　］を追うように励ました翌日，ベシーは飛行中の事故で亡くなりました。
- “Don't be afraid to take risks! Fly!” という彼女の⑧［　　］は多くの人の心の中に空高く舞い上がり続けます。

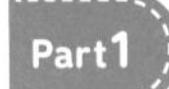
ヒント それぞれの教科書参照ページを示す。①p.141の1～3行目，②p.141の4行目，③p.143の4～5行目，④p.143の10～12行目，⑤p.145の3～5行目，⑥p.145の6～7行目，⑦p.147の1～3行目，⑧p.147の13～14行目。

Summary2 空所に入る語（句）を［　　］の中から選び，要約を完成しましょう。

Today,/ we can see female doctors,/ politicians,/ and pilots.// (①　　),/ it was almost impossible / to see them / until not so long ago.// (②　　) brave women cleared paths,/ others could follow them.// Bessie Coleman was one of the brave ones.//

今日　私たちは女性の医者を目にすることができる　政治家　そしてパイロット　(①)　ほとんど不可能だった　彼女たちを目にすること　それほど昔ではない頃まで　勇敢な女性たちが道を切り開いた（②）　他の人々が彼女たちのあとに続くことができた　ベシー・コールマンは勇敢な女性のうちの1人だった

She became the first African-American / and the first American woman / to get an international pilot's license / in 1921.//

彼女は最初のアフリカ系アメリカ人になった　そして最初のアメリカ人女性　国際パイロットの免許証を取得した　1921年に

She used her skill and fame / to improve the lives of others.// (③　　),/ she visited all the schools in Jacksonville,/ Florida,/ and encouraged the students to go after their dreams.//

彼女は彼女の技術と名声を使った　他者の生活を向上させるために　(③)　彼女はジャクソンビルにあるすべての学校を訪れた　フロリダの　そして生徒たちに彼らの夢を追いかけるように励ました

(④　　),/ she tried to open a flight school for women.//
（④）　　彼女は女性のための航空学校を開こうとした

(⑤　　) she died in a tragic accident in 1926,/ her spirit continues to soar in the minds of
彼女は1926年に悲惨な事故で亡くなった（⑤）　　彼女の精神［魂］は多くの人の心の中に高く舞い

many people.//
上がり続けている

Also / Although / Because / For example / However

ヒント ①は教科書p.141の1～3行目を参照。②はp.141の3～4行目を参照。従属節と主節が因果関係を表すことに注目。③はp.147の7～9行目を参照。1926年にベシーがしたことはPart 4冒頭で述べられており，③の文にはベシーが1926年にした具体例がくる。④はp.147の10～11行目を参照。never realizedをtriedに読みかえる。④の文にはベシーがしたことの具体例の続きがくる。⑤は従属節と主節が譲歩の関係を表すことに注目。

Vocabulary 英語のヒントを読んで，本文に出てきた単語を書きましょう。

1. f□□□□w ………… to go after someone else
2. s□□e ………… to keep money in a bank so that you can use it later
3. s□□□l ………… an ability to do something well

ヒント 1.「誰かほかの人を追いかけること」 2.「あなたが後で使えるように銀行にお金を保管すること」 3.「何かをうまく行う能力」。

Key Expressions 日本語と同じ意味になるように，(　　) 内に適切な語を入れて文を言いましょう。

1. I'm going to (　　) (　　) (　　) the seminar to improve my English skills.
   英語のスキルを向上させるために，そのセミナーに参加するつもりです。
2. You should (　　) (　　) your goal to become a pilot.
   君はパイロットになるという目標を追いかけるべきです。
3. (　　) (　　) (　　) get a pilot's license, he decided to attend a flight school.
   パイロットの免許を取るために，彼は航空学校に通うことを決心しました。
4. She studied English, and French (　　) (　　).
   彼女は英語を勉強し，その上フランス語も勉強しました。

ヒント 1.「…に参加する」に相当する語句を入れる。 2.「…を追いかける」に相当する語句を入れる。 3.「…するために」に相当する語句を入れる。 4.「その上」に相当する語句を入れる。

Grammar for Communication 例を参考に，自分のまわりの人について，ペアで話しましょう。

> *A* : Although my father was poor, he went to a night school and became a lawyer.
> *B* : Did he continue to study no matter how hard it was?
> *A* : Yes, he did.
> *B* : If he hadn't studied at the night school, what job would he have done?
> *A* : He would have succeeded Grandpa as a shop owner.

ヒント *A*「私の父は貧しかったけれども，彼は夜間学校へ行って弁護士になりました。」*B*「彼はどんなにそれが大変でも勉強し続けましたか。」*A*「はい，そうでした。」*B*「もし彼が夜間学校で勉強しなかったら，彼は何の仕事をしていましたか。」*A*「彼は店の所有者として祖父の後を継いでいたでしょう。」

教科書 ▶pp.150-151, 207

ベシー・コールマンさんの生きていた1900年頃のアメリカにおける女性の就労についてラジオ番組の解説を聞きましょう。

Around 1900 in America,/ about 90 percent of all men could get a job.// On the other hand,/ for women,/ only about 20 percent of them could work in society.// The jobs / that need professional skills / were mostly done by men.// So,/ it was almost impossible / to see female workers / such as doctors,/ pilots,/ and so on.// Although some women wanted to learn those skills,/ it was very difficult for them.// For example,/ women were not able to go to flight schools in America / at that time.//

1900年頃のアメリカでは　すべての男性のおよそ90%が職を得ることができ　一方で　女性たちには　その中のたった約20%しか社会の中で働けなかった　仕事は　専門的な技術を要する　主に男性によって行われた　だから　ほとんど不可能だった　女性の労働者を目にすること　たとえば医者　パイロット　など　それらの技術を学びたいと思う女性たちもいたが　彼女たちにとってそれはとても難しかった　たとえば　女性たちはアメリカでは航空学校に行くことができなかった　当時は

 □ mostly /móustli/ 副 主に

Listen and Answer 問いの答えを選びましょう。

1. What percentage of women could get a job in America around 1900?
   a. 12%　**b.** 20%　**c.** 40%
2. What kind of jobs were mostly done by men?
   a. The jobs that needed professional skills.　**b.** The jobs that needed power.
   c. The jobs that needed a strong mind.
3. Which of the following was probably the most difficult for women at that time?
   a. Entering high school.　**b.** Studying foreign languages.
   c. Learning the skills to become a doctor.

ヒント 1.「1900年頃のアメリカでは女性の何%が職を得ることができましたか。 **a.** 12% **b.** 20% **c.** 40%」2文目を参照。
2.「どのような仕事が主に男性によって行われましたか。 **a.** 専門的な技術を要した仕事。 **b.** 力を要した仕事。 **c.** 強い精神力を要した仕事。」3文目を参照。
3.「次のうちどれが当時は女性たちにとっておそらく最も困難でしたか。 **a.** 高校に入学すること。 **b.** 外国語を学ぶこと。 **c.** 医者になるための技術を学ぶこと。」4~5文目を参照。

Write **Scene 2** 次のA～Dの問いに対する回答を作りましょう。

本文を参考に，①～⑥の空所に，適切な語(句)を入れましょう。⑦の空所には，当時のベシーさんになったつもりで，自分の答えを考えて入れましょう。

A. What was the most difficult thing for you to become a pilot?//
あなたがパイロットになるのに最も難しかったことは何か

The most difficult thing was finding a school to learn the skills.//
最も難しかったことは技術を学ぶための学校を見つけることだった

Women were not allowed / to ① ____ flight schools / in America.//
女性は許されていなかった　航空学校に（①）すること　アメリカでは

So,/ I had to ② ____ to France / to get a pilot's license.//
だから　私はフランスに（②）しなければならなかった　パイロットの免許を取得するために

B. What was your childhood like?//
あなたの子ども時代はどのようなものだったか

I grew up in a poor area of Texas.//
私はテキサスの貧しい地域で育った

I helped my mother,/ who picked ③ ____ in fields.//
私は母を助けた　彼女は畑で（③）を摘んでいた

Also,/ I ④ ____ three younger sisters.//
また　私は3人の妹を（④）

C. How do you want to use your skills and fame?//
あなたはあなたの技術と名声をどのように使いたいか

I want to use them / to help ⑤ ____ and ⑥ ____.//
私はそれらを使いたい　（⑤）と（⑥）を助けるために

D. Why do you think / yon need to open a flight school for women?//
あなたはなぜ…と思うのか　あなたが女性のための航空学校を開く必要がある

I need to do it / because ⑦ ____.//
私はそれをする必要がある　なぜなら（⑦）

ヒント ①は教科書p.145の1～2行目，②はp.145の2～3行目，③はp.143の1～2行目，④はp.143の3～4行目，⑤と⑥はp.145の6～7行目およびp.147の2～3行目を参照。

定期テスト対策⑨（Lesson 9）

解答⇒p.247

1 日本語の意味を表すように，＿＿に適切な語を入れなさい。

(1) その本は私に目標を追いかける力をくれました。

The book gave me the power to ＿＿＿＿＿＿ ＿＿＿＿＿＿ my goals.

(2) あなたは昨日の会議に参加しましたか。

Did you ＿＿＿＿＿＿ ＿＿＿＿＿＿ ＿＿＿＿＿＿ yesterday's meeting?

(3) カナはコートを買い，その上カバンも買いました。

Kana bought a coat, and a bag ＿＿＿＿＿＿ ＿＿＿＿＿＿.

(4) ダイスケは学校の行き帰りに買い物をします。

Daisuke does his shopping on his way ＿＿＿＿＿＿ ＿＿＿＿＿＿ ＿＿＿＿＿＿ school.

2 (　　)内から適切な語を選び，〇で囲みなさい。

(1) (Raise / Raised / Raising) by his grandmother, Sam knows old songs well.

(2) No matter (where / how / when) difficult it is, I will make my dream come true.

(3) If I (were / have / had) known your e-mail address, I would have sent you a link to the website.

3 日本語に合うように，(　)内の語を並べかえなさい。

(1) 私は妹に会うためにバンクーバーに行きました。

I went to Vancouver (sister / order / in / to / see / my).

I went to Vancouver ＿＿＿＿＿＿＿＿＿＿＿＿＿＿＿＿＿＿＿＿＿＿.

(2) もしあなたがもっと早く来ていたら，あなたは虹を見ることができただろうに。

(could / had / if / earlier / you / come / , / you) have seen the rainbow.

＿＿＿＿＿＿＿＿＿＿＿＿＿＿＿＿＿＿＿＿＿＿ have seen the rainbow.

(3) あなたがいつ訪れようとも，私たちはあなたを歓迎します。

(when / visit / matter / no / you), we will welcome you.

＿＿＿＿＿＿＿＿＿＿＿＿＿＿＿＿＿＿＿＿＿＿, we will welcome you.

(4) 遠くから見ると，そのクマは人間のように見えました。

(from / seen / distance / a), the bear looked like a human.

＿＿＿＿＿＿＿＿＿＿＿＿＿＿＿＿＿＿＿＿＿＿, the bear looked like a human.

4 次の英語を日本語にしなさい。

(1) Although he is in a hospital, he keeps doing his homework.

______

(2) If it had not rained, we would have had lunch outside.

______

5 次の英文を読んで，質問に答えなさい。

Today we see female doctors, politicians, and athletes all around us every day. However, until not so long ago, ①this was almost impossible. Brave women cleared paths for others to follow. Female pilots were no exception.

Although Bessie Coleman's face first appeared on a U.S. postage stamp in 1995, few people knew who she was.

Bessie died on April 30, 1926, in a tragic accident.

[...]

②Attended by more than 13,000 mourners, Bessie's funeral showed how strong her impact had been. Before 1921, she had only wanted to learn how to fly airplanes. In 1926, however, she used her skill and fame to improve the lives of others.

③(realized / dream / opening / she / of / her / never) a flight school for women. However, ④her face began flying all over the world thousands and thousands of times every day from 1995. Bessie often said: "Don't be afraid to take risks! Fly!" ⑤Her spirit continues to soar in the minds of many.

(1) 下線部①が指す内容を日本語で書きなさい。

______

(2) 下線部②を日本語にしなさい。

______

(3) 下線部③の( )内の語を意味が通る英文になるように並べかえなさい。

______

(4) 下線部④が表す内容として最も近いものを，次のa.～c.から選べ。 ______

a. Bessie Coleman began to fly airplanes as a pilot.

b. Bessie Coleman's postage stamp began to be issued.

c. Bessie Coleman began to say, "Don't be afraid to take risks! Fly!"

(5) 下線部⑤を日本語にしなさい。

______

Lesson 10 To Work or Not to Work?: Humans and Robots

Get Started! 教科書 ▶ p.155

写真を見て話し合ってみましょう。

What do these robots do?

ヒント「これらのロボットは何をしますか。」

語句

□ robot(s) /róubɑːt(s)/
名 ロボット

Part 1 教科書 ▶ pp.156-157

イラストを見て，語の意味を推測しましょう。

1. anniversary **2.** imaginary **3.** manufacturing

ヒント 教科書p.156では，**1.** 割れたくす玉から「祝！○○周年」と書かれた帯が出ている。**2.** 女性の頭部から吹き出しが出ており，竜が描かれている。**3.** 工場のライン作業の様子が描かれている。

本文を読んで，(　　) 内に適切な語を入れましょう。

ロボットアーム	This is an (① 　　　) robot used for manufacturing.
「Pepper」	This is a (② 　　　) robot. Japan is famous for developing robots like this.

ヒント ロボットアーム「これは製造に使われる（①）ロボットだ。」
「Pepper」「これは（②）ロボットだ。日本はこのようなロボットの開発で有名だ。」
①は教科書p.157の10～11行目，②は13～14行目を参照。

Speak / Write

Have you ever seen any humanoid robots?

Plus One

ヒント「あなたはこれまでに人間の形をしたロボットを見たことがありますか。」

本文

1 In 2020 / people celebrated the 50th anniversary of Doraemon's debut.// **2** This robot cat has been loved / not only by Japanese people but also by many people / all over the world.// **3** He was appointed Japan's anime ambassador in 2008 / because he had been playing an important role / in promoting Japanese anime culture.//

2020年に　人々はドラえもんのデビューの50周年を祝った　このロボットのネコは愛され続けている　日本人によってだけでなく　多くの人々によっても　世界中の　彼は2008年に日本のアニメ大使に任命された　彼は重要な役割を果たしてきたため　日本のアニメ文化を促進することにおいて

語句

□ anniversary /ӕnəvə́ːrsəri/
名 …周年記念日

□ appoint(ed) /əpɔ́int(ɪd)/
動 …を任命する

□ ambassador /ӕmbǽsədər/
名 大使

4 Although Doraemon is an imaginary robot,/ Japan is proud of its real robots.// **5** In fact / the country has led the world / in the development of robotic technology / for decades.// **6** It is the technology / used to develop industrial robots for manufacturing.// **7** Japan has exported a large number of such robots / all over the world.//

ドラえもんは想像上のロボットだが　日本はその本物のロボットを誇りに思っている　実際は　国は世界をリードしてきた　ロボット技術の開発で　何十年もの間　それは技術だ　製造のための産業ロボットを開発するために使われる　日本は多数のそのようなロボットを輸出してきた　世界中に

8 Japan is also famous for developing unique humanoid robots / such as ASIMO and Pepper.// **9** Both robots stand upright / but ASIMO can walk on two feet / while Pepper can read emotions.//

日本はユニークな人間の形をしたロボットの開発でも有名だ　たとえばアシモやペッパーのような　どちらのロボットも直立する　しかし　アシモは二足歩行をすることができる　ペッパーが感情を読むことができる一方で

- ☐ promoting /prəmóutɪŋ/ (< promote /prəmóut/) 動 …を促進する
- ☐ imaginary /ɪmǽdʒənèri/ 形 想像上の
- ☐ robotic /roubá:tɪk/ 形 ロボットの
- ☐ decade(s) /dékeɪd(z)/ 名 10年間
- ☐ industrial /ɪndʌ́striəl/ 形 産業の
- ☐ manufacturing /mæ̀njəfǽktʃərɪŋ/ 名 製造
- ☐ export(ed) /ɪkspɔ́:rt(ɪd)/ 動 …を輸出する
- ☐ humanoid /hjú:mənɔ̀ɪd/ 形 人間の形をした
- ☐ ASIMO /ǽsɪmou/ 名 アシモ
- ☐ Pepper /pépər/ 名 ペッパー
- ☐ upright /ʌ́pràɪt/ 副 直立して，まっすぐに
- ☐ emotion(s) /ɪmóuʃən(z)/ 名 感情

- ☐ *be* proud of ... …を誇りに思う
- ☐ for decades 何十年もの間
- ☐ a large number of ... 多数の…

読解のポイント

1 In 2020 people celebrated the 50th anniversary of Doraemon's debut.

the 50th anniversary は「50周年記念日」という意味。

2 This robot cat has been loved not only by Japanese people but also by many people all over the world.

現在完了の受け身の文。This robot は**1**の Doraemon を指す。not only ... but also ～ は「…だけでなく～も」という意味。

3 He was appointed Japan's anime ambassador in 2008 because he had been playing an important role in promoting Japanese anime culture.

過去完了進行形

主節は過去形の受け身の文。because 節の動詞は〈had＋been＋動詞の -ing 形〉で過去完了進行形。play a role in ... は「…において役割を果たす」という意味で，前置詞の後ろは（動）名詞がくる。⇒ Grammar

4 Although Doraemon is an imaginary robot, Japan is proud of its real robots.

〈Although＋S＋V〉は「…だが」という意味。imaginary は「想像上の」という意味で，主節の real「本物の」と対義関係にある。its は Japan's を表す。

5 In fact the country has led the world in the development of robotic technology for decades.

In fact は「実際は」という意味で，**4**の「日本が本物のロボットを誇りに思っていること」の内容を説明している。the country は**4**の Japan を指す。in the development of ... は「…の開発で」，for decades は「何十年もの間」という意味。

6 It is the technology used to develop industrial robots for manufacturing.

It は**5**の robotic technology を指す。過去分詞 used を含む句は the technology を修飾している。

7 Japan has exported a large number of such robots all over the world.

a large number of ... は「多数の…」という意味。such robots は**6**の industrial robots を指す。

8 Japan is also famous for developing unique humanoid robots such as ASIMO and Pepper.

be famous for ... は「…で有名だ」という意味。such as ... は「たとえば…のような」という意味で，unique humanoid robots の具体例を示している。

9 Both robots stand upright but ASIMO can walk on two feet while Pepper can read emotions.

(S: Both robots / V: stand / S': ASIMO / V': can walk / S'': Pepper / V'': can read / O'': emotions)

Both robotsは**8**のASIMO and Pepperを指す。ここでのwhileは「…する一方で」という意味。「ペッパーが感情を読むことができる一方で，アシモは二足歩行をすることができる」と，ペッパーとアシモの対比を示している。

Grammar

過去完了進行形 〈had＋been＋動詞の-ing形〉で，過去のある時点までの動作の継続を表します。

Doraemon was appointed the ambassador because he **had been playing** an important role in promoting Japanese anime culture.
（ドラえもんは日本のアニメ文化を推進することにおいて重要な役割を果たしてきたため，大使に任命されました。）

The children **had been playing** with the robots for one hour before their parents came home.
（両親が帰宅する前に1時間，子どもたちはロボットと遊んでいました。）

解説 過去完了進行形は，動作を表す動詞とともに用いて，過去のある時点までの動作の継続を表す。過去のある時点を示すwhen「（…する）とき」やbefore「（…する）前に」などが使われることがよくある（例）。

例 Daiki had been studying English for two hours when I got home.
（私が家に帰ったとき，ダイキは2時間英語を勉強していました。）

Try It!

（　）内の語を適切な形にかえて，ペアで対話しましょう。

1. *A*：I heard you had a very long meeting this afternoon.
B：That's right. We (talk) about our new robot for three hours before our teacher came back.

2. *A*：When I touched the robot, it was very hot.
B：Well, it (work) for more than ten hours.

ヒント **1.** *A*「あなたは今日の午後，とても長い会議があったそうですね。」
B「その通り。私たちは先生が戻る前に3時間，新しいロボットについて話していました。」
before our teacher came backに注目し，〈had＋been＋動詞の-ing形〉の文を作る。

2. *A*「私がそのロボットに触れたとき，それはとても熱かったです。」
B「ええと，それは10時間以上作動していました。」
When I touched the robotに注目し，〈had＋been＋動詞の-ing形〉の文を作る。

イラストを見て，語（句）の意味を推測しましょう。

1. bottom

2. sign language

3. server

ヒント 教科書p.158では，**1.** 海底に矢印が向けられている。**2.** 人物が両手の人差し指を曲げて何かを表している。**3.** 飲食店で料理を持ってきた人物に矢印が向けられている。

本文を読んで，（　　）内に入る語（句）を下から選びましょう。

・The word "robot" comes from the Czech word meaning (① 　　　　).

・Many robots do repetitive and sometimes (② 　　　　) tasks instead of humans.

・The working styles of robots have become very (③ 　　　　) from each other.

・We will see a larger number of robots doing different (④ 　　　　) in our daily lives.

different / forced labor / tasks / dangerous

ヒント「・『ロボット』という語は（①）を意味するチェコ語に由来する。」

「・多くのロボットは人間の代わりに同じことを繰り返して時には（②）仕事を行う。」

「・ロボットの働き方は互いにとても（③）になった。」

「・私たちは日常生活において，さまざまな（④）を行うより多数のロボットを目にするだろう。」

①は教科書p.159の1～2行目，②は2～5行目，③は9～10行目，④は14～15行目を参照。

What do you want robots to do for you?

Plus One

ヒント「あなたは，あなたのためにロボットに何をしてほしいですか。」

本文

1 The word "robot" comes from the Czech word "robota,"/ which means forced labor.// **2** Actually,/ many robots have been used for doing / boring,/ repetitive,/ and sometimes dangerous tasks / that humans don't want to do / or cannot do.// **3** They can work in extreme environments / such as outer space / or the bottom of the deep sea.// **4** In 2011,/ some robots were sent into a damaged nuclear power plant in Fukushima / to do monitoring activities.//

「ロボット」という語はチェコ語の「ロボタ」に由来する　それは強制労働を意味する　実際　多くのロボットが…をすることに使われている　退屈で　同じことを繰り返して　そして時には危険な仕事　人間がやりたくない　あるいはできない　それらは極端な環境で働くことができる　たとえば宇宙空間のような　あるいは深海の底のような　2011年に　いくつかのロボットが福島の損傷を受けた原子力発電所に送られた　監視活動をするために

語句

- □ Czech /tʃék/　形 チェコ語の
- □ robota /roubáːtə/　名 ロボタ（チェコ語）
- □ forced /fɔ́ːrst/　形 強制された
- □ labor /léɪbər/　名 労働
- □ repetitive /rɪpétətɪv/　形 同じことを繰り返す
- □ outer /áutər/　形 外側の

5 As is often the case with human society,/ robots' working styles
人間社会にはよくあることだが　ロボットの働き方は
have become more diverse.// **6** Some robots clean floors.// **7** Some
より多様になった　床を掃除するロボットもいる　手話
work as sign language interpreters.// **8** Some others,/ which are
通訳として働くものもいる　ほかのロボットは　身体的障害の
controlled remotely by people with physical challenges,/ work as
ある人々によって遠隔操作されているが　給仕として
servers / or attend school as students.// **9** More and more robots
働く　あるいは生徒として学校に通う　さまざまな仕事を行っている
performing different tasks / are to be seen in our daily lives.//
ますます多くのロボットが　私たちの日常生活において見られる

- ☐ bottom /bɑ́:təm/
  名 底
- ☐ monitoring /mɑ́:nətərɪŋ/
  名 監視
  形 モニターの
- ☐ diverse /dəvə́:rs/
  形 多様な
- ☐ sign language /sáɪn lǽŋgwɪdʒ/
  名 手話
- ☐ interpreter(s) /ɪntə́:rprətər(z)/
  名 通訳（者）
- ☐ remotely /rɪmóʊtli/
  副 遠くで［から］
- ☐ server(s) /sə́:rvər(z)/
  名 給仕（する人）

- ☐ as is often the case with ...
  …にはよくあることだが

読解のポイント

1 The word "robot" comes from the Czech word "robota," which means forced labor.
（S: The word "robot"　V: comes　同格: the Czech word = "robota,"　先行詞: "robota"）

The word と "robot" は同格。come from ... は「…に由来する」という意味。the Czech word と "robota" も同格。非制限用法の関係代名詞 which と後続部分が先行詞 "robota" に情報を加えている。forced labor は「強制労働」という意味。

2 Actually, many robots have been used for doing boring, repetitive, and sometimes dangerous tasks that humans don't want to do or cannot do.
（S: many robots　V: have been used　先行詞: boring, repetitive, and sometimes dangerous tasks　関係代名詞: that）

現在完了の受け身の文。Actually は「実際」という意味で，**1**の「強制労働」の内容を説明している。目的格の関係代名詞 that 以下は先行詞 boring ... tasks を修飾している。

3 They can work in extreme environments such as outer space or the bottom of the deep sea.
S V

They は **2** の many robots を指す。such as ... は「たとえば…のような」という意味で，extreme environmentsの具体例を示している。

4 In 2011, some robots were sent into a damaged nuclear power plant in Fukushima to do monitoring activities.
S V to不定詞

過去形の受け身の文。damagedは「損傷を受けた」という意味の形容詞。to不定詞は副詞の働きをしており，目的を表す。

5 As is often the case with human society, robots' working styles have become more diverse.
S V C

As is often the case with ... は「…にはよくあることだが」という意味の慣用表現。

6 Some robots clean floors.
S V O

〈Some＋名詞＋V〉は「…する～もいる［ある］」と訳出するとよい。

7 Some work as sign language interpreters.
S V

Some は **6** の Some robotsのこと。asは前置詞で「…として」という意味。

8 Some others, which are controlled remotely by people with physical challenges, work as servers or attend school as students.
S 先行詞 V V O

Some others はSome other robotsのこと。非制限用法の関係代名詞whichとchallengesまでの後続部分がSome othersに情報を加えている。people with physical challengesは「身体的障害のある［を持った］人々」という意味。orはworkとattendを並列に結んでいる。

9 More and more robots performing different tasks are to be seen in our daily lives.
S V be＋to不定詞

More and moreは「ますます多くの」という意味。現在分詞performingを含む句は主語を修飾している。are to be seenは〈be ＋ to不定詞〉の表現で，ここでは「見られる」という可能の意味を表す。⇒ Grammar

Grammar

be + to不定詞　予定や義務・可能などの意味を表します。

Pepper, you **are** not **to** leave this building.　義務
（ペッパー，あなたはこの建物を離れてはいけません。）

Pepper **is to** be placed at the door next week.　予定
（ペッパーは来週，ドアのところに置かれることになっています。）

More and more robots **are to** be seen in our daily lives.　可能
（ますます多くのロボットが私たちの日常生活において見られます。）

解説 〈be + to不定詞〉は主に次の5つの意味があり，be動詞はam，is，are，was，wereに限られる。

●義務　主語がyouである場合が多い（例1）。
●予定　未来を表す語句が含まれることが多い（例2）。
●可能　否定文や受け身として，動詞はseeやfindが使われることが多い（例3）。
●意図　if節で使われることが多い（例4）。
●運命　自分で変えられない運命を表す。never，againなどの語句を含み，過去の文で使われることが多い（例5）。

例1 You are to come tomorrow.（あなたは明日来なければならない。）
例2 We are to hold a meeting tomorrow.（私たちは明日，会議を開く予定だ。）
例3 No one was to be seen in the room.（その部屋には誰も見えなかった。）
例4 If you are to get there on time, you must leave now.
（もしあなたが定刻にそこに着くつもりなら，今出発しなければならない。）
例5 She was never to return.（彼女は二度と戻ってこない定めだった。）

Try It!

（　）内の語を適切な形にかえて，声に出して文を読みましょう。

1. We (buy) a cleaning robot this weekend.
2. You (be) here by 9 a.m. to prepare for the presentation about your robots.
3. We (avoid) relying too much on robots.

ヒント
1.「私たちは今週末，掃除ロボットを買う予定です。」
予定の意味を表す〈be + to不定詞〉の形にかえる。
2.「あなたは，あなたのロボットについての発表の準備をするために午前9時までにここにいなければなりません。」
義務の意味を表す〈be + to不定詞〉の形にかえる。
3.「私たちはロボットに依存し過ぎることを避けなければなりません。」
義務の意味を表す〈be + to不定詞〉の形にかえる。

イラストを見て，語の意味を推測しましょう。

1. researcher

2. baggage

3. rush

ヒント 教科書p.160では，**1.** 白衣を着て資料らしきものを見ている人物が描かれている。**2.** スーツケースや鞄が描かれている。**3.** 工具と工具箱を持って汗をかきながら走っている人物が描かれている。

本文を読んで，（　　）内に適切な語や数字を入れましょう。

Several years ago	A unique (①　　　　) opened with robots as its staff. ・The robots welcomed (②　　　　) at the front desk. ・A robot porter carried their (③　　　　).
Over time	The hotel management noticed problems caused by its (④　　　　) workers.
As a result	The hotel stopped using over half of its (⑤　　　　) robots.

ヒント 数年前「ロボットを従業員とするユニークな（①）がオープンした。」
「・ロボットがフロントで（②）を出迎えた。」
「・ロボットのポーターが彼らの（③）を運んだ。」
やがて「ホテルの経営者はその（④）労働者によって引き起こされた問題に気づいた。」
その結果「そのホテルはその（⑤）のロボットの半分以上を使用することを停止した。」
①は教科書p.161の5行目，②と③は6〜8行目，④は9〜10行目，⑤は13〜15行目を参照。

What kind of jobs are likely to be replaced with robots?

Plus One

ヒント「どのような種類の仕事がロボットに取って代わられそうですか。」

本文

1 Many people are worried about losing their jobs / because of robots.// **2** In fact,/ some researchers predict / robots will have replaced about half of the human workforce / by 2035.// **3** But what about robots?// **4** Will they lose their jobs?//

多くの人々が仕事を失うことについて心配している　ロボットのために　実際　ある研究者は…を予言している　ロボットが人間の労働人口の約半分に取って代わるだろうということ　2035年までに　しかし　ロボットについてはどうか　それらは仕事を失うだろうか

5 Several years ago,/ a unique hotel opened in Nagasaki.//

数年前　長崎ではユニークなホテルがオープンした

語句

- □ worried /wə́ːrid/ 形 心配して
- □ predict /prɪdíkt/ 動 …を予言する，…と予測する
- □ replace(d) /rɪpléɪs(t)/ 動 …に取って代わる
- □ workforce /wə́ːrkfɔ̀ːrs/ 名 労働人口

6 When guests arrived at the front desk,/ they were welcomed by
宿泊客がフロントに着くと　彼らはロボットに出迎えられた
robots / and their baggage was carried to their room by a robot
そして彼らの手荷物はロボットのポーターによって彼らの部屋に運ばれた
porter.//

7 Over time,/ the hotel management noticed / some of its robot
やがて　ホテルの経営者は…に気づいた　ロボット労働者の
workers were causing problems.// **8** They didn't work properly / and
いくつかが問題を引き起こしていること　それらは適切に働かなかった　そして
the human workers had to rush / to deal with the problems.// **9** They
人間の労働者が急いで…をしなければならなかった　問題に対処すること　彼らは
also had to spend an unexpectedly long time / explaining to their
また思いがけなく長い時間を費やさなければならなかった　宿泊客にロボットの
guests how to use the robots.// **10** As a result,/ the hotel decided to
使い方を説明するのに　その結果　ホテルはその243体の
stop using more than half of its 243 robots.// **11** Now,/ robots and
ロボットの半分以上を使用するのを停止することを決めた　今は　ロボットと
human workers cooperate with one another.//
人間の労働者が互いに協力している

- □ welcome(d) /wélkəm(d)/ 動 …を出迎える
- □ baggage /bǽgɪdʒ/ 名 (旅行用の)手荷物
- □ porter /pɔ́:rtər/ 名 ポーター，荷物運び
- □ management /mǽnɪdʒmənt/ 名 経営者
- □ properly /prá:pərli/ 副 適切に，正しく
- □ rush /rʌ́ʃ/ 動 急いで…する

- □ over time やがて，時がたつにつれ
- □ as a result その結果

読解のポイント

1 Many people are worried about losing their jobs because of robots.
S: Many people　V: are　C: worried
be worried about ... は「…を心配する」，because of ... は「…のために」という意味。

2 In fact, some researchers predict [robots will have replaced about half of the human workforce by 2035].
S: some researchers　V: predict　O: [ ]　S′: robots　V′: will have replaced（未来完了形）　O′: about half of the human workforce
predict は「…を予言する」という意味で，目的語は that 節（that は省略）となっている。will have replaced は未来完了形で，ここでは2035年までの動作の完了を表している。⇒ Grammar

3 But what about robots?
what about ...? は「…についてはどうか」という意味。**1**および**2**の文で人間が仕事を失うことについて述べられていることを受けて，ロボットの場合について話題を移している。

4 Will they lose their jobs?
they は**3**の robots を指す。

5 Several years ago, a unique hotel opened in Nagasaki.

S V

Several years ago は「数年前」という意味。

6 When guests arrived at the front desk, they were welcomed by robots and their baggage was carried to their room by a robot porter.

S' V' S V S V

guest は「宿泊客」という意味。主節の they はこの文の guests を指す。

7 Over time, the hotel management noticed [some of its robot workers were causing problems].

S V O S' V' O'

noticed の目的語は that 節で，that は省略されている。its は the hotel's を表す。

8 They didn't work properly and the human workers had to rush to deal with the problems.

S V S V

They は**7**の some of its robot workers を指す。rush to *do* は「急いで［あわてて］…する」という意味。

9 They also had to spend an unexpectedly long time explaining to their guests how to use the robots.

S V O

They は**8**の the human workers を指す。〈spend＋O＋(in) *do*ing〉は「…するのにO（時間）を費やす」，〈explain to＋O＋how to *do*〉は「Oに…の仕方を説明する」という意味。

10 As a result, the hotel decided to stop using more than half of its 243 robots.

S V O

As a result は「その結果」という意味で**8**と**9**を受けて起きたことを述べている。decide to *do* は「…することを決める」，stop *do*ing は「…することをやめる」という意味。its は the hotel's を表す。

11 Now, robots and human workers cooperate with one another.

S V

cooperate with one another は「互いに協力する」という意味。

Grammar

未来完了形 〈will＋have＋過去分詞〉で，未来のある時点までの動作の完了，経験，状態の継続などを表します。

Robots **will have replaced** about half of the human workforce by 2035.　動作の完了
（ロボットは2035年までに人間の労働人口の約半分に取って代わるでしょう。）

If I visit the robot museum again, I **will have been** there five times.　経験
（もし私がもう一度ロボット博物館を訪れたら，私はそこに5回行ったことになります。）

I **will have stayed** at the hotel for two weeks at the end of this month.　状態の継続
（私は今月末でそのホテルに2週間滞在していることになります。）

解説 〈will + have + 過去分詞〉で「…してしまうだろう，…したことになるだろう，…していることになるだろう」という意味の未来における完了を表す。未来のいつを基準としているかを示すby（…までに），before（…の前に），by the time（…するまでに），at the end of ...（…の終わりに），if節などとともに用いられることが多い。

Try It!

（　）内の語を適切な形にかえて，ペアで対話しましょう。

1. *A*：Can you fix the robot after the meeting?
B：Sure. The meeting (end) by four.

2. *A*：Do you still live with the humanoid robot?
B：Yes. I (live) with him for three months at the beginning of next month.

ヒント **1.** *A*「あなたは会議の後，そのロボットを直してくれませんか。」
B「もちろんです。会議は4時までに終わっているでしょう。」
動作の完了を表す〈will + have +過去分詞〉の形にかえる。

2. *A*「あなたは今も人間の形をしたロボットと暮らしていますか。」
B「はい。私は来月の初めで3か月間，彼と暮らしていることになります。」
状態の継続を表す〈will + have +過去分詞〉の形にかえる。

Part 4　教科書 ▶pp.162-163

イラストを見て，語の意味を推測しましょう。

1. target　　**2.** opposite　　**3.** interact

ヒント 教科書p.162では，**1.** ボールに的の照準を合わせている。**2.**「○」「×」と書かれた標識の矢印が互いに反対を向いている。**3.** さまざまな人種の人々が話し合っている。

本文を読んで，（　　）内に適切な語を入れましょう。

赤ちゃんサイズのロボット	This robot (①　　　　) people and demands hugs. It will (②　　　　) its eyes when it is rocked in your arms. It will like you very much if you take (③　　　　) of it.
アザラシ型ロボット	This robot (④　　　　) its feelings while interacting with people. It is often used in (⑤　　　　).

ヒント 赤ちゃんサイズのロボット「このロボットは人々を（①），そして抱っこをせがむ。」「(あなたの) 腕の中で揺り動かされると，それは目を（②)。」「もし（あなたが）それの（③）をすると，それは（あなたを）とても好きになる。」アザラシ型ロボット「人々と交流している間，このロボットはその感情を（④)。」「それはよく（⑤）で使われている。」
①は教科書p.163の5～7行目，②は8～9行目，③は9行目，④は10～12行目，⑤は12～13行目を参照。

Would you like to have either of the two robots mentioned in Part 4?

Plus One

ヒント「あなたはパート4で言及された2つのロボットのうちのどちらかを所持したいですか。」

本文

1 How can robots avoid being a target of restructuring?//
ロボットはどのようにしてリストラの対象になることを避けられるか

2 Some may insist / that each robot work much harder.//
…と主張する人もいるかもしれない　各ロボットはもっと一生懸命働くべきだ

3 However,/ the answer seems to be the opposite for some robots.//
しかしながら　答えはいくつかのロボットにとっては正反対であるように思われる

4 Those robots have become popular / although they don't really do
それらのロボットは人気を博した　それらが実際には人間のために何も

any productive work for humans.// **5** One robot,/ about the size of a
生産的な働きをしないが　あるロボット　赤ちゃんくらいの

baby,/ just identifies people and demands hugs.// **6** When you pick it
サイズの　ただ人々を認識して抱っこをせがむ　（あなたが）それを手に

語句

- □ target /tá:rgət/
  名 標的，対象
- □ restructuring /rɪstrʌ́ktʃərɪŋ/
  名 リストラ，再編成
- □ insist /ɪnsíst/
  動 …と主張する
- □ opposite /á:pəzɪt/
  名 正反対のもの
- □ productive /prədʌ́ktɪv/
  形 生産的な

up,/ it feels warm,/ like a living creature.// **7** Rocked in your arms,/ it
取ると　それは温かく感じられる　生き物のように　（あなたの）腕の中で揺り動か

will close its eyes.// **8** It becomes attached to you / if you take care of
されると　それは目を閉じる　それは（あなたに）なつくようになる　（あなたが）

it.//
それの世話をすると

9 Another robot looks like a baby seal.// **10** While interacting
別のロボットは赤ちゃんのアザラシのように見える　人々と交流している間

with people,/ it moves its head and legs,/ makes sounds,/ and expresses
それは頭と足を動かす　音を出す　そして

its feelings.// **11** It is often used in hospitals.// **12** The patients,/
その感情を表現する　それはよく病院で使われている　患者

doctors,/ and nurses just love it.//
医者　そして看護師はただそれを愛する

13 Considering the origin of the word "robot,"/ isn't it interesting /
「ロボット」という語の由来を考えると　おもしろくはないか

that the robots mentioned above are not working at all?// **14** Or are
先に言及されたロボットがまったく働いていないということ　それともそれらは

they?//
働いているのだろうか

- [ ] identifies /aɪdéntəfàɪz/ (< identify /aɪdéntəfàɪ/) 動 …を（同一であると）確認する
- [ ] demand(s) /dɪmǽnd(z)/ 動 …を要求する
- [ ] rock(ed) /rá:k(t)/ 動 …を揺り動かす
- [ ] attached /ətǽtʃt/ 形 （…に）愛着がある
- [ ] interact(ing) /ìntərǽkt(ɪŋ)/ 動 交流する
- [ ] express(es) /ɪksprés(ɪz)/ 動 …を表現する
- [ ] considering /kənsídərɪŋ/ 前 …を考えると
- [ ] origin /ɔ́:rədʒɪn/ 名 由来
- [ ] mention(ed) /ménʃən(d)/ 動 …に言及する

- [ ] pick ... up / pick up ... …を手に取る［持ち上げる］
- [ ] take care of ... … の世話をする

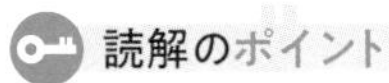

2 Some may insist [that each robot work much harder].
S　V　O　S'　V'

insist は「…と主張する」という意味で，目的語の that 節の中の動詞は原形になる。⇒ Grammar

3 However, the answer seems to be the opposite for some robots.
S V

the opposite「正反対のもの」とは,「いくつかのロボットはまったく一生懸命に働かない」ということ。

4 Those robots have become popular although they don't really do any productive work for humans.
S V C S' V' O'

Those robotsは**3**のsome robotsを指す。not ... anyは「何も…ない」という意味で,全否定を表す。

5 One robot, about the size of a baby, just identifies people and demands hugs.
S V O V O

One robotは「あるロボット」という意味で,**4**のThose robotsの具体例を挙げている。

6 When you pick it up, it feels warm, like a living creature.
S' V' O' S V C

When節のitは**5**のOne robotを指す。it feels warmは「それは温かく感じられる」という意味。

7 Rocked in your arms, it will close its eyes.
分詞構文 S V O

Rocked in your armsは分詞構文で,ここでは「時」を表し,書きかえるとWhen it is rocked in your armsとなる。itは**5**のOne robotを指す。itsはthe robot'sを表す。

8 It becomes attached to you if you take care of it.
S V C S' V' O'

主語のItと文末のitは**5**のOne robotを指す。

10 While interacting with people, it moves its head and legs, makes sounds, and expresses its feelings.
S V O V O V O

Whileの後ろにit isが省略されている。itは**9**のAnother robotを指す。itsはthe robot'sを表す。

11 It is often used in hospitals.
S V

Itは**9**のAnother robotを指す。

12 The patients, doctors, and nurses just love it.
S V O

itは**9**のAnother robotを指す。

13 Considering the origin of the word "robot," isn't it interesting [that the robots mentioned above are not working at all]?
= S' V'

Consideringは前置詞で「…を考えると」という意味。the wordと"robot"は同格。itは形式主語で,真主語はthat節。isn't it ...?は否定疑問文で「…ではないですか」という意味。mentioned aboveは直前の名詞the robotsを修飾しており，「先に言及された，上述の」という意味で5のOne robotと9のAnother robotを指す。not at allは「まったく…ない」という意味。

14 Or are they?

are theyの後ろに13のworkingが省略されている。theyは13のthe robots mentioned aboveを指す。

Grammar

insistなど＋that＋S＋V［動詞の原形］ 提案，命令などを表す動詞に続くthat節の中の動詞は原形になります。

Some may **insist** that each robot **work** much harder.
（各ロボットはもっと一生懸命働くべきだと主張する人もいるかもしれません。）

The hotel staff **suggested** that these robots **be** placed on other floors.
（そのホテルの従業員はこれらのロボットが別の階に配置されるように提案しました。）

解説 insist（…と主張する），suggest（…を提案する），order（…を命令する），recommend（…を薦める）といった提案，命令を表す動詞は目的語にthat節をとることができ，that節の中の動詞は原形になる。この用法を「仮定法現在」という。仮定法現在では，if節が用いられることは少ない。
なお，イギリス英語では，that節の中の動詞が＜should＋動詞の原形＞の形をとることがある（例）。

例 Some may insist that each robot work much harder.
⇒Some may insist that each robot should work much harder.

The hotel staff suggested that these robots be placed on other floors.
⇒The hotel staff suggested that these robots should be placed on other floors.

Try It!

（　）内の語を並べかえて，ペアで対話しましょう。

1. *A*：Is Ken serious about buying that robot?
B：Yes. His uncle (that / work / advised / he) part-time and save money.

2. *A*：Why did that hospital have so many robots that look like a baby seal?
B：The doctors (recommended / buy / it / that) them to relax the patients.

ヒント **1.** *A*「賢はあのロボットを買うことについて本気ですか。」
B「はい。彼のおじは，彼がアルバイトをしてお金を貯めるように助言しました。」
advisedは目的語にthat節をとり，that節の中の動詞は原形になる。

2. *A*「あの病院はなぜ赤ちゃんのアザラシのように見えるそんなに多くのロボットを所持していましたか。」
B「医者たちは，それ（＝あの病院）が患者をリラックスさせるためにそれら（＝ロボット）を買うことを薦めました。」
〈recommend＋that＋S＋V〉の形を作る。

Review 教科書 ▶pp.164-165

Summary1 本文の内容に合うように，空所を埋めましょう。

Part1

- 日本は①＿＿＿の開発で世界をリードし，多くの産業ロボットを輸出してきました。
- 日本はユニークな②＿＿＿の開発でも有名です。

Part2

- 「ロボット」という語はチェコ語の「③＿＿＿」を意味する語に由来します。
- 多くのロボットが，単調で時に④＿＿＿な仕事を行うのに使われてきました。

Part3

- ある研究者は2035年までに人間の⑤＿＿＿の約半分がロボットに取って代わるだろうと予言しています。
- 長崎ではロボットが従業員をしているホテルがオープンしましたが，いろいろと問題があり，⑥＿＿＿体のロボットのうち，その半分以上が使用停止となりました。

Part4

- 人間のために特に何も「働かない」ロボットが人気を博し，ある赤ちゃんサイズのロボットは人間に⑦＿＿＿をせがみます。
- アザラシ型ロボットは人間と交流しながら，⑧＿＿＿を表します。

ヒント それぞれの教科書参照ページを示す。①p.157の8～10行目　②p.157の13～14行目　③p.159の1～2行目　④p.159の2～5行目　⑤p.161の2～4行目　⑥p.161の13～15行目　⑦p.163の5～7行目　⑧p.163の10～12行目

Summary2 空所に入る語を＿＿＿の中から選び，要約を完成しましょう。

Japan has led the world / in the development of robotic technology / for decades / and has
日本は世界をリードしてきた　ロボット技術の開発で　数十年間　そして

(①　) a lot of industrial robots.// Japan is also well-known for developing (②　) humanoid
たくさんの産業ロボットを（①）してきた　日本は（②）人間の形をしたロボットの開発でも

robots.//
よく知られている

The word "robot" originally means forced (③　) in Czech.// Actually,/ a large number of
「ロボット」という語はもともとチェコ語で強制（③）を意味する　実際　多数の

robots have been used / for doing (④　) and sometimes dangerous tasks / that humans don't
ロボットが使われてきた　（④）で時には危険な仕事をするために　人間が

want to do.//
したいと思わない

Some researchers predict / that robots will have (⑤　) about half of all human workers /
ある研究者は…を予言している　ロボットが人間の全労働者の約半分に（⑤）だろうということ

by 2035.// In Nagasaki,/ a robot-staffed hotel opened,/ but it stopped using more than half of
2035年までに　長崎では　従業員がロボットのホテルがオープンした　しかしそれはその243体のロボットの半

its 243 robots.//
分以上を使用するのを停止した

Some robots are popular / maybe because they don't really do any (⑥　　) work for
人気のあるロボットもある　たぶんそれらが実際には人間のために何も（⑥）働きをしないから

humans.// One robot is about the size of a baby / and it just recognizes people / and demands
あるロボットは赤ちゃんくらいのサイズだ　そしてそれはただ人々を認識する　そして抱っこを

hugs.// Another robot / that looks like a baby seal / expresses its (⑦　　) / by moving its head
せがむ　別のロボット　赤ちゃんのアザラシのように見える　その（⑦）を表現する　その頭と足を動かす

and legs,/ and making sounds.//
ことによって　そして音を出すことによって

exported / feelings / labor / productive / repetitive / replaced / unique

ヒント それぞれの教科書参照ページを示す。①p.157の11～12行目　②p.157の13～14行目　③p.159の1～2行目　④p.159の2～5行目　⑤教科書p.161の2～4行目　⑥p.163の4～5行目　⑦p.163の10～12行目

Vocabulary 英語のヒントを読んで，本文に出てきた単語を書きましょう。

1. d□□□□□p ……… to design or make a new idea, product, system, etc. over a period of time
2. ta□□ ……… a piece of work that someone has to do
3. u□□□□e ……… very special and unusual

ヒント **1.**「ある期間にわたって新しいアイデア，製品，システムなどを設計したり作ったりすること」 **2.**「誰かがしなければならない1つの仕事」 **3.**「とても特別で珍しい」

Key Expressions 日本語と同じ意味になるように，(　　) 内に適切な語を入れて文を言いましょう。

1. (　　) large (　　) (　　) robots were sent to outer space.
たくさんのロボットが宇宙に送られました。

2. (　　) (　　) (　　) (　　) (　　) with him, my brother spent his whole weekend designing a new robot.
兄にはよくあることですが，まるまる週末を新しいロボットの設計に費やしました。

3. People's attitude towards robots has changed (　　) (　　).
人々のロボットに対する態度は時がたつにつれて変化してきました。

4. The company decided to start using robots. (　　) (　　) (　　), many of its employees lost their jobs.
その会社はロボットの導入を決めました。その結果，従業員の多くが職を失いました。

ヒント 1.「たくさんの…」を「多数の…」に読みかえて，相当する語句を入れる。 2.「…にはよくあることだが」に相当する語句を入れる。 3.「時がたつにつれ」に相当する語句を入れる。 4.「その結果」に相当する語句を入れる。

Grammar for Communication 例を参考に，あなたの人生における過去の出来事や予想される未来の出来事，周囲の人たちからあなたへの助言などについて，クラスメートに紹介する文を書きましょう。

- I had been ❶ playing soccer for eight years when I entered this school.
- I am to ❷ study abroad after graduating from senior high.
- I will ❸ have bought my house in Okinawa by the time I become 40.
- My parents suggest that ❹ I find more opportunities to talk with people from all over the world.

Tool Box

❶ taking piano lessons for three years / using a computer for ten years
3年間ピアノのレッスンを受けている　10年間コンピューターを使っている

❷ move to Kyoto with my parents / work at my father's company
両親と京都に引っ越す　父の会社で働く

❸ have mastered both English and Chinese / have climbed Mt. Fuji more than ten times
英語と中国語の両方を習得している　10回以上富士山に登っている

❹ be more active in communicating with people outside Japan
日本以外の人々と交流することにおいてより積極的である

ヒント「・私がこの学校に入学したとき，私は8年間サッカーをしていました。」
「・私は高校を卒業した後，留学する予定です。」
「・私が40歳になるまでには，私は沖縄に家を買っているでしょう。」
「・私の両親は，私が世界中の人々と話す機会をより多く見つけるように提案します。」

Action

教科書 ▶ pp.166-167, 208

過去のロボット・デザイン・コンテストで入賞した高校生のプレゼンテーションを聞きましょう。

These days,/ robots / that do not do any productive work for humans / are popular.// The
最近　ロボット　人間のために何も生産的な働きをしない　人気を博している

robot I have designed is one of such robots.// Look at this picture.// The name of this
私が設計したロボットはそのようなロボットの1つだ　この写真を見なさい　この人間の形をした

humanoid robot is Chit-chat Mate.// "Chit-chat" means light, informal conversation.// "Mate"
ロボットの名前はチットチャットメイトだ　「チットチャット」は軽くくだけた会話を意味する　「メイト」は
means "a friend."// Chit-chat Mate shows interest in your talk / with exaggerated facial
「友達」を意味する　チットチャットメイトはあなたの話に関心を示す　誇張された顔の表情で
expressions / so that you will feel like talking more to it.// It can even reply to your talk,/ saying /
あなたがもっとそれに話したい気持ちになるように　それはあなたの話に応答さえできる　…と言って
"Did you?",/ "Really?",/ and so on.// You can relieve stress / by talking to the robot / as much
「そうしたの」　「本当」　など　あなたはストレスを軽減できる　そのロボットに話すことによって
as you want.// Enjoy talking with Chit-chat Mate!//
あなたが望むだけ　チットチャットメイトと話すのを楽しみなさい

語句
- ☐ chit-chat /tʃíttʃæ̀t/ 名 雑談
- ☐ exaggerated /ɪgzǽdʒərèɪtɪd/ 形 誇張された
- ☐ informal /ɪnfɔ́ːrml/ 形 くだけた

Listen and Answer　問いの答えを選びましょう。

1. What kind of robots are popular now?
- **a.** Those that are not heavy in weight.
- **b.** Those that do not really do anything for us.
- **c.** Those that help us remember our friends' faces.

2. What does Chit-chat Mate do?
- **a.** It draws pictures for us.
- **b.** It talks about interesting expressions.
- **c.** It listens to our talk.

3. What effect does Chit-chat Mate expect to have?
- **a.** It helps us learn English expressions.
- **b.** It helps us get rid of stress.
- **c.** It tells us how to design robots.

ヒント **1.**「今，どんな種類のロボットが人気を博していますか。　**a.** 重量が大きくないもの。　**b.** 私たちのために実際に何もしないもの。　**c.** 私たちが友達の顔を思い出すのを助けてくれるもの。」1文目を参照。

2.「チットチャットメイトは何をしますか。　**a.** それは私たちのために絵を描く。　**b.** それはおもしろい表現について話す。　**c.** それは私たちの話を聞く。」7文目を参照。

3.「チットチャットメイトはどのような効果を及ぼすことを期待していますか。　**a.** それは私たちが英語の表現を学ぶのを助ける。　**b.** それは私たちがストレスを取り除くのを助ける。　**c.** それは私たちにどのようにロボットを設計するかを教える。」9文目を参照。

次の手順であなたが考案したロボットについて，プレゼンテーション用のイラスト付き原稿を作りましょう。

1. ①の段落では，どんなロボットなのかを簡潔に書いた上で，その形状や機能について2文以上で説明を加えましょう。
2. ②の段落では，そのロボットの着想に至った経緯について，具体的に説明しましょう。
3. ③の段落では，そのロボットが，あなたやあなたの住む社会に対して，どんな影響を与えるのかについて説明しましょう。

例

The Robot I Designed

私が設計したロボット

① The robot I designed is helpful / when we go shopping.// The robot is shaped like a huge
私が設計したロボットは役に立つ　私たちが買い物に行くとき　そのロボットは巨大な買い物袋のような形を

shopping bag,/ but it has its own feet / and it can walk by itself.// Therefore,/ we can make it
している　しかしそれには自身の足がある　そしてそれは自分で歩くことができる　それゆえ　私たちはそれに運ば

carry / what we bought.// In addition,/ the robot can remember / what to buy for us,/ so we do
せることができる　私たちが買ったもの　さらに　そのロボットは…を思い出すことができる　私たちのために何を買

not have to carry any lists / when we go shopping.//
うべきか　だから私たちは何もリストを持ち歩く必要がない　私たちが買い物に行くとき

② I have come up with ideas for this robot / because I have a grandmother / who lives alone / in
私はこのロボットのアイデアを思いついた　私には祖母がいるので　1人暮らしをしている

a small town in Aomori.// She always tells me / she has trouble going to a nearby supermarket /
青森の小さな町で　彼女はいつも私に…と言う　彼女は近くのスーパーマーケットに行くのに苦労している

to shop.// It is very difficult for her to carry / what she has bought / because she has weak arms
買い物をするために　彼女が…を運ぶのはとても難しい　彼女が買ったもの　彼女は腕と足が弱いので

and legs.// She also has trouble remembering / what she is supposed to buy at the supermarket /
彼女は…を思い出すのにも苦労している　彼女がスーパーマーケットで買うことになっているもの

because she is getting forgetful.//
彼女は忘れっぽくなってきているので

③ We live in an aging society / and the number of senior citizens / who have trouble going
私たちは高齢化社会で暮らしている　そして高齢者の数　買い物に行くのに苦労している

shopping / like my grandmother / keeps on increasing.// I hope / the robot I designed will be a
私の祖母のように　増え続けている　私は…を望む　私が設計したロボットが大きな

big help / for those senior citizens.//
助けになること　その高齢者たちにとって

ヒント **1.**「どんなロボットなのか」は，例 のThe robot I designed is ...に着目し，isのあとに補語となる形容詞などを続ける。「形状」はThe robot is shaped like ...に着目し，likeのあとに名詞を続ける。「機能」はthe robot can ... に着目し，canのあとに動詞を続ける。

2.「そのロボットの着想に至った経緯」は 例 のI have come up with ideas for this robot because ...に着目し，becauseのあとにロボットを考案した理由を表す節を続ける。

定期テスト対策⑩ (Lesson 10)

解答⇒p.248

1 日本語の意味を表すように，____に適切な語を入れなさい。

(1) あなたの体調を考えると，あなたは休むべきです。

______________ your condition, you should take a rest.

(2) その結果，彼らは問題を解決することができました。

______________ ______________ ______________, they could solve the problem.

(3) やがて，メアリーはその街を好むようになりました。

______________ ______________, Mary came to like the city.

2 (　　) 内から適切な語（句）を選び，○で囲みなさい。

(1) I recommend that you (will read / read / are reading) these books.

(2) If you (are to / were to / be to) arrive here by tomorrow, you must go now.

(3) We (will live / will have lived / lived) in this town for five years in 2035.

(4) John (is studying / has been studying / had been studying) Japanese for ten years before he came to Japan.

3 日本語に合うように，(　　) 内の語（句）を並べかえなさい。

(1) その会議は明日の午後開かれる予定です。

(held / be / the meeting / to / is) tomorrow afternoon.

____ tomorrow afternoon.

(2) 両親は私が毎朝散歩をするように提案しました。

My parents (take / that / I / walk / a / suggested) every morning.

My parents ______________________________________ every morning.

(3) 彼は大学に入学する前に10年間ピアノを習っていました。

He (the piano / had / a decade / learning / for / been) before he entered university.

He ____________________________________ before he entered university.

(4) メキシコに行くとき，私はスペイン語を習得しているでしょう。

I (have / go / mastered / when / to / will / I / Spanish) Mexico.

I ____ Mexico.

4 次の英語を日本語にしなさい。

(1) As is often the case with him, he ordered that we repair the machine immediately.

____

(2) The children had been playing video games for two hours when their parents came home.

____

5 次の英文を読んで，質問に答えなさい。

In 2020 people celebrated the 50th anniversary of Doraemon's debut. This robot cat has been loved not ①(by / many people / but / only / Japanese people / also / by) all over the world. He was appointed Japan's anime ambassador in 2008 because ②he had been playing an important role in promoting Japanese anime culture.

Although Doraemon is an imaginary robot, ③ Japan is proud of its real robots. In fact the country has led the world in the development of robotic technology for decades. It is the technology used to develop industrial robots for manufacturing. Japan has exported a large number of such robots all over the world.

(1) 下線部①の（　）内の語（句）を文脈に合う英文になるように並べかえなさい。

____

(2) 下線部②を日本語にしなさい。

____

(3) 下線部③の2つの具体例を本文に即して日本語で書きなさい。

・______________________________

・______________________________

6 次の英文を読んで，質問に答えなさい。

How can robots avoid being a target of restructuring? ①Some may insist that each robot work much harder. However, ②the answer seems to be the opposite for some robots. Those robots have become popular although they don't really do any productive work for humans. One robot, about the size of a baby, just identifies people and demands hugs. When you pick it up, it feels warm, ③like a living creature. Rocked in your arms, it will close its eyes. It becomes attached to you if you take care of it.

(1) 下線部①を日本語にしなさい。

____

(2) 下線部②が表す内容として最も適切なものを次のa.～c.から選べ。 ________

a. Some robots are the target of restructuring although they are popular.

b. Some robots are popular because they work hard for humans.

c. Some robots don't do any productive work, but they are popular.

(3) 下線部③の2つの具体例を本文に即して日本語で書きなさい。

・______________________________

・______________________________

I am Yusra. I am a refugee and I'm proud to stand for peace.

教科書 ▶ pp.171-172

本文

1 My name is Yusra.// **2** Yes,/ I'm the girl / who swam for her life,/ then swam at the Olympics.// **3** Now / I want to tell you another story.// **4** It's about my other name,/ my other identity.// **5** My other name is "refugee."// **6** People call me and the 21 million others / by this name.// **7** We were forced / to run away from persection, war, and violence.//

私の名前はユスラだ　そう　私は少女だ　命がけで泳いだ　そしてオリンピックで泳いだ　さて　私はあなた方に別の話を話したい　それは私の別の名前についてだ　私の別のアイデンティティー　私の別の名前は「難民」だ　人々は私と2,100万のほかの人たちを呼ぶ　この名前で　私たちは…を強いられた　迫害，戦争，そして暴力から逃げること

8 Who is this refugee?// **9** Once / I was just like you.// **10** I had a home.// **11** Like you, / I lived a life / full of my own hopes, passions, and problems.// **12** Then / war came / and everything changed.// **13** War gave me a new name, a new role, a new identity: refugee.//

この難民とは誰か　かつて　私はまさにあなた方のようだった　私には家があった　あなた方のように　私は生活を送った　私自身の希望や情熱，そして問題に満ちた　それから　戦争がきた　そしてすべてが変わった　戦争は私に新しい名前，新しい役割，新しいアイデンティティー，つまり難民を与えた

語句

- □ Yusra /júːsrə/ 名 ユスラ
- □ refugee /rèfjudʒíː/ 名 難民
- □ identity /aɪdéntəti/ 名 アイデンティティー，自己同一性
- □ persecution /pə̀ːrsəkjúːʃən/ 名 迫害
- □ passion(s) /pǽʃən(z)/ 名 情熱

読解のポイント

1 My name is Yusra.
(My name = S, is = V, Yusra = C)

メッセージ冒頭の自己紹介文。

2 Yes, I'm the girl who swam for her life, then swam at the Olympics.
(I'm = S+V, the girl = C〔先行詞〕, who = 主格の関係代名詞; for her life → swam, at the Olympics → swam)

whoは関係代名詞で，後続部分とともに先行詞the girlを修飾している。for *one*'s lifeは「命がけで」という意味。

3 Now I want to tell you another story.
(I = S, want = V, to tell you another story = O)

〈tell＋O_1＋O_2〉は「O_1にO_2を話す」という意味。

4 It's about my other name, my other identity.
S+V
It は**3**の another story を指す。

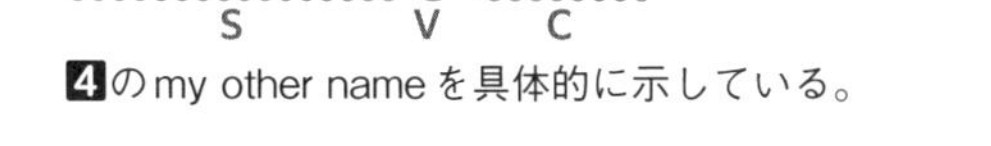

5 My other name is "refugee."
S V C
4の my other name を具体的に示している。

6 People call me and the 21 million others by this name.
S V O
call は「…を呼ぶ」という意味。by this name は「この名前で」という意味で，this name は**5**の "refugee" を指す。

7 We were forced to run away from persecution, war, and violence.
S V
be forced to *do* は「…することを強いられる」，run away from ... は「…から逃げる」という意味。

8 Who is this refugee?
5の文に対する問いかけを表す。

9 Once I was just like you.
S V
you はスピーチの聞き手，つまり難民でない人々を表す。

10 I had a home.
S V O
9の文の「あなた方のようだった」について，例を挙げている。

11 Like you, I lived a life full of my own hopes, passions, and problems.
S V O
live a life は「生活を送る」，full of ... は「…に満ちた」という意味。

12 Then war came and everything changed.
S V S V
戦争によって**9**～**11**の文から状況が一変したということ。

13 War gave me a new name, a new role, a new identity: refugee.
S V O_1 O_2
コロン（:）は説明を示し，「新しい名前，新しい役割，新しいアイデンティティー，つまり難民」という意味。

教科書 ▶ p.173

本文

1 Suddenly / I ran for my life, / leaving my home, relatives,
突然に　私は命がけで逃げた　私の家，親族，友人，そしてすべてを
friends, and everything behind.// **2** It was only after I crossed the
置き去りにして　私が国境を越えた後のみだった
border / that I realized / I had lost more than my house and all my
私が…に気づいたのは　家やすべての所有物以上のものを失ってしまったこと
possessions.// **3** I had lost my nationality, my identity, and my
私は国籍，アイデンティティー，そして名前を失ってしまった
name.// **4** Now / I was a refugee.//
今や　私は難民であった

5 None of us were ready for the journey.// **6** We prayed
私たちの誰もその旅の準備ができていなかった　私たちは船上で
desperately on a boat / and afterwards / during the long trek.// **7** We
必死になって祈った　そして後には　長くつらい歩きの間に　私たちは
felt defeated / when we were stopped by barbed wire.// **8** But we
うちひしがれた　有刺鉄線に止められたときに　しかし私たちは…を
knew / we couldn't go back. // **9** We had already lost everything.//
わかっていた　引き返せないこと　私たちはすでにすべて失ってしまっていた
10 All we could do was to keep running for shelter and for peace.//
私たちができることは避難所と平安を求めて逃げ続けることだけだった

語句

- □ relative(s) /rélətɪv(z)/ 名 親族，身内
- □ possession(s) /pəzéʃən(z)/ 名 所有物
- □ nationality /næʃənǽləti/ 名 国籍
- □ none /nʌ́n/ 代 誰ひとり…ない
- □ journey /dʒə́:rni/ 名 旅
- □ desperately /désp*ə*rətli/ 副 必死になって
- □ trek /trék/ 名 (つらい) 歩き
- □ defeat(ed) /dɪfí:t(ɪd)/ 動 …をくじく
- □ barbed /bá:rbd/ 形 さかとげのある
- □ wire /wáɪər/ 名 金属線，針金

読解のポイント

1 Suddenly I ran for my life, leaving my home, relatives, friends, and everything behind.
(S: I　V: ran　分詞構文: leaving ... behind)

leaving以降は付帯状況を表す分詞構文で，「…して」という意味。leave ... behindは「…を置き去りにする」という意味。

2 It was only after I crossed the border that I realized [I had lost more than my house and all my possessions].
(S: It　V: was　C: only after I crossed the border　S': I　V': realized　O': [ ]　S'': I　V'': had lost　O'': more than my house and all my possessions)

〈It was ... that ～〉の強調構文で，「私が…したのは私が国境を越えた後のみだった」という意味。realizedの目的語はthat節（thatは省略）。had lostは過去完了形で，realizedよりも前の出来事であることを示している。

3 **I had lost my nationality, my identity, and my name.**
S V O

2のI had lost more than my house and all my possessionsを説明した文。

4 **Now I was a refugee.**
S V C

nowは過去時制で用いると「今や，そのとき」という意味になる。

5 **None of us were ready for the journey.**
S V C

noneは「誰ひとり［何ひとつ］…ない」という意味の代名詞で，全否定を表す。*be* ready for ... は「…の準備ができている」という意味。

6 **We prayed desperately on a boat and afterwards during the long trek.**
S V

afterwardsは副詞で「その後で」という意味。

7 **We felt defeated when we were stopped by barbed wire.**
S V C S' V'

defeatedは動詞defeatの過去分詞で，ここでは補語として形容詞の働きをしており，「うちひしがれた」という意味。

8 **But we knew [we couldn't go back].**
S V O S' V'

knewの目的語はthat節（thatは省略）。

9 **We had already lost everything.**
S V O

had lostと過去完了形になっており，**8**の文より前に生じていた事柄を表している。

10 **All we could do was to keep running for shelter and for peace.**
S V C

to不定詞は名詞の働きをしており，補語となっている。keep *doing*は「…し続ける」という意味。

教科書▶p.174

本文

1 And then,/ all of a sudden,/ the journey ended.// **2** We were safe.// **3** In a refugee camp,/ the next stage began: the long wait.// **4** We had nothing else to do / but cry.// **5** Now / we really knew / what "refugee" meant.//

そして　突然に　旅が終わった　私たちは無事だった　難民キャンプで　次の段階，つまり長い待ち時間が始まった　私たちはほかにすることがなかった　泣く以外に　そのとき　私たちは本当に…を知った　「難民」であることがどういうことか

6 So / here we are / in a new life.// **7** A life as a refugee.// **8** We don't know / how long the life will continue.// **9** On average,/ we'll spend 20 years / in exile,/ waiting for an end to the madness / so that we can go home.// **10** That's half a lifetime.//

そして　私たちはたどり着いた　新しい生活の中に　難民としての生活　私たちは…を知らない　その生活がどれくらい続くのか　平均では　私たちは20年間過ごす　亡命中で　狂気の終わりを待ちながら　それで私たちは家に帰れる　それは一生の半分だ

語句

- □ exile /égzaɪl/ 名 亡命，追放
- □ madness /mǽdnəs/ 名 狂気
- □ lifetime /láɪftàɪm/ 名 一生

読解のポイント

1 And then, all of a sudden, the journey ended.
(the journey = S, ended = V)

all of a suddenは「突然に」という意味。

2 We were safe.
(We = S, were = V, safe = C)

safeは「無事な」という意味。

3 In a refugee camp, the next stage began: the long wait.
(the next stage = S, began = V, the long wait = 同格; the next stage = the long wait)

コロン以下のthe long waitはthe next stageを具体的に表したもので，同格。「長い待ち時間」という新たな段階が始まったということ。

4 We had nothing else to do but cry.
(We = S, had = V, nothing = O; else to do but cry → nothing)

ここでのbutは前置詞で「…以外に，…を除いて」という意味。直後には原形不定詞やto不定詞がくる。「私たちは泣く以外にほかにすることがなかった（＝泣くしかなかった）」という意味。

5 Now we really knew what "refugee" meant.
S V O 関係代名詞what

Nowは過去時制とともに用いて「そのとき」という意味。knewの目的語は関係代名詞whatが導く節で，「『難民』が意味すること（＝『難民』であることがどういうことか）」という意味。

6 So here we are in a new life.
S V

Here we are.は「さあ着きました」の意味。in a new lifeでhereを具体的に表している。ここでは「そしてこのように新しい生活（という状態）にたどり着いた」といった意味。

7 A life as a refugee.

6のa new lifeとは何かを示している。asは前置詞で「～として（の）」という意味。

8 We don't know [how long the life will continue].
S V O S' V'

knowの目的語はhow longが導く間接疑問となっており，「その生活がどれくらい続くのか」という意味。

9 On average, we'll spend 20 years in exile, waiting for an end to the madness [so that we can go home].
S＋V O 分詞構文 S' V'

On averageは「平均して」，in exileは「亡命中で」という意味。続く分詞構文は付帯状況を表しており，「…して」という意味。〈so that＋S＋can＋動詞の原形〉は「それでSが…できる」という意味で，waitingを修飾しており，結果を表す。

10 That's half a lifetime.
S＋V C

halfは「半分の」という意味で，よく冠詞の前に置いて用いられる。

本文

1 We struggle on with our lives.// **2** We study hard,/ work hard,/ and try hard to learn a new language,/ to integrate.// **3** But often the barriers are too high / to overcome.// **4** We know / we must make the best of this unexpected twist / in our lives.//

私たちは私たちの生活に耐え続ける　私たちは懸命に勉強する　懸命に働く　そして新しい言語を学ぶために懸命に努力する　溶け込むために　しかし　しばしば障壁があまりにも高過ぎる　乗り越えるのには　私たちは…を知っている　私たちは　この予期せぬ転機を最大限に利用しなければならないこと　私たちの生活において

5 That's our struggle.// **6** But this isn't just our fight.// **7** It's yours, too.// **8** Many of you already know / there's so much more / at stake.// **9** The refugees will not go away.// **10** There will be more of us.//

それが私たちの苦闘だ　しかしこれは単に私たちの闘いではない　それはあなた方のものでもある　あなた方の多くがすでに…を知っている　もっとたくさんのものがある　危険にさらされて　難民がいなくなることはない　私たちはもっと多くなる

語句

- □ struggle /strʌ́gl/ 動 奮闘する
- □ integrate /íntəgrèɪt/ 動 溶け込む
- □ twist /twíst/ 名 意外な進展［展開］
- □ stake /stéɪk/ 名 賭けられた物

読解のポイント

1 We struggle on with our lives.
(We = S, struggle on with = V, our lives = O)

on は動作の継続を表す副詞として使われている。struggle on with ... は「…に耐え続ける」という意味。struggle on with 全体でひとつの他動詞のように機能している。

2 We study hard, work hard, and try hard to learn a new language, to integrate.
(We = S, study = V, work = V, try = V)

to 不定詞句の to integrate「溶け込むために」が文前半の複数の動詞にかかっている。

3 But often the barriers are too high to overcome.
(the barriers = S, are = V, high = C)

too ～ to *do* は「…するには～過ぎる，～過ぎて…できない」という意味。

4 We know [we must make the best of this unexpected twist in our lives].
(We = S, know = V, [ ] = O; we = S', must make the best of = V', this unexpected twist = O')

know の目的語が that 節になっている（that は省略）。make the best of ... は「…を最大限に利用する」，unexpected twist は「予期せぬ転機」という意味。

5 That's our struggle.
(That's = S＋V, our struggle = C)

ここでの struggle は名詞で「苦闘」という意味。

6 But this isn't just our fight.
S V C

5のour struggleを受けて，「しかし，単に私たちの闘いというわけではない」と述べている。not justは「単に…ではない，…というだけではない」の意味。

7 It's yours, too.
S+V C

yoursは所有代名詞で「あなた方のもの」という意味。ここではyour fightに相当する。

8 Many of you already know [there's so much more at stake].
S V O

knowの目的語がthat節になっている（thatは省略）。moreは名詞で「それ以上のこと［もの，人］」という意味。at stakeは「危険にさらされている」という意味。

9 The refugees will not go away.
S V

go awayは「消えていなくなる」という意味。

10 There will be more of us.

more of usは直訳すれば「私たちのより多く」という意味だが，文全体で「私たち（＝難民）はもっと多くなる」のように考えるとよい。

教科書 ▶ p.176

本文

1 When our deaths at sea and our misery at the borders became common,/ some of you lost sight of us.// 2 You saw a dead toddler / with its face down on the beach / or a child with blood on its face / in an ambulance.// 3 But,/ later,/ life went on.// 4 Many of you forgot us.//

私たちの海での死や国境での苦痛がありふれたものになったとき　あなた方の一部は私たちを見失った　あなた方は死んだ赤ん坊を目にした　浜辺でその顔を下に向けた　またはその顔に血のついた子ども　救急車に乗った　しかし　その後　生活は続いた　あなた方の多くが私たちを忘れた

5 We heard other voices from people / who feared and hated us / because we looked different,/ spoke a different language,/ and had a

私たちは人々からほかの声を聞いた　私たちを恐れてひどく嫌う　私たちが異なって見えたから　異なる言語を話したから　そして異なる

語句

- □ misery /mízəri/ 名 みじめさ，苦痛
- □ toddler /tá:dlər/ 名 赤ん坊，よちよち歩きの幼児
- □ blood /blʌ́d/ 名 血
- □ ambulance /ǽmbjələns/ 名 救急車
- □ hate(d) /héɪt(ɪd)/ 動 …をひどく嫌う

different religion.// ❻ They spread lies about us.// ❼ They said / we
宗教を持っていたから　彼らは私たちについてのうそを広めた　彼らは…と言った

chose to come here / because we were greedy, dangerous criminals.//
私たちはここに来ることを選んだ　私たちが欲深く危険な罪人だから

- religion /rɪlídʒən/ 名 宗教
- lie(s) /láɪ(z)/ 名 うそ
- greedy /gríːdi/ 形 欲深い
- criminal(s) /krímənl(z)/ 名 罪人

読解のポイント

❶ When our deaths at sea and our misery at the borders became common, some of you lost sight of us.

(S′: our deaths at sea and our misery at the borders / V′: became / C′: common / S: some of you / V: lost sight of / O: us)

become common は「ありふれたものになる」という意味。lose sight of ... は「…を見失う」という意味。

❷ You saw a dead toddler with its face down on the beach or a child with blood on its face in an ambulance.

(S: You / V: saw / O: a dead toddler / O: a child)

with its face down および with blood on its face における with は付帯状況を表し，「…して」を意味する。

❸ But, later, life went on.

(S: life / V: went on)

go on は「続く」という意味。「悲惨な状況の赤ん坊や子どもを目にしたのちも，（あなた方の）生活は続いた」ということ。

❹ Many of you forgot us.

(S: Many of you / V: forgot / O: us)

❸の文を受け，「生活が続く中で，多くの人が私たち（＝ユスラさんを含む難民）のことを忘れた」ということ。

❺ We heard other voices from people who feared and hated us because we looked different, spoke a different language, and had a different religion.

(S: We / V: heard / O: other voices / S′: we / V′: looked / C′: different / V′: spoke / O′: a different language / V′: had / O′: a different religion)

主格の関係代名詞を含む文で，who ... a different religion が people を修飾している。feared の後ろには us が省略されている。because 節は feared and hated us の理由を示している。

❻ They spread lies about us.

(S: They / V: spread / O: lies)

They は❺の people を指す。spread はここでは過去形。

7 They said [we chose to come here because we were greedy, dangerous criminals].
S V O S' V' O' S'' V'' C''

choose to *do* は「…することを選ぶ」という意味。

教科書 ▶ p.177

本文

1 Soon / borders and barriers,/ both physical and emotional,/ sprang up / everywhere.// **2** The word refugee was becoming an insult.//

まもなく　国境と障壁　物理的なものと感情的なものの両方　急に現れた　どこにでも　難民という言葉は侮辱になりつつあった

3 But we don't need to feel shame / at being refugees / if we remember / who we are.// **4** If we remember / that being a refugee is not a choice.// **5** If we remember / that our choice was to die at home / or risk death trying to escape.// **6** It was the choice / between a bomb and drowning at sea.//

しかし私たちは恥じる必要はない　難民であることを　私たちが…を思い出せば　私たちが誰であるか　私たちが…を思い出せば　難民であることは　選択ではないこと　私たちが…を思い出せば　私たちの選択は故郷で死ぬことだった　または逃げようとして死の危険を冒すことだった　選択だった　爆弾と海でおぼれ死ぬことの間の

語句

- emotional /ɪmóʊʃənl/ 形 感情の
- sprang /spræŋ/ (<spring /sprɪŋ/) 動 急に現れる
- insult /ínsʌlt/ 名 侮辱
- shame /ʃéɪm/ 名 恥ずかしさ
- escape /ɪskéɪp/ 動 逃げる
- drown(ing) /dráʊn(ɪŋ)/ 動 おぼれ死ぬ

読解のポイント

1 Soon borders and barriers, both physical and emotional, sprang up everywhere.
S V

soon は「まもなく，すぐ後」という意味。

2 The word refugee was becoming an insult.
S V C

The word と refugee は同格。was becoming は過去進行形で，変化の途中を表して「…になりつつあった」という意味。

3 But we don't need to feel shame at being refugees if we remember [who we are].
S V O S' V' O' S'' V''

feel shame at ... は「…に恥ずかしさを感じる」という意味。if 節内の remember の目的語は疑問詞 who を含む間接疑問で，if 節は「私たちが誰であるかを思い出せば」という意味。

4 If we remember [that being a refugee is not a choice].
S V O S' V' C'

3のif節に加えて，追加の条件を表すIf節の文。ここでは**3**のwe don't need to feel shame at being refugeesという主節が省略されていると考えるとよい。

5 If we remember [that our choice was to die at home or risk death trying to escape].
S V O S' V' C' C'

4と同様に，**3**の主節が省略されている。that節内の補語はto不定詞句であり，riskの前のtoは省略されている。risk death trying to escapeは「逃げようとして死の危険を冒す」という意味。

6 It was the choice between a bomb and drowning at sea.
S V C

Itは漠然とした状況を表し，「それ」とは訳さない。the choice以降は「故郷で爆弾で死ぬことと，逃げようとして海でおぼれ死ぬことの間の選択」ということ。between ... and ～は「…と～の間の」という意味。

教科書▶p.178

本文

1 So,/ who are we?// **2** We are still the doctors,/ engineers,/
では 私たちは誰か 私たちはなお医者だ 技師
lawyers,/ teachers,/ students / back at home.// **3** We are still the
弁護士 教師 生徒 故郷では 私たちはなお
mothers and fathers,/ brothers and sisters.// **4** It was violence / that
母であり父だ 兄弟であり姉妹 暴力だった
made us orphans.// **5** It was war / that made us frightened parents.//
私たちを孤児にしたのは 戦争だった 私たちをおびえた親にしたのは
6 We sacrificed everything / to save our children from danger and
私たちはすべてを犠牲にした 子どもたちを危険や死さえから救うために
even death.// **7** It was persecution / that drove us from our homes /
迫害だった 私たちを故郷から追い払ったのは
in search for peace.//
平和を探し求めて

8 That is a refugee.// **9** That is who I am.// **10** That is who we
それが難民だ それが私だ それが私たちみんなだ
all are,/ that growing population of people / without a country.//
あの増え続ける人々だ 国のない
11 This is my call for us all / to stand up together now,/ under that
これが私から私たちみんなへのお願いだ 今ともに立ち上がること あの名前のもとに

語句

- □ engineer(s) /èndʒəníər(z)/ 名 技師，エンジニア
- □ orphan(s) /ɔ́:rfn(z)/ 名 孤児
- □ frightened /fráɪtnd/ 形 おびえた
- □ sacrifice(d) /sǽkrəfàɪs(t)/ 動 …を犠牲にする
- □ search /sɔ́:rtʃ/ 名 追求

name / we share,/ refugee.// ⓬ I am Yusra.// ⓭ I am a refugee / and
私たちが共有する 難民という 私はユスラだ 私は難民だ そして

I'm proud to stand for peace,/ for decency and dignity,/ for all the
私は平和のために戦うことを誇りに思う 良識と尊厳のために すべての人の

people / who run away from violence.// ⓮ Join me.// ⓯ Stand with
ために 暴力から逃れる どうぞご一緒に 私たちを支持

us.//
してください

☐ decency /díːsnsi/
名 良識

☐ dignity /dígnəti/
名 尊厳

Yusra Mardini (2017) "I am Yusra. I am a refugee and I'm proud to stand for peace."

読解のポイント

❶ So, who are we?
C V S

教科書p.177（本書p.235）の❸But we don't need to ... 以降の内容を受けて，「では，私たちは誰か」を問うている。

❷ We are still the doctors, engineers, lawyers, teachers, students back at home.
S V C

stillは「なお」という意味。つまり，「現状の私たちは難民という立場であるが，故郷ではなお医者や技師などである」ということ。

❸ We are still the mothers and fathers, brothers and sisters.
S V C

❷と同様の文。「私たちは故郷ではなお父母であり，兄弟姉妹である」ということ。

❹ It was violence that made us orphans.
S V C V' O' C'

強調構文で，名詞violenceを強調している。〈make＋O＋C〉は「OをCにする」という意味。

❺ It was war that made us frightened parents.
S V C V' O' C'

❹と同様の強調構文。frightenedは「おびえた」という意味の形容詞。

❻ We sacrificed everything to save our children from danger and even death.
S V O

to不定詞句は目的を表し，動詞sacrificedを修飾している。

❼ It was persecution that drove us from our homes in search for peace.
S V C V' O'

❹，❺と同様の強調構文。driveはここでは「…を追い払う」という意味。in search for ... は「…を探し求めて」という意味。

8 That is a refugee.
S V C
That は 2 から 7 の内容を指す。

9 That is [who I am].
S V C S' V'
「それが私だ」という意味。関係代名詞whoと後続の部分が補語になっている。

10 That is who we all are, that growing population of people without a country.
S V C C
文の前半は 9 同様で，weとallは同格。that growing population of people without a countryは「国のない，あの増え続ける人々」という意味で，who we all areを説明している。

11 This is my call for us all to stand up together now, under that name we share, refugee.
S V C S' V'
This is my call for ... は「これが私から…へのお願いです」という意味。us allのusとallは同格。under以降の句は文全体を修飾している。we shareは〈S＋V〉を含む節で，直前の名詞that nameを修飾している。that name we shareと文末のrefugeeは同格。

12 I am Yusra.
S V C
12 と 13 の文の一部はタイトルになっている。

13 I am a refugee and I'm proud to stand for peace, for decency and dignity, for all the people who run away from violence.
S V C S＋V C
be proud to stand for ... は「…のために戦うことを誇りに思う」という意味。for decency and dignityは「良識と尊厳のために」という意味。whoは主格の関係代名詞で，後続部分とともに先行詞all the peopleを修飾している。run away from ... は「…から逃げる」という意味。

14 Join me.
「私に加わってください。」，つまり「どうぞご一緒に。」という意味。

15 Stand with us.
V O
stand with ... は「…を支持する」という意味。

定期テスト対策❶（Lesson 1）解答

問題⇒pp.22-23

1 (1) fell, love (2) after all (3) more to (4) can (5) must (6) should

2 (1) He is called Ken by his friends
(2) Her voice didn't sound clear
(3) kinds of birds were found

3 (1) 私は昨日，知らない人に図書館への道を尋ねられました。
(2) あなたはいつ，あなたの友達と一緒に楽しいと［一緒にいて幸せに］感じますか。
(3) 私は，私たちはその公園へ［まで］バスに乗るべきだと思います。

4 (1) reporting
(2)（あなたは）今ではそれらを世界中で見つけることができます。
(3) d.

5 (1) recorded
(2) ここ［地元のコインランドリー］にピアノを置くことが，沈黙を破り，客の間の会話につながるだろうということ。
(3) want to feel connected
(4) だから私たちは彼のプロジェクトの中でそれほど多くの美しいピアノを見ることができるのです。

解説

1 (1) fall in loveで「恋をする」。(2) after allで「だって…だから」。(3) There's more to ... で「…にはそれ以上のものがある」。(4)「…できる」を表すのはcan。(5)「…しなければならない」を表すのはmust。(6)「…すべきだ」を表すのはshould。

2 (1)(3)「～されている［された］」は〈be動詞＋過去分詞〉の受け身で表す。「…によって」を示す場合は，〈by＋名詞〉で表す。(2) soundは「…に聞こえる」という意味。

3 (1)〈be動詞＋過去分詞〉の受け身の文。(2)〈feel＋C〉は「…の感じがする」という意味。(3) shouldは「…すべきだ」という意味の助動詞。

4 (1)「…している」という意味の現在分詞にして，直前のJane Johnsonを修飾する。(2) canは「…できる」という意味の助動詞。(3) could I ...?「（私が）…してもよろしいですか」というていねいに許可を求める文にする。

5 (1)「…された」という意味の過去分詞にして，直後のcommentsを修飾する。(2) thatはジェラムさんの発言の3文目全体，hereは1文目のa local laundromat，themは2文目のCustomersを指す。(3) connectedを形容詞と考え，〈want to＋feel＋C〉の語順にする。(4) That's why... は「だから…なのだ」，canは「…できる」，so manyは「それほど多くの」という意味。

定期テスト対策❷（Lesson 2）解答

問題⇒pp.40-41

1 (1) was based on (2) complain about (3) living wage

2 (1) laugh (2) clean (3) crossing

3 (1) do a huge amount of homework
(2) The boy found robot programming very interesting
(3) Let me show you how to use
(4) listen to the baseball player talk about education

4 (1) そのケガは彼女にダンスをやめることを強制しました。
(2) ますます多くの学校が学級の規模を減らしています。

5 (1) ①to ②than ④with (2) シャツを安く生産すること。
(3) この取引は工場労働者を低い賃金で働かせます。

6 (1) ①attention ③workers ④alone ⑦linked
(2) エシカルファッションの企業はしばしば［よく］ファストファッション業界全体が問題を引き起こしているのを見ます。
(3) ただあなたが今持っているものを確かめなさい，そしてそれから次に何を買うべきかを決めなさい。
(4) keep in mind that

解説

1 (1) *be* based on ... で「…に基づく」。(2) complain about ... で「…について不満を言う」。(3) living wage で「生活賃金」。

2 (1)〈make + O + C［原形不定詞］〉の文。(2)〈have + O + C［原形不定詞］〉の文。(3)〈see + O + C［現在分詞］〉の文。

3 (1) a huge amount of ... で「大量の…」。(2)〈find + O + C〉の文を作る。(3)〈let + O + C〉の文を作る。(4)〈listen to + O + C〉の文を作る。

4 (1)〈force + O + to不定詞〉で「Oに…することを強制する」。(2) More and more で「ますます多くの」。

5 (1) ①due to ... で「（理由）…のために」②形容詞の比較級 cheaper に注目する。④place the order with ... で「…に注文を出す」。(2) 直前の文の to produce the shirt cheaply をまとめる。(3)〈make + O + C〉を正しく訳出する。

6 (1) ①pay attention to ... で「…に注意を払う」。③〈pay + O_1 + O_2〉で「O_1にO_2を支払う」。④alone は主語のあとで「ただ…だけ」。⑦link ... to ～で「～に…をつなぐ」。(2)〈see + O + C〉を正しく訳出する。(3)〈look at + 関係詞節〉で「…を確かめる」，〈what + S + V〉で「SがVするもの」，〈what + to不定詞〉で「何を…すべきか」。(4) keep in mind (that) ... で「…（ということ）を心に留めておく」。

定期テスト対策❸（Lesson 3）解答

問題⇒pp.58-59

1 (1) burned down (2) at a loss (3) were moved to tears
(4) get used to

2 (1) has (2) had (3) studied

3 (1) If I were the president of the country
(2) has already finished reading the book
(3) had seen some pictures of the church
(4) Has Takeshi ever been to Australia

4 (1) I had a problem learning written Japanese
(2) was also difficult to get used to the team culture
(3) 1年生が上級生のために仕事をしなければならなかったこと。

5 (1) year after I came to Japan
(2) The coach had secretly collected it.
(3) 私は，チームのために，そして後には日本のためにプレーすることによって，彼らの親切さに恩返しをすることを自分自身に誓いました。
(4) もし私がそれをプレーしなかったら，私はチームワークの本当の意味を知らないだろう

解説

1 (1) burn downで「全焼する」。(2) at a loss で「途方にくれて」。(3) *be* moved to tearsで「感動して泣く」。(4) get used to ... で「…に慣れる」。

2 (1) 現在までの「経験」を表す現在完了の文を作る。(2) when節の過去のある時点に注目し，「完了」を表す過去完了の文を作る。(3) 主節のwould passに注目し，仮定法過去のif節の文を作る。

3 (1) 仮定法過去のif節ではbe動詞はwereを用いる。(2) alreadyはふつう過去分詞の前に置く。(3) before節が過去の一時点を表すため，過去完了の文を作る。(4) have [has] been to ... で「…に行ったことがある」。everはふつう過去分詞の前に置く。

4 (1) have a problem *doing*で「…するのに問題がある」。written Japaneseで「書き言葉の日本語」。(2) もとの文の主語がto get used toの目的語となる。(3) 直後の1文の内容をまとめる。

5 (1) 〈時を表す語（句）＋after＋S＋V ...〉で「…してから～後」。(2) 〈had been＋過去分詞〉の過去完了の受け身の文を，〈had＋過去分詞〉の文に書きかえる。(3) myselfの後ろにはthatが省略されており，that節のwouldは主節の時制の一致を受けている。by *doing*で「…することによって」。(4) 仮定法過去に注意して訳出する。

定期テスト対策④（Lesson 4）解答

問題⇒pp.76-77

1 (1) free of charge (2) serve as (3) a, sleep (4) came across

2 (1) who (2) which (3) which

3 (1) could be used in the event of a disaster
(2) send out signals to one another
(3) The book helps people understand Japanese culture
(4) to draw public attention to the charity

4 (1) その機械は客に新鮮なカニを提供します。
(2) その木は（樹齢）1,000年を超えると推定されます。

5 (1) 日本を旅行する外国からの観光客は驚いています
(2) for fear of being destroyed
(3) 彼らはまた，温かい飲み物と冷たい飲み物の両方を売っている自動販売機もあることを知って驚いています。
(4) より多くの種類を購入できるため，人々がコンビニエンスストアでよく飲み物を買うから。

6 (1) 2018年に，別の会社がユニークなサービスを開始しました，そしてそれはそのとき以来，若い人々の間でずっと人気です。
(2) 客が（毎週の目標として）歩くつもりである歩数。
(3) 自動販売機の会社は独創的な機能を試し続けており，そして新しい技術を使い続けています。

解説

1 (1) free of chargeで「無料で」。(2) serve as ...で「…の役割を果たす」。(3) *be* in a deep sleepで「熟睡して」。(4) come across ...で「…を（偶然）見つける」。

2 (1) 先行詞が「人」を表す主格の関係代名詞。(2) 先行詞が「物」を表す目的格の関係代名詞。(3) 関係代名詞の非制限用法にはthatは使われない。

3 (1) in the event of ...で「…の場合には」。(2) send out ...で「…を発する」, one anotherで「お互いに」。(3)〈help + O + 動詞の原形〉で「Oが…するのを助ける」。(4) draw (public) attention to ...で「…への（大衆の）注意を引く」。

4 (1) provide ... for 〜で「〜に…を提供する」。(2)〈estimate + O + to be + C〉「OをCだと推定する」の受け身の文。

5 (1) 主格の関係代名詞の文。(2) for fear of ...で「…を恐れて」。(3) 感情の原因を表す不定詞の文。both ... and 〜で「…と〜の両方」。(4) 最終文の内容をまとめる。

6 (1) 関係代名詞の非制限用法の文。(2) the number of steps ... to takeの内容をまとめる。(3) andはtrying out ...とusing ...を並列に結んでいる。

定期テスト対策⑤ (Lesson 5) 解答

問題⇒pp.112-113

1 (1) At first (2) consists of (3) enhance communication between
(4) break down

2 (1) cleaned (2) that (3) if (4) known

3 (1) What she wrote on her blog fascinated me
(2) don't know if I can
(3) artist combines origami with dance
(4) she hit upon a good idea

4 (1) 彼らは幼い子どものときからずっと友達であるようです。
(2) その式典は6時に開催されるでしょう。

5 (1) (私が) さまざまな人々から提案を受けたことが，そのフォントを判読可能にしました
(2) 今でも，ブレイルノイエは改善し続けています。

6 (1) the visually challenged
(2) 誰でも触覚によってシャツの正しい面がわかります。
(3) Braille Neue seems to be promising

解説

1 (1) At first で「最初は」。(2) consist of ... で「…から成り立つ」。(3) enhance ... で「…を高める」。(4) break down ... で「…を打ち破る」。

2 (1)〈助動詞＋受け身〉の文。(2)〈It + seems + that節〉で「…のようだ」。(3)〈S + V + O[if節]〉の文。このifは「…かどうか」という意味。(4)〈S + V + C[分詞]〉の文。受け身の意味を表すときは過去分詞を用いる。

3 (1)〈What + S + V〉で「SがVすること」。(2)〈S + V + O[if節]〉の文。(3) combine ... with ～で「…を～と組み合わせる」。(4) hit upon ... で「…を思いつく」。

4 (1)〈It + appears + that節〉で「…のようだ」。(2)〈助動詞＋受け身〉の文。

5 (1) thisは主語で，I received suggestions from various peopleを指す。〈make + O + C〉「OをCにする」の文。(2) Even nowで「今でも」。〈S + V + C[分詞]〉の文で，keeps improvingで「改善し続けている」。

6 (1)〈the + 形容詞〉で「…な人々」を表す。(2) Anybodyは肯定文で「誰でも」。tellはここでは「…がわかる」。(3)〈S + seem(s) + to不定詞〉の文に書きかえる。

定期テスト対策❻（Lesson 6）解答

問題⇒pp.134-135

1 (1) the father of　(2) instead of　(3) hundreds of　(4) at that [the] time

2 (1) that　(2) shouldn't have said　(3) it

3 (1) It is said that she will be the next president
(2) think it important for us to vote
(3) He must have been glad to meet
(4) I consider it important that

4 (1) 彼は，私が部［クラブ］を辞めた理由を知っていたかもしれません。
(2) 私は，彼女が国家に人生をささげたのは驚くべきことだと思います。

5 (1) 津田梅子は日本における女性教育の先駆者として知られています。
(2) 津田梅子は，日本の女性が教育や仕事においてほとんど機会がないとわかり，彼女たちの社会的地位を向上させることが必要だと感じたため。

6 (1)・新しい紙幣を使うために機器を調整することは，企業に多額の金がかかるため。
・日本における低い出生率のために労働人口が減っているため。
(2) キャッシュレスシステムは取引をより簡易にすることによって多くの労働を省き［削減し］ます。
(3) makes it convenient for foreign tourists to visit

解説

1 (1) the father of ... で「… の 創 始 者」。(2) instead of ... で「… の 代 わ り に」。(3) hundreds of ... で「何百という…」。(4) at that [the] time で「当時は」。

2 (1)〈take it for granted + that節〉で「…だということを当然のことと思う」。
(2)〈shouldn't + have + 過去分詞〉で過去の事柄について「…すべきではなかった」。
(3) 後半のto不定詞に注目し，itを選ぶ。

3 (1)〈It + is + said + that節〉で「…と言われている」。(2) 形式目的語itとto不定詞に注目する。(3)〈must + have + 過去分詞〉で「…だったに違いない」。
(4) 形式目的語itとthat節に注目する。

4 (1)〈may + have + 過去分詞〉で「…だったかもしれない」。the reason why ... で「…の理由」。(2) 形式目的語itはthat節を指す。devote ... to 〜で「…を〜にささげる」。

5 (1) *be* known as ... で「…として知られている」。(2) 4文目と5文目の内容をまとめる。felt itのitは形式目的語で，to不定詞を指す。

6 (1) 直後の2つの文の内容をまとめる。(2) saveはここでは「…を省く［削減する］」。by *doing*で「…することによって」。making以下は〈make + O + C〉「OをC（の状態）にする」。(3) itは形式目的語で，to不定詞を指す。for foreign touristsはto不定詞の意味上の主語で，to不定詞の直前に置く。

定期テスト対策⑦（Lesson 7）解答

問題⇒pp.156-157

1 (1) concentrate on (2) Now that (3) take, into consideration
(4) is conscious of

2 (1) that (2) where (3) about which

3 (1) whose sister works at the airport (2) had the belief that lying is
(3) the news for which people (4) where they met their neighbors

4 (1) このように，私たちは大学で友達になりました，そしてそこで私たちは法律を勉強しました。
(2) 私は，色が私たちに大きな効果を及ぼすという事実を学びました。

5 (1) 鮮やかで暖かい色は，メッセージが即座に理解されるべき標識に人々が気づくのを助けます。
(2) plays an important role in
(3) 私たちが煙や火の中でさえ明確に人物をその背景と区別する効果［助け］。

6 (1) 金色は人々が肯定的な印象を持っているパッケージングの色です
(2) 4人に1人が，もしパッケージの色が金色であれば製品を選ぶだろうと答えたこと。

解説

1 (1) concentrate on ... で「…に集中する」。(2) Now that ... で「今はもう…だから」。(3) take ... into considerationで「…を考慮する」。(4) *be* conscious of ... で「…を意識している」。

2 (1) possibilityの後ろに同格のthat節がくる。(2)「場所」を表す先行詞とコンマがあるので，関係副詞whereの非制限用法を用いる。(3) 後半のtalkedに注目。talk about「…について話す」のaboutを関係代名詞whichの前に置く。

3 (1) 先行詞a friendを修飾する関係代名詞の所有格whoseの節を続ける。(2) the beliefの後ろに同格のthat節を続ける。(3) 先行詞を置き，〈for＋関係代名詞which〉の節を続ける。(4) 先行詞the parkとコンマの後ろに関係副詞whereの非制限用法を用いる。

4 (1) In this wayで「このように」。関係副詞whereの非制限用法は，ここでは「そしてそこで…」を表す。(2) the fact that ... で「…という事実」。have an effect on ... で「…に効果を及ぼす」。

5 (1) They は前文のVivid and warm colorsを指す。関係代名詞whoseは後続部分とともに先行詞signsを修飾している。(2) play a role in ... で「…において役割を果たす」。(3) 下線部直後のhelps以下の内容をまとめる。distinguish ... from 〜で「…を〜と区別する」。

6 (1) a positive image ofの前置詞ofが関係代名詞whichの前に置かれている。
(2) one out of ... the package was goldの内容をまとめる。

定期テスト対策⑧ (Lesson 8) 解答

問題⇒pp.178-179

1 (1) Contrary to (2) said to himself (3) stick to

2 (1) that (2) which (3) do (4) to have been happy

3 (1) It was a large beetle that (2) All you have to do is to wait
(3) The cat seems to have been there (4) makes a difference to your health

4 (1) 彼は生活様式を変えたように見えました。
(2) バレー部に所属しているのは私の姉［妹］です。

5 (1) 地元の人々は毎日長い列に並んできれいな水が到着するのを待ちました。
(2) ある日，池を見ながら，彼は本当に単純だけども素晴らしいアイデアを思いつきました。

6 (1) , which led him to Thailand
(2) (小田博士の粉が) タイ (で) 被災者 (のために) 貴重できれいな水 (を作り出す手助けをしたこと。)
(3) それは現在［まさに今］，飲み水を必要とするおよそ80か国で汚水を浄化するために利用されています。

解説

1 (1) Contrary to ... で「…に反して」。(2) say to *one*self で「心の中でつぶやく」。(3) stick to ... で「…に付着する」。

2 (1) 強調構文を作るthatを選ぶ。(2) 直前の文を先行詞とする非制限用法のwhichを選ぶ。(3) 動詞の意味を強調する助動詞doを選ぶ。(4) when節の過去時制に注目し，述語動詞isよりも前を表すto have been happyを選ぶ。

3 (1)〈It was ... that ～〉の語順にする。(2)「…は～しさえすればよい」はAll ... have to do is to ～。(3)〈seems + to + have + 過去分詞〉の語順にする。(4)「変化をもたらす」はmake a difference。

4 (1) 述語動詞は過去時制で，不定詞は〈to + have + 過去分詞〉のため，時制に注意して訳出する。(2) 強調構文はthat以下から訳出すると強調の意味を表現しやすい。

5 (1) for clean waterが不定詞to arriveの意味上の主語。(2) looking at the pondは「池を見ながら」という意味の分詞構文。didは強調の助動詞で，hit upon「…を思いつく」を強調している。didが用いられるとき，時制は過去。

6 (1) 直前の文を先行詞とする非制限用法のwhichを用いた文を作る。(2) 第1パラグラフのThailand, the victims, (helped to create) precious, clean waterの内容をもとに日本語でまとめる。(3) is being usedは〈be動詞 + being + 過去分詞〉で受け身の現在進行形を表す。in need of ... で「…を必要として」。

定期テスト対策⑨ (Lesson 9) 解答

問題⇒pp.200-201

1 (1) go after (2) take part in (3) as well (4) to and from

2 (1) Raised (2) how (3) had

3 (1) in order to see my sister (2) If you had come earlier, you could
(3) No matter when you visit (4) Seen from a distance

4 (1) 彼は病院にいる［入院している］にもかかわらず，宿題をし続けています。
(2) もし雨が降らなかったら，私たちは外で昼食を食べただろうに。

5 (1) 今日，私たちは毎日私たちのまわりで女性の医者，政治家，アスリートを目にすること。
(2) 13,000人を超える会葬者に出席されて，ベシーの葬式は彼女の影響がどれほど強かったかを示しました。
(3) She never realized her dream of opening (4) b.
(5) 彼女の精神［魂］は多くの人の心の中に空高く舞い上がり続けています。

解説

1 (1) go after ... で「…を追いかける」。(2) take part in ... で「…に参加する」。(3) as well で「その上」。(4) to and from ... で「…の行き帰り」。

2 (1) 受け身の関係を表すので，過去分詞を選ぶ。(2) 〈No matter how + C + S + V〉で「どんなに…でも」。(3) 主節の would have sent に注目し，仮定法過去完了となる had (known) を選ぶ。

3 (1) in order to *do* で「…するために」。(2) 〈If + S + had + 過去分詞 ..., S + could have + 過去分詞 ...〉の語順にする。(3) 〈No matter when + S + V〉の語順にする。
(4) 過去分詞 Seen で始まる分詞構文を作る。

4 (1) 〈Although + S + V〉で「…にもかかわらず」。keep *doing* で「…し続ける」。
(2) 仮定法過去完了の文。時制に注意して訳出する。

5 (1) Today we see female doctors, ... every day. の1文の内容をまとめる。(2) Attended by ... は「…に出席されて」と付帯状況を表す分詞構文。showed の目的語は how を含む間接疑問で，〈how + C + S + V〉で「SがVすることがどれほどCだったか」を表す。(3) of は同格を表し，her dream of opening a flight school は「航空学校を開くという彼女の夢」という意味。(4) 下線部④に from 1995 とあり，本文第2パラグラフに Bessie Coleman's face first appeared on a U.S. postage stamp in 1995 とある点に注目する。(5) continue to *do* で「…し続ける」。many はここでは代名詞で「多くの人」を表す。

定期テスト対策⑩（Lesson 10）解答

問題⇒pp.224-225

1 (1) Considering　(2) As a result　(3) Over time

2 (1) read　(2) are to　(3) will have lived　(4) had been studying

3 (1) The meeting is to be held　(2) suggested that I take a walk
(3) had been learning the piano for a decade
(4) will have mastered Spanish when I go to

4 (1) 彼にはよくあることですが，彼は私たちがその機械をすぐに修理するように命令しました。
(2) 両親が帰宅したとき，子どもたちはテレビゲームを2時間していました。

5 (1) only by Japanese people but also by many people
(2) 彼は日本のアニメ文化を促進することにおいて重要な役割を果たしてきました
(3) ・日本は何十年もの間ロボット技術の開発で世界をリードしてきたこと。
・日本は世界中に多数のそのような［産業］ロボットを輸出してきたこと。

6 (1) 各ロボットはもっと一生懸命働くべきだと主張する人もいます。　(2) c.
(3) ・（あなたの）腕の中で揺り動かされると，それ［ロボット］は目を閉じること。
・（あなたが）世話をすると，それ［ロボット］は（あなたに）なつくようになること。

解説

1 (1) Considering ... で「…を考えると」。(2) As a result で「その結果」。(3) Over time で「やがて」。

2 (1) 提案を表すrecommendに続くthat節の動詞は原形。(2) If節の〈be + to不定詞〉は「意図」を表す。(3) 未来の時点での完了は〈will + have + 過去分詞〉。(4) 過去の時点までの動作の継続は〈had + been + 動詞の-ing形〉。

3 (1)〈be + to不定詞〉の文を作る。(2) 提案を表すsuggestedに続くthat節を作る。(3)〈had + been + 動詞の-ing形〉の文を作る。(4)〈will + have + 過去分詞〉の文を作る。

4 (1) As is often the case with ... で「…にはよくあることだが」。〈order + that + S + 動詞の原形〉で「Sが…するように命令する」。(2)〈had + been + 動詞の-ing形〉で「…していた」。

5 (1) not only ... but also ～で「…だけでなく～も」。(2) had been playing an important role in ... で「…において重要な役割を果たしてきた」。(3) 下線部の後ろのIn fact .... とJapan has exported .... の文の内容をまとめる。

6 (1)〈insist + that + S + 動詞の原形〉で「Sが…するように主張する」。(2) the oppositeで「正反対のもの」。(3) 下線部の後ろの２文の内容をまとめる。